铁路职业教育铁道部规划教材

全断面道砟清筛机

钟声标　毛必显　卢光灿　编

胡跃进　审

中国铁道出版社

2012年·北京

内 容 简 介

本书较为详细地介绍了 QS-650 全断面道砟清筛机各组成部分，包括动力传动系统、车体结构、工作装置、液压系统和气动系统、电气系统、制动系统的结构、工作原理、安装调整等方面的知识，以及 QS-650 全断面道砟清筛机的操作运用、检查保养和常见故障的排除方法。对于学员全面掌握清筛机的功用、工作原理、整车结构、各系统组成和原理、使用保养，以及故障排除具有较好的指导作用。

图书在版编目（CIP）数据

全断面道砟清筛机/钟声标，毛必显，卢光灿编．—北京：中国铁道出版社，2008.8（2012.12 重印）

铁路职业教育铁道部规划教材

ISBN 978-7-113-08983-2

Ⅰ. 全… Ⅱ. ①钟…②毛…③卢… Ⅲ. 道砟清筛机—职业教育—教材 Ⅳ. U216.6

中国版本图书馆 CIP 数据核字（2008）第 129735 号

书　　名：**全断面道砟清筛机**

作　　者：钟声标　毛必显　卢光灿　编

责任编辑：金　锋　　**电话**：010-51873133　　**电子信箱**：td51873133@163.com

编辑助理：阚济存

封面设计：陈东山

责任校对：张玉华

责任印制：金洪泽　陆　宁

出版发行：中国铁道出版社（100054，北京市西城区右安门西街 8 号）

网　　址：http://www.tdpress.com

印　　刷：中国铁道出版社印刷厂

版　　次：2008 年 8 月第 1 版　　2012 年 12 月第 2 次印刷

开　　本：787 mm×1 092 mm　1/16　印张：11.5　字数：287 千

书　　号：ISBN 978-7-113-08983-2

定　　价：22.00 元

前　言

本书由铁道部教材开发小组统一规划，为铁路职业教育规划教材。本书是根据铁路职业教育铁道工程（大型养路机械）专业教学计划“全断面道砟清筛机”课程教学大纲编写的，由铁路职业教育铁道工程（大型养路机械）专业教学指导委员会组织，并经铁路职业教育铁道工程（大型养路机械）专业教材编审组审定。

随着我国经济的快速发展，铁路在国民经济中的作用愈显突出，进入新世纪以来，我国铁路进入了大发展的快车道，伴随着六次大面积提速，铁路的技术装备和管理水平进入世界先进行列，铁路线路维修也进入了机械化时代。

自从 1984 年从国外引进大型养路机械进行线路维修、大修以来，铁路工务系统的作业方式和维修体制已经发生了根本性的变革，线路养护修理的质量、效率得到极大地提高，施工与运行的矛盾得到很大程度的缓解，施工生产中的事故明显减少。特别是在铁路的六次大提速工程中，大型养路机械更是发挥了不可替代的作用，已成为确保线路质量、提高既有线路效能，保证高速、重载、大密度铁路运输必不可少的现代化装备。

目前，铁路大型养路机械设备的品种和装备数量快速增加，大型养路机械使用人员的队伍正不断壮大。大型养路机械是资源密集、技术密集的现代化设备，具有结构复杂、生产率高、价格昂贵等特点，并且大型养路机械使用集运行、施工、检修于一身，所以，大型养路机械的运用人员必须具有较高的综合素质和技术业务水平，并通过专业培训和岗位学习使自身的能力得到不断提高。

鉴于此，铁道部教材开发小组统一规划组织了《全断面道砟清筛机》、《配砟整形车》、《抄平起拨道捣固车》、《钢轨打磨列车》、《轨道动力稳定车》、《大型养路机械运用管理》等一系列铁道工程（大型养路机械）专业教材，以满足大型养路机械运用人员学习和培训的需要。

本书较为详细地介绍了 QS-650 全断面道砟清筛机各组成部分，包括动力传动系统、工作装置、车体结构、液压系统和气动系统、电气系统、制动系统的结构、工作原理、安装调整等方面的知识，以及 QS-650 全断面道砟清筛机的操作运用、检查保养和常见故障的排除方法。对于学员全面掌握清筛机的功用、工作原理、整车结构、各系统组成和原理、使用保养，以及故障排除具有较好的指导作用。

本书由广州工务机械段钟声标、铁路大型养路机械培训中心毛必显、广州工务机械段卢光灿编，铁道部运输局基础部胡跃进主审。在编审的过程中得到了铁道部劳卫司职工教育处的指导和帮助，还得到了铁路大型养路机械培训中心张元波、张维国、广州工务机械段郭文峰的支持和帮助，在此表示衷心的感谢。

限于我们的知识水平和实践能力，书中难免有纰漏和错误，恳请专家和读者批评指正。

编　者

2008 年 6 月

目　录

第一章

概　述

铁道线路在运营过程中会发生变形、磨耗、破损、腐蚀、脏污及老化，因此要对其进行养护、维修，以使其处于正常可靠的工作状态，保证行车安全。对碎石道床而言，当其不洁度（按重量计）超过30%时，应该进行清筛。道床清筛是一项工作量大、劳动强度高的作业项目，目前，我国铁路已越来越多地采用道砟清筛机来完成。

道砟清筛机是用来清筛道床中道砟的作业机械。它将脏污道砟从轨枕下挖出，进行筛分后，将标准、清洁道砟回填至道床，筛出的污土和废砟则清除到线路外。

目前，我国铁路的线路大修主要依靠的是大型养路机械“开天窗”进行施工作业，所使用的道砟清筛机主要有全断面清筛机和边坡清筛机，其挖掘机构都是采用耙链形式。

按清筛机单位时间的道砟处理量（生产率）不同，清筛机可分为三类：

(1) 大型清筛机，生产率＞500 m^3/h，如SRM80型全断面道砟清筛机。

(2) 中型清筛机，生产率300～500 m^3/h，如QQS-300型清筛机。

(3) 小型清筛机，生产率＜300 m^3/h。

QQS-300型清筛机是我国自行研制的中型全断面道砟清筛机，这种清筛机由于没有作业走行驱动装置，区间运行则靠轨道车或机车牵引。而SRM80型全断面道砟清筛机是我国采用技贸结合的方式，引进奥地利Plasser&Theuere公司RM80型全断面道砟清筛机制造技术进行国产化生产的大型养路机械，它是轨行式、耙链式全断面枕底清筛机，在封锁线路的条件下，不需拆除轨排，可一次对道床全部断面上的道砟进行清筛。SRM80型全断面道砟清筛机自带动力，采用两台发动机驱动，总功率达到696 kW，生产率高达650 m^3/h。SRM80型全断面道砟清筛机是我国铁路线路大修的主型机械，它的国产化生产和大规模投入使用，标志着我国线路机械的制造技术和铁路大修、维修的作业机械化水平已经发展到了一个新的阶段。

按照铁道部行政许可的规定，产品型号名称执行TB/T 1854—2006《线路机械产品型号编制方法》标准名称，所以，作为企业规定的产品型号名称——SRM80型全断面道砟清筛机，应统一命名为行政许可证书规定的产品型号名称，即QS-650全断面道砟清筛机（以下也简称为QS-650清筛机）。

本书对QS-650全断面道砟清筛机的结构、原理、运用、保养等方面进行详细介绍。

第一节　全断面道砟清筛机的组成与工作原理

一、组　　成

QS-650全断面道砟清筛机的结构组成如图1-1所示，主要由转向架、车架、牵引装置、

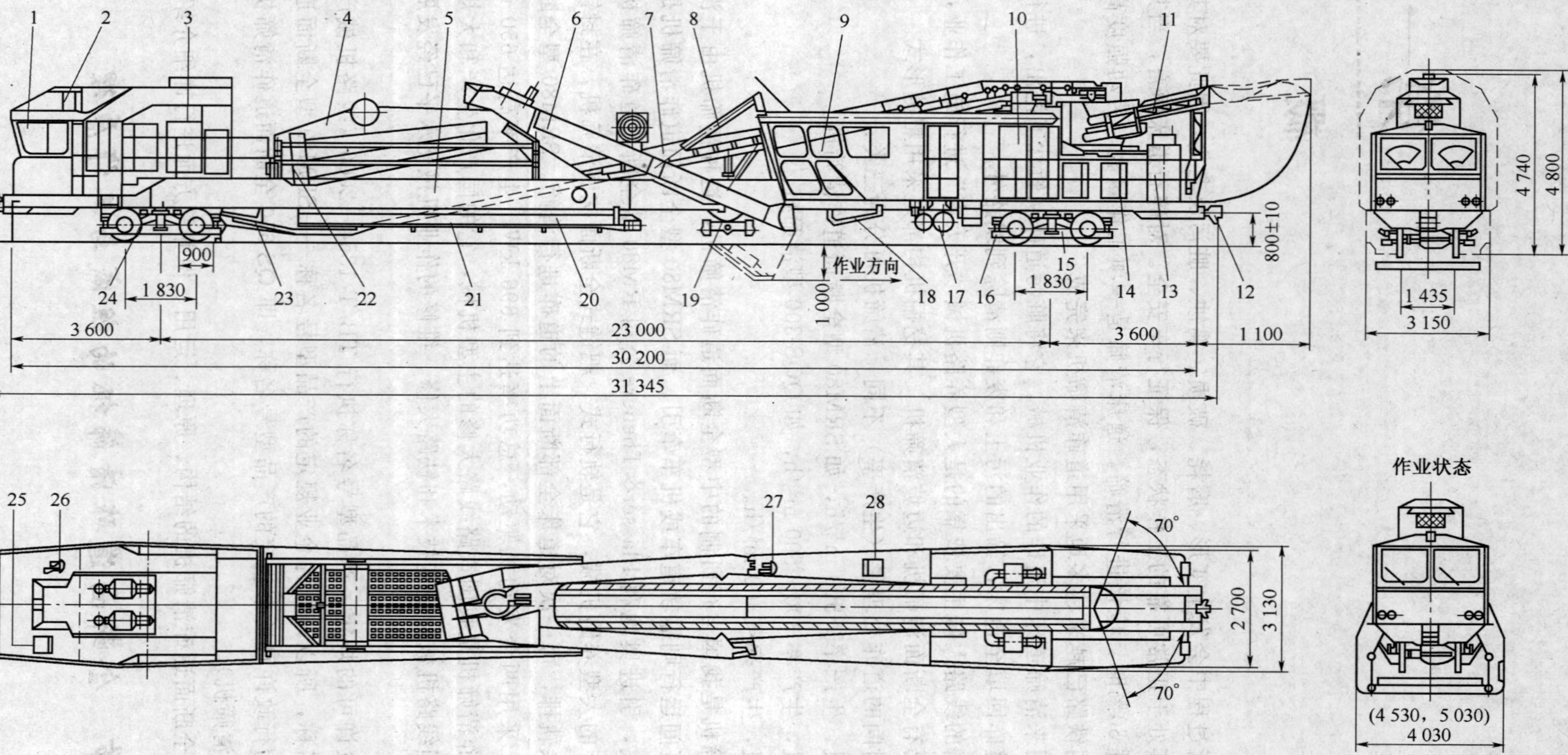

图 1-1　QS-650 全断面道砟清筛机结构

1—后司机室；2—空调装置；3—后机械动力间；4—筛分装置；5—车架；6—挖掘装置；7—主污土输送带；8—液压系统；9—前司机室；10—前机械动力间；11—回转污土输送带；12—车钩；13—油箱；14—工具箱；15—转向架；16—车轴齿轮箱；17—气动系统；18—举升器；19—起、拨道装置；20—道砟回填输送带；21—后拨道装置；22—道砟导向装置；23—道砟清扫装置；24—制动系统；25—后司机座位；26—后双音报警喇叭；27—前双音报警喇叭；28—前司机座位

前后司机室、挖掘装置、筛分装置、道砟输送装置、污土输送装置、提轨装置、液压系统、电气系统、气动系统、动力传动系统及制动系统等部分组成。它是一种结构复杂、先进的自行式线路机械，集机、电、液、气于一体，具有操作简便、性能良好、作业高效的特点。

QS-650 清筛机采用前方弃土式总体布置的设计方案。由分别装在前后机械动力间的两台德国 DEUTA 公司制造的 BF12L513C 型风冷柴油机提供全车动力。采用两台双轴动力转向架。车架安装在转向架上，设有前、后司机室。司机室内装有用于行驶、作业操纵的各种控制仪表、元件等。机械动力间内安装着由柴油发动机、主离合器、弹性联轴器、万向传动装置、分动齿轮箱等组成的动力传动系统。车架中部设有道床挖掘装置、道砟筛分装置、道砟分配回填装置及污土输送装置。车架下则装有举升器、起拨道装置、左右道砟回填输送带、后拨道装置和道砟清扫装置等。气、液、电控制系统的管道与线路布置在车架的主梁上。

QS-650 清筛机的前驾驶室 1 内的运行操作司机座位布置在走行方向的左侧；作业司机座位面对挖掘装置水平导槽，作业时司机通过窗户监控挖掘、清筛、回填等作业的全过程。后驾驶室 2 内的运行操作司机座位同样布置在走行方向的左侧；操作人员通过后机房走道可到工作平台上观察控制道砟筛分、导流、回填等作业。驾驶室密封、隔声，司机前、侧方有带刮雨器的大玻璃窗，司机视野宽阔。驾驶室设有冷暖空调，司机操作舒适安全。

二、工作原理

QS-650 全断面道砟清筛机是柴油发动机驱动、全液压传动的轨行式大型养路机械，它利用挖掘链的扒指切割道床上的道砟，以及道砟振动筛分的原理进行工作。

在封锁线路上，清筛机作业时，机器在线路轨道上低速行驶，通过穿过轨排下部、呈五边形封闭的挖掘链，靠扒指将道砟挖起并经导槽提升到筛分装置上。脏污道砟通过振动筛的筛分后，符合标准、清洁的道砟，经道砟溜槽、导板及回填输送带回填到线路上；碎砟及污土经主污土输送带、回转污土输送带输送到线路两侧或卸到污土车上。

QS-650 清筛机的主要功能有：

(1) 通过穿入轨排下的挖掘链运动，实现道床全断面上道砟的挖掘，将脏污的道砟从轨枕底下挖出，经筛分装置筛分后，清洁道砟回填至道床，污土抛至规定区域。

(2) 对线路翻浆冒泥地段的污染道砟可进行全抛作业。

(3) 在标准挖掘链的基础上，采用水平导槽加长节来加宽挖掘宽度，使得清筛机既适用于标准线路，又可清筛道床断面较宽的特殊线路区段。QS-650 清筛机的最大挖掘宽度可达 5 030 mm。

(4) 筛分装置采用多层可更换筛网尺寸的振动筛，可适用于多种粒径的道砟。

(5) 清筛机设有前起道、拨道装置和后拨道装置。作业时，前起道、拨道装置对钢轨进行起道和拨道，可以减少挖掘阻力和避开障碍物；后拨道装置则将拨过的轨道放回原位或指定位置。

(6) 道砟分配装置是分配直接落到道床上或落到回填输送带后再撒落到道床上的道砟量，把清洁的道砟输送到挖掘链后部，并均匀地撒布到两钢轨外侧的道床上。

(7) 平砟器及道砟清扫装置可以将回填到轨枕上下的道砟推刮平整，并清除回填时落到钢轨、轨枕上的道砟。

第二节　全断面道砟清筛机主要技术性能

QS-650 全断面道砟清筛机的主要技术性能如下：

1. 作业条件

道床类型	碎石道床
环境温度	－10℃～50℃
线路最大坡度	33‰
最小作业曲线半径	250 m
最小运行曲线半径	180 m
特殊环境	可在雨天和夜间及风沙环境下作业

2. 作业性能

整机作业效率	650 m^3/h
作业速度	0～1 000 m/h
挖掘宽度	4 030～5 030 mm
挖掘深度	由轨顶向下 1 000 mm
挖掘装置形式	耙链式
挖掘装置驱动功率	277 kW
筛分装置驱动功率	43 kW
筛网有效面积	25 m^2
筛网层数	3 层
筛孔尺寸	上：85 mm×85 mm 中：55 mm×55 mm 下：30 mm×30 mm
最大筛分能力	650 m^3/h

3. 整机性能

转向架芯盘距	23 000 mm
转向架轴距	1 830 mm
轮径	ϕ900 mm
车钩中心高	距轨面 880 mm±10 mm
柴油机功率	2×348 kW
传动形式	全液压传动
最高自行速度	80 km/h
最大构造速度	100 km/h
制动方式	空气制动及手制动
单机紧急制动距离	80 km/h 速度下不大于 400 m
外形尺寸	长：31 345 mm 宽：3 150 mm 高：4 740 mm
整机质量	88 t

复习思考题

1. 清筛机有什么用途?
2. 按生产率分类清筛机有哪些类型? 试举例说明。
3. 当今国内清筛机发展的状况如何?
4. QS-650 清筛机由哪些部分组成?
5. 试述 QS-650 清筛机结构、作业原理和主要功能。
6. 试述 QS-650 清筛机的主要技术性能参数。

第二章

动力传动系统

对于大型养路机械而言，从动力源输出的牵引动力都需要经过一系列的部件进行转换或处理，最终传递到车轮上，驱动大型养路机械运行。通常，将柴油发动机与动轮之间的传动部件总称为动力传动系统。

QS-650 全断面道砟清筛机是有前、后两个转向架上四轴同时驱动的大型养路机械，它既具有区间运行时高速行驶的功能，同时也具有作业时低速走行的要求。清筛机的动力传动系统采用的是静液压传动，柴油发动机输出的动力通过主离合器、弹性联轴器、万向传动装置、分动齿轮箱、液压泵、液压马达以及车轴齿轮箱等传动部件传递到车轴轮对上，以实现清筛机的高速运行和作业走行。

第一节　动力走行传动系统

QS-650 清筛机的动力走行传动系统如图 2-1 所示，它由柴油发动机、主离合器、弹性联轴器、万向传动轴、分动齿轮箱、液压泵、液压马达、车轴齿轮箱、轮对等组成。

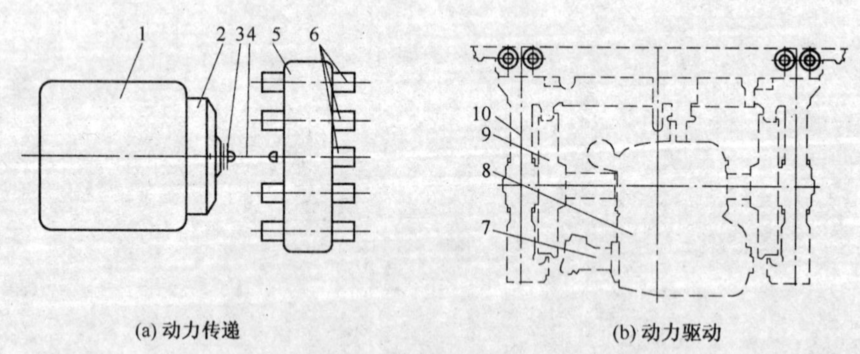

(a) 动力传递　　(b) 动力驱动

图 2-1　动力走行传动系统

1—柴油发动机；2—主离合器；3—弹性联轴器；4—万向传动轴；5—分动齿轮箱；6—液压油泵；7—液压马达；8—车轴齿轮箱；9—轮对；10—转向架构架

由图 2-1（a）可知，柴油发动机通过主离合器、弹性联轴器、万向传动装置、分动齿轮箱驱动若干个液压泵，使液压油产生高压力来传递动力，实现由机械能转变成液体压力能的过程。由图 2-1（b）可知，液压泵产生的液体压力能通过液压马达、车轴齿轮箱驱动轮对转动，从而实现液压能向机械能的转换。

QS-650 清筛机的动力走行传动系统有两套，分别安装在前后机械动力间和前后转向架上。前柴油发动机驱动的动力走行传动系统，将动力传递到前转向架的两个轮对轴上，驱动前转向架轮对转动；后柴油发动机驱动的动力走行传动系统，将动力传递到后转向架的两个轮对轴上，驱动后转向架轮对转动。

QS-650 清筛机采用两台德国道依茨（DEUTZ）公司制造的 BF12L513C 型风冷增压柴油发动机作为动力源。BF12L513C 型柴油机是 V 形、12 缸、风冷、增压、中冷式车用高速四冲程直喷式柴油发动机，其额定转速为 2 300 r/min，额定功率 348 kW。

BF12L513C 型柴油机是用空气直接冷却汽缸，不用水作冷却介质，因而具有外形尺寸小、重量轻、使用可靠、适应性强、冷启动性能好、安装简单、维护保养方便等特点，它的性能可以满足 QS-650 清筛机的整车动力要求。

动力传动系统采用了 4 台 A4V-250HD 型通轴斜盘式轴向柱塞变量泵，驱动分别安装在每个车轴齿轮箱的输入轴端的 A6VM107HA1T 型变量轴向柱塞式液压马达，带动转向架轮对转动，进而实现清筛机的走行，可以实现作业走行 0～1 km/h、区间运行 0～80 km/h 范围内的无级调速。

第二节　GB2/380KR 型主离合器

一、主离合器的作用

主离合器是连接柴油发动机和传动系统其他机构的重要部件，它的主要作用为：

(1) 把柴油发动机与传动系统柔和地结合起来，使机械平顺地起步。

(2) 迅速、彻底地将柴油发动机的动力与传动系统分离开。

(3) 防止传动系统和柴油发动机的零部件超载。

二、主离合器的结构和工作原理

QS-650 清筛机采用的是 GB2/380KR 型主离合器，如图 2-2 所示。它是一种常接合、干式、双片、弹簧圆周布置、气助液动操纵式摩擦离合器，具有传递扭矩大、径向尺寸小、接合平顺等优点。

GB2/380KR 型主离合器由主动部分、从动部分及分离机构等组成。

1. 主动部分

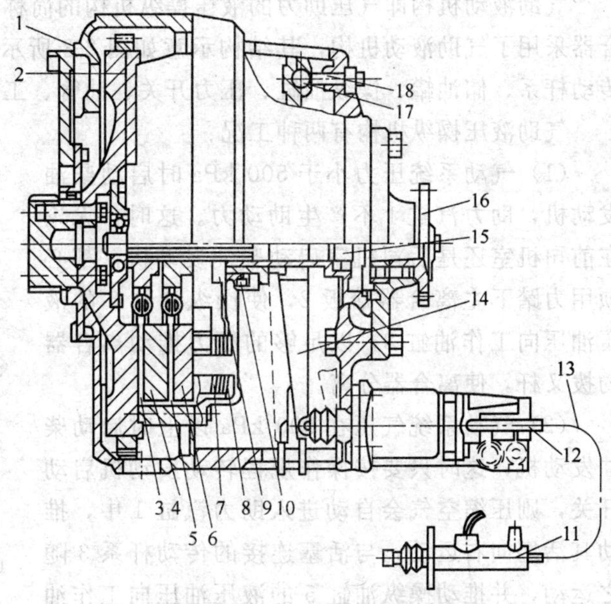

图 2-2　GB2/380KR 型主离合器

1—离合器外壳；2—飞轮；3、5—从动摩擦盘；4—中间压盘；6—压盘；7—压紧弹簧；8—离合器罩；9—止推盘；10—分离轴承；11—操纵油缸；12—工作油缸；13—油管；14—拨叉杆；15—输出轴；16—输出轴法兰盘；17—拨叉杆支座；18—调整螺母

离合器主动部分包括：飞轮 2、中间压盘 4、压盘 6 和离合器罩 8 等。中间压盘 4 和压盘 6 利用其外缘均布凸耳嵌入飞轮相应的切槽来传递扭矩。沿圆周均匀分布的两组环形压紧弹簧 7，将主、从动部件压紧。离合器罩用螺钉固定在飞轮上。

为保证主动盘和从动摩擦盘之间能够彻底分离，在中间压盘和飞轮之间装有分离弹簧。

同时，为防止从动摩擦盘 3、5 在分离时被中间压盘 4 和压盘 6 夹住，在离合器罩上装有均匀布置的限位调整螺钉，以限制中间压盘的行程。

2. 从动部分

从动摩擦盘 3、5 夹在飞轮、中间压盘和压盘之间。从动摩擦盘的主体是由环形薄钢片和从动盘毂铆接而成，故其转动惯量较小。从动盘钢片的两面铆有由石棉、铜纤维等材料制成的摩擦衬片。从动盘毂内有花键孔，它靠花键与输出轴 15 连接，柴油发动机的扭矩由输出轴法兰盘 16 输出。从动摩擦盘上装有扭矩减振器，以衰减传动系传来的扭转振动。

3. 分离机构

分离机构用来控制离合器的“分离”与“接合”，它由分离杠杆、分离杠杆支座、止推盘 9 和分离轴承 10 等零部件组成。分离轴承 10 靠支承在离合器壳体支座 17 上的拨叉杆 14 推动。

当柴油发动机启动或传动系需要切断动力时，踏下离合踏板，通过气压助力使操纵油缸 11 压油给工作油缸 12，从而推动工作油缸 12 的推杆，顶动拨叉杆 14，使分离轴承 10 左移并带动止推盘 9。止推盘 9 左移，使分离杠杆进一步压缩压紧弹簧 7，主、被动部分分开，离合器呈“分离”状态。

当离合器踏板不动时，这种离合器由于压紧弹簧始终将主、从动部分压紧，离合器处于经常的“接合”状态，因此称为常接合式或常闭式离合器。

三、气助液动机构

气助液动机构即气压助力的液压操纵机构的简称。为减轻司机劳动强度，清筛机上主离合器采用了气助液动机构，其结构示意如图 2-3 所示。该机构由助力气缸、主离合器踏板、传动杆系、储油罐、操纵油缸、压力开关、油管、工作油缸等组成。

气助液压操纵机构有两种工况：

(1) 气动系统压力小于 500 kPa 时启动柴油发动机，助力汽缸 1 不产生助动力。这时，无论在前司机室还是后司机室启动柴油发动机，都必须用力踏下主离合器踏板 2，使操纵油缸 5 的液压油压向工作油缸 8，以足够的压力推动离合器的拨叉杆，使离合器分离。

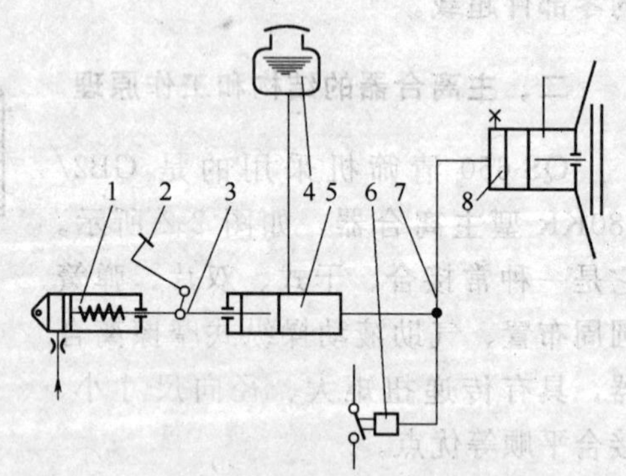

图 2-3　气助液动机构

1—助力气缸；2—主离合器踏板；3—传动杆系；4—储油罐；5—操纵油缸；6—压力开关；7—油管；8—工作油缸

(2) 气动系统气压在 500 kPa 以上时启动柴油发动机，这时只要按操作规程转动发动机启动开关，则压缩空气会自动进入助力汽缸 1 中，推动其活塞向右运动，与活塞连接的传动杆系 3 随之运动，并推动操纵油缸 5 的液压油压向工作油缸 8，使主离合器打开。此时，与传动杆系联在一起的主离合器踏板 2 会自动地落到踏下位置。

第三节　弹性联轴器与万向传动装置

在清筛机动力传动系统的主离合器与分动齿轮箱之间，装有弹性联轴器和万向传动装置。柴油发动机、主离合器、弹性联轴器安装在一起并通过柴油发动机的橡胶垫支承在机械动力间的车架上，而分动齿轮箱单独用橡胶垫支承在车架上。

一、弹性联轴器

为了减轻柴油发动机振动对分动箱齿轮传动的冲击载荷，在主离合器输出端与万向传动轴连接处，安装有高弹性的橡胶联轴器，如图 2-4 所示。

弹性联轴器主要由弹性橡胶元件、万向轴连接法兰等组成。弹性橡胶元件具有吸振作用，用以吸收部分柴油发动机的扭转振动，因此，对其质量要求较高，不仅要求表面光滑平整，内部组织严密，不许有杂质、气泡、裂纹、老化及龟裂等缺陷，而且物理机械性能必须符合有关规定。

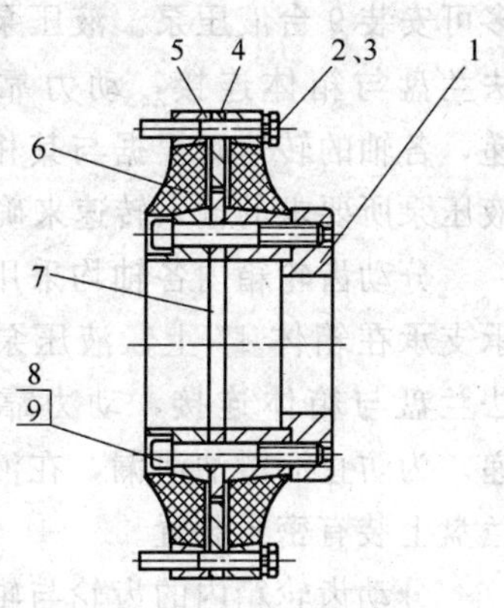

图 2-4　弹性联轴器

1—万向轴连接法兰；2、8—螺栓；3、9—弹簧垫圈；4—限位外圈；5—垫圈；6—弹性元件总成；7—限位内圈

二、万向传动轴

在清筛机动力传动系统的弹性联轴器与分动齿轮箱间，装有万向传动轴。柴油发动机的输出动力通过万向传动轴传递给分动齿轮箱。

机械在运转过程中，由于柴油机动力输出与分动齿轮箱动力输入的轴线难以始终保持在一条直线上，以及考虑制造、安装误差和工作过程中车架变形而引起两轴线的偏移，所以，两者之间的连接必须采用万向传动轴。

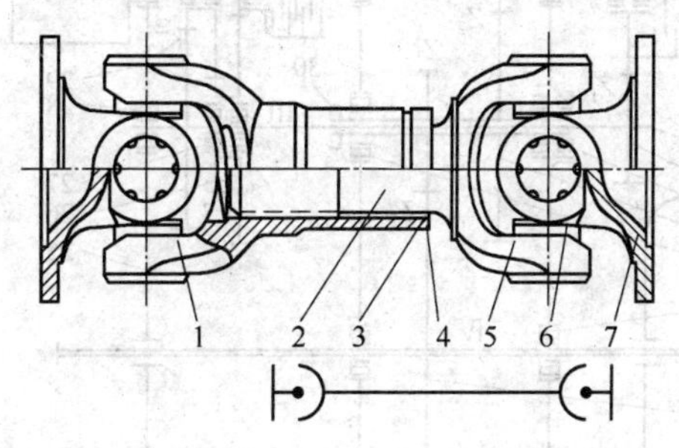

图 2-5　万向传动轴

1—万向节滑动叉；2—花键接头轴；3—油封；4—油封盖；5、7—万向节叉；6—十字轴

QS-650 清筛机用的万向传动轴如图 2-5 所示，由万向节和传动轴组成。万向节可以保证在轴间交角变化时可靠地传递动力，其结构简单并具有较高的传动效率。传动轴由两段构成，中间靠花键连接，所以，传动轴的长度能随其两端与之连接的部件间相对位置的变化而变化。

清筛机采用的万向传动轴，可传递的最大扭矩为 13 500 N · m，伸缩量为 110 mm。

第四节　分动齿轮箱和车轴齿轮箱

一、分动齿轮箱

1. 分动齿轮箱的作用

分动齿轮箱的作用是将原动机或输入轴的动力分配给多个驱动装置的传动箱。

清筛机采用全液压传动，为了将柴油发动机输出的动力分配给每一个作业装置液压系统的动力元件，设有分动齿轮箱。QS-650 清筛机有两台柴油发动机，也就有两个分动齿轮箱，它们分别驱动 8～9 台液压油泵，以满足走行、挖掘、筛分、道砟输送和起拨道等多个系统动力驱动的要求。

2. 分动齿轮箱的结构

分动齿轮箱的结构如图 2-6 所示，它由一根输入轴、两根中间轴、两根输出轴组成。在输入轴的后端，中间轴、输出轴的两端，均可驱动液压泵输出动力，所以，该分动齿轮箱最多可安装 9 台液压泵。液压泵靠油泵法兰盘与箱体连接，动力靠花键传递，各轴的转速则根据与其相连接的液压泵所要求的输入转速来确定。

分动齿轮箱内各轴均采用滚柱轴承支承在箱体 17 上，液压泵靠油泵法兰盘与箱体连接，动力靠花键传递。为防止润滑油泄漏，在液压泵法兰盘上装有密封装置。

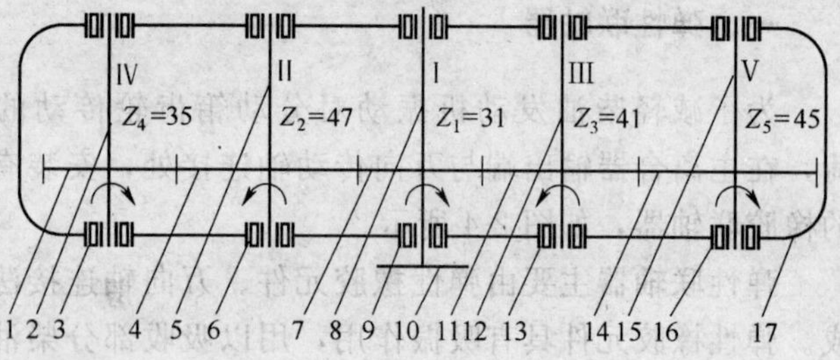

图 2-6　分动齿轮箱结构示意图

1、4、7、11、14—直齿圆柱齿轮；2、5、8、12、15—轴；3、6、9、13、16—轴承；10—输入轴法兰盘；17—箱体

分动齿轮箱内的齿轮与轴承通过强制和飞溅方式润滑。因此，在日常保养中，应注意检查分动齿轮箱内油面高度，缺油时应及时补足。

二、车轴齿轮箱

1. 车轴齿轮箱的功用

车轴齿轮箱的功用是改变液压马达输出的转矩和转速，以适应清筛机作业走行、区间运行、联挂运行不同工况条件下，对机械牵引力和运行速度的要求。

2. 车轴齿轮箱的结构

QS-650 清筛机采用的车轴齿轮箱，其构造如图 2-7 所示。车轴齿轮箱由上箱体、下箱体、轴承盖、齿轮、换挡离合器、轴、加油通气器、放油螺塞等组成。由于车轴齿轮箱传递扭矩大，结构复杂，因此，整个箱体又分为左、中、右三个箱室，中间并排两行加强支承座对各轴起着主要的支承作用，它通过轴承盖单独与下箱体连接。

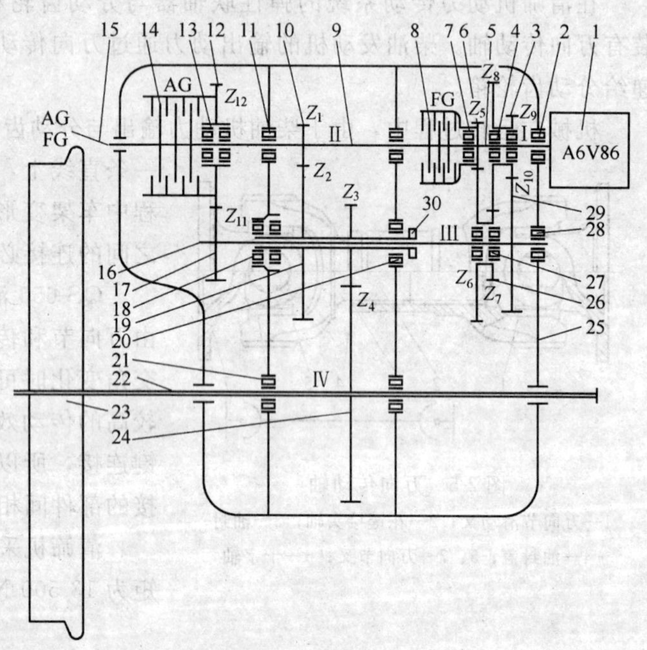

图 2-7　车轴齿轮箱

1—液压马达；2—输入轴轴承；3—输入轴双联齿轮（Z_8、Z_9）；4—输入轴双联齿轮轴承；5—输入轴（Ⅰ）；6—输入主动齿轮（Z_5）；7—离合器轴端轴承；8—FG 离合器；9—离合器轴（Ⅱ）；10—离合器轴齿轮（Z_1）；11—离合器轴轴承；12—AG 离合器齿轮（Z_{12}）；13—AG 离合器齿轮轴承；14—AG 离合器；15—AG、FG 控制油路；16—中间轴（Ⅲ）；17—中间轴小齿轮（Z_{11}）；18—中间轴轴承；19—中间轴双联齿轮（Z_2、Z_3）；20—中间轴双联齿轮支承轴承；21—车轴轴承；22—车轴（Ⅳ）；23—车轮（对）；24—车轴齿轮（Z_4）；25—车轴齿轮箱箱体；26—中间轴传动双联齿轮（Z_6、Z_7）；27—中间轴传动双联齿轮轴承；28—中间轴端轴承；29—中间轴大齿轮（Z_{10}）；30—润滑凸轮油泵

车轴齿轮箱下箱体靠近车轴端伸出一块连接臂板，依靠连接杠杆弹性地支撑在转向架的摇枕横梁上。因此，当车轮轮对相对转向架运动时，连接杠杆曲臂摆动，车轴齿轮箱可绕车轴摆动，保证了走行动力的正常传递。

箱体上设有加油通气器，用以

加注润滑油和吸排箱体气体。在箱体上还设有观察孔、液位显示器等。由于车轴齿轮箱内装有润滑油泵，因此该箱内轴、轴承、齿轮，均靠强制润滑。

3. AG（FG）型换挡离合器的工作原理

在车轴齿轮箱内，有两个采用液压操纵的多片式摩擦离合器 AG 和 FG，这种离合器也称为动力换挡离合器，其中 AG 为作业工况（低速挡）离合器，FG 为运行工况（高速挡）离合器。AG 型换挡离合器的结构如图 2-8 所示。

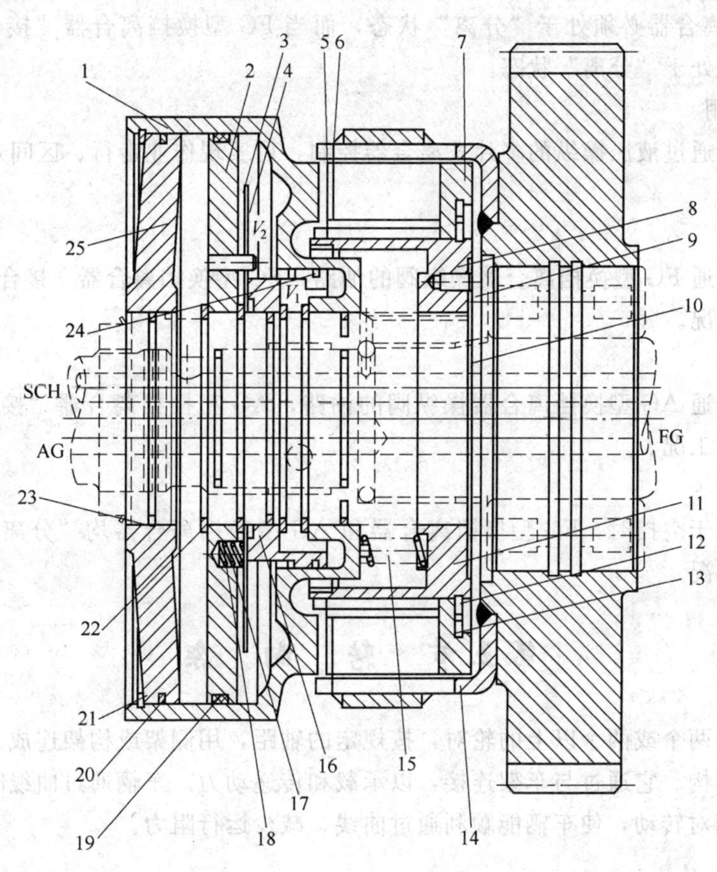

图 2-8　AG 型换挡离合器

1、25—活塞缸体；2—大活塞；3—衬垫；4—阀；5—被动摩擦片；6—主动摩擦片；7—压板；8—垫圈；9—螺栓；10—钢片；11—从动毂；12、13、21、22—卡环；14—齿轮及主动毂；15、17、18—弹簧；16—小活塞；19—O 形密封圈；20、23、24—密封环

当司机接通 AG 型换挡离合器操纵阀的油路时，液压油经旋转配油腔和离合器轴上油道进入小活塞 16 右腔室 V_1 中。液压油推动活塞缸体 1、25 右移，迅速将换挡离合器主、被动摩擦片压在一起，离合器实现“接合”。同时，通过小活塞上的节流孔将阀 4 打开，液压油进入大活塞右腔 V_2 中，使活塞缸体产生更大的压力，将换挡离合器的主、被动摩擦片压紧，从而传递更大的扭矩。大活塞 2 左腔的液压油经 SCH 管道排出。

这种换挡离合器采用大、小两个活塞，小活塞室 V_1 体积较小，当液压油进入时，可迅速消除主、被动摩擦片间的间隙，使离合器“接合”迅速。大活塞室 V_2 体积大，活塞作用面积大，压紧力就大。另外液压油从 V_1 到 V_2 室时经过节流阀，这样进入大活塞 V_2 室的油压逐渐上升，则离合器的压紧力逐渐增加，从而保证了离合器“接合”过程的平顺。当离合器需要“分离”时，切断 AG 型换挡离合器操纵阀的油路，在压力弹簧 15 的作用下，活塞缸体迅速恢复到原始位置，从而实现离合器的“分离”。

FG 型换挡离合器与 AG 型换挡离合器在构造和工作原理上基本相同，但由于它传递的扭矩小些，故摩擦片、活塞缸体的直径也小些。

AG 和 FG 两换挡离合器必须采用联锁，不能相互干涉，即当 AG 型换挡离合器“接合”时，FG 型换挡离合器必须处于“分离”状态，而当 FG 型换挡离合器“接合”时，AG 型换挡离合器必须处于“分离”状态。

4. 换挡作用

车轴齿轮箱通过液压操纵的多片式离合器控制，可实现作业走行、区间走行和联挂运行三种工况。

(1) 高速挡

换挡手柄接通 FG 型换挡离合器操纵阀的油路，FG 型换挡离合器“接合”，清筛机可以实现区间运行工况。

(2) 低速挡

换挡手柄接通 AG 型换挡离合器操纵阀的油路，AG 型换挡离合器“接合”，清筛机可以实现作业走行工况。

(3) 空挡

换挡手柄置于空挡时，FG 型换挡离合器和 AG 型换挡离合器均“分离”，清筛机可以实现联挂运行工况。

第五节 转 向 架

转向架是将两个或两个以上的轮对，按规定的轴距，用侧架或构架连成一体，并装有减振弹簧的独立结构。它通过与车架连接，以承载和传递动力。车辆通过曲线时，转向架与车架之间能产生相对转动，使车辆能顺利通过曲线，减少运行阻力。

一、转向架的作用

转向架具有承载传载、走行转向、缓冲减振、走行制动的用途。

(1) 承载传载

转向架通过与车架连接，承受车架传来的载荷，并由各轮对传给钢轨。

(2) 走行转向

转向架引导车辆沿钢轨运行。车辆在曲线上运行时，由于转向架与车架的相对转动，使车辆能顺利通过曲线，减少运行阻力。

(3) 缓冲减振

转向架装有减振弹簧和减振器，能缓冲车辆的冲击和振动，提高运行的平稳性。

(4) 走行制动

制动系统的基础制动装置安装在转向架构架上，闸瓦直接对准车轮的踏面，制动时，闸瓦压紧车轮踏面产生摩擦阻力，实现制动作用。

二、转向架的结构

QS-650 清筛机的转向架为双轴动力转向架，由侧梁、枕梁、弹簧减振装置、轮对轴箱装置、基础制动装置、心盘总成与旁承、车轴齿轮箱等部分组成，其构造如图 2-9 所示。

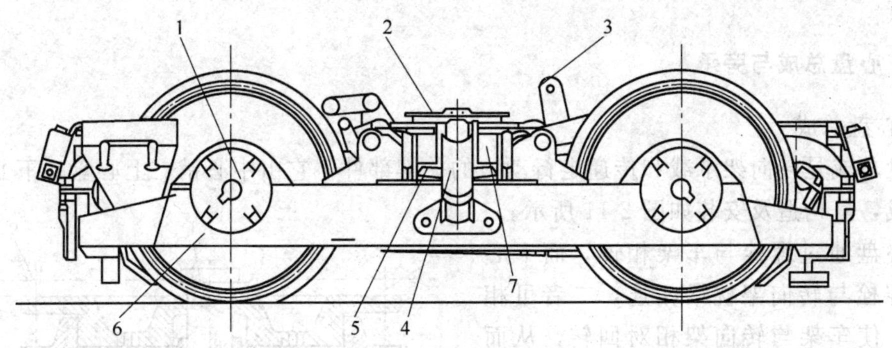

图 2-9　转向架结构

1—轮对轴箱装置；2—心盘总成；3—基础制动装置；4—液压减振器；5—枕簧；6—侧梁；7—枕梁

转向架的构架由两个侧梁和一个枕梁组成，侧梁和枕梁均采用钢板焊接的箱形结构。两侧梁用两根高强度材料制成的连接杆连成一体；两侧梁中部安放枕簧，其上支撑枕梁；枕簧为圆柱弹簧，四个一组。枕梁的导框套在侧梁的导柱上，以使枕梁和侧梁相连，从而组成转向架的构造。

QS-650 清筛机的转向架具有如下特点：

(1) 转向架的侧梁与枕梁之间设有液压减振器 4 和枕簧 5，它们可较好地缓和和吸收轮对及轴箱所受到的振动、冲击，起缓冲减振作用，提高清筛机运行平稳性。

(2) 转向架每根车轴上均设有车轴齿轮箱，起传递走行动力和减速的作用。针对区间运行和作业走行两种工况，车轴齿轮箱有两种不同的减速比。

QS-650 清筛机转向架的轮径为 900 mm，固定轴距为1 830 mm，心盘距为 2 300 mm，容许通过的最小曲线半径为 180 m。

三、液压减振器

液压减振器是一种良好的减振装置，它通过内部的油液流经阻尼孔时产生的阻尼力，有效地消耗车辆的振动能量，达到衰减振动幅度的目的。车辆的振动速度越高，振幅越大，液压减振器的减振效果就越显著。

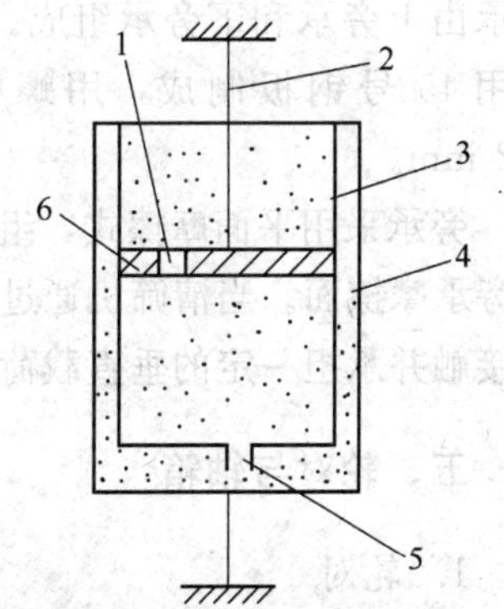

图 2-10　液压减振器工作原理

1—节流孔；2—活塞杆；3—缸筒；4—储油筒；5—补排油孔；6—活塞

液压减振器的工作原理如图 2-10 所示。

当车架振动时，带动液压减振器的活塞在缸筒内上下运动，迫使缸筒内的油液通过活塞上的节流孔上下流动，产生节流阻力，实现减振作用。同时，油液通过缸筒底部的补排油孔进行补油和排油。

液压减振器受压时，油液通过节流孔从缸筒下部流向上部，多余油液通过补排油孔排入储油筒内；液压减振器受拉时，油液流向与受压时正好相反。补排油孔在结构上还有一个特点，即排油时孔变小，起节流作用，补油时孔变大，防止缸筒内出现真空。

在 QS-650 清筛机转向架上，液压减振器设在侧梁中部与枕梁之间，它与枕簧共同起缓冲减振作用，可以较好地缓和和吸收轮对及轴箱所受到的振动、冲击，从而提高清筛机的运行平稳性。

四、心盘总成与旁承

1. 心盘总成

心盘总成是转向架承载和传递走行动力的关键部件，它由中心销、上心盘、下心盘、平键等组成，其构造及安装如图 2-11 所示。

上心盘通过螺栓与车架相连，而下心盘通过螺栓与转向架枕梁相连，二者可相对转动，使车架与转向架相对回转，从而使清筛机能顺利通过曲线轨道。

由于上心盘支承在下心盘的环槽内，故该心盘总成可承受径向力和轴向力，即通过它既可使车架承受的重量传给转向架，又可使转向驱动轮产生的牵引力由心盘传给车架。

中心销用平键卡住，它能防止上心盘与下心盘相互分离，保证车架与转向架连接可靠。心盘采用稀油润滑，润滑油管接在下心盘上，由前、后司机室内的润滑油杯供油。

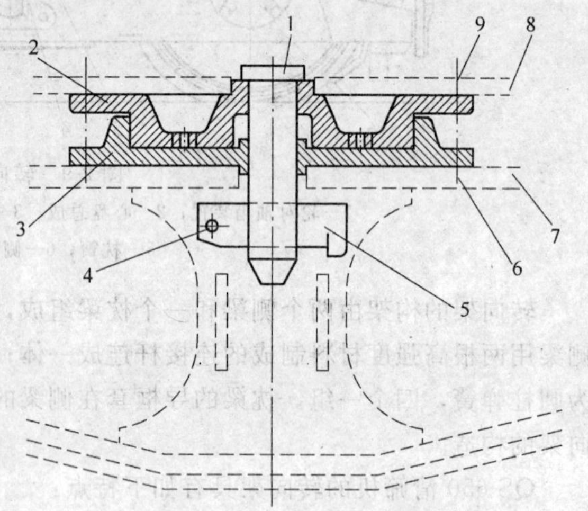

图 2-11 心盘总成构造及安装图

1—中心销；2—上心盘；3—下心盘；4—开口销；5—平键；6、9—螺栓连接；7—枕梁；8—车架

2. 旁承

旁承是清筛机转向架的辅助承载部件。每台转向架设有两个旁承，分布在左、右两侧。旁承由上旁承和下旁承组成。上旁承是用铸铁制成的槽形结构，安装在车架大梁下面；下旁承用 45 号钢板制成，用螺栓连接在转向架枕梁上。上、下旁承的间隙调整量为 0～0.2 mm。

旁承采用平面摩擦式，组装前上旁承槽内充有 2 号锂基润滑脂，通过槽底的小孔润滑上、下旁承摩擦面。当清筛机通过曲线时，由于离心力的作用，车体产生倾斜，使外侧的上、下旁承接触并承担一定的垂直载荷，通过上、下旁承的相对滑移，可使清筛机顺利通过曲线。

五、轮对与轴箱

1. 轮对

轮对的作用是承受车辆传来的全部重量并引导清筛机沿钢轨运行，同时传递和承受清筛机与轨道间的相互作用力。轮对由一根车轴和两个车轮按规定的尺寸和压力，采用过盈压装而成。由于清筛机的车轴中部安装有车轴齿轮箱，并通过轴承支承在车轴上，故组装轮对时应先压装车轴齿轮和装入轴承、轴承盖等零部件。拆轮对时，应先沿车轮上注油孔注入高压油，减少车轮与车轴之间的摩擦阻力，然后进行拆卸。

(1) 车轴

车轴按其两端轴箱中的轴承形式不同，可分为滑动轴承车轴和滚动轴承车轴。由于清筛机的车轴主要承受交变载荷，故采用滚动轴承车轴。

由于清筛机的车轴主要承受交变载荷，容易产生疲劳裂纹，故车轴应经过一定的冷、热加工工序，以使车轴具有较好的韧性，较高的抗拉强度和疲劳极限。

(2) 车轮

车轮是转向架中的重要零件，它承受冲击、挤压和摩擦，容易发生疲劳和磨损，因此车轮应具有良好的冲击韧性、耐磨性和较高的强度。车轮一般用中碳平炉钢锭经冲孔、碾压成型、压弯辐板和热处理等工序制成，其化学成分和热处理后的机械性能均符合有关规定。

2. 轴箱

清筛机转向架上设有滚动轴承轴箱，安装在车轴轴端。轴箱由轴箱体、滚动轴承、轴箱盖、挡圈、密封装置等零部件组成，轴箱结构如图 2-12 所示。

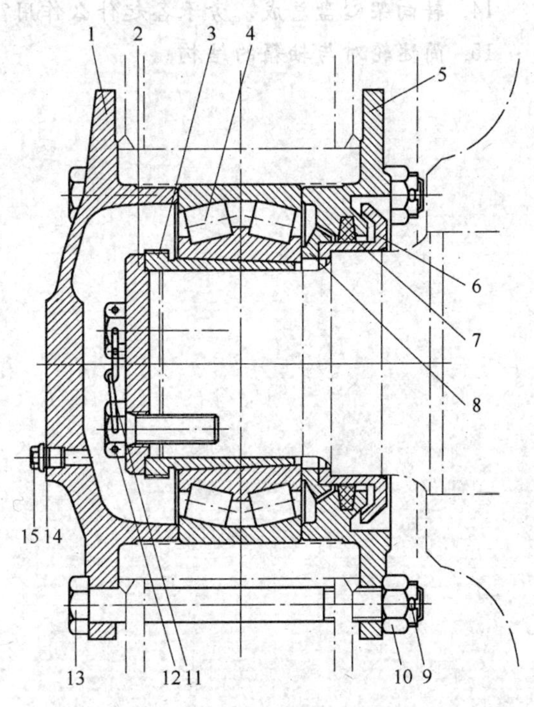

图 2-12 轴箱结构

1—前轴箱盖；2—轴端盖；3—张紧套；4—滚动轴承；5—后轴箱盖；6—迷宫轴环；7—密封圈；8—挡圈；9—开口销；10—螺母；11—防松铁丝；12、13—螺栓；14—垫圈；15—注油塞

轴箱中的滚动轴承为双列向心球面滚子轴承，它承载力大，能自动调心，其内圈的内表面为圆锥面，支承在张紧套上，调节张紧套与轴承的楔紧程度就可调整轴承的径向和轴向间隙。

轴箱组装时，必须按有关规定严格进行，保证轴承有合适的径向间隙和轴向间隙。轴箱内润滑油脂的充注量为其内空间容积的 2/3 为宜。

复习思考题

1. QS-650 清筛机动力系统由哪些部件组成？动力是如何传递的？
2. QS-650 清筛机走行传动系统由哪些部件组成？走行动力是如何传递的？
3. QS-650 清筛机上有几台发动机？有什么特点？
4. 简述 GB2/380KR 型主离合器的作用和特点。
5. QS-650 清筛机的主离合器操纵机构由哪些部分组成？各有什么特点及要求？
6. QS-650 清筛机的万向传动装置有什么功用？由哪些部分组成？
7. QS-650 清筛机分动齿轮箱有什么功用？它在构造上有什么特点？动力如何传递？
8. QS-650 清筛机的车轴齿轮箱有哪些功用？它在构造上有什么特点？
9. QS-650 清筛机车轴齿轮箱中的“AG”、“FG”多片式离合器的作用原理如何？怎样操纵？

10. 试写出 QS-650 清筛机的车轴齿轮箱在各种工况下的传动路线。

11. QS-650 清筛机走行传动系统可以实现几种走行速度？速度多少？

12. 转向架起什么作用？由哪几部分组成？

13. 说明液压减振器的工作原理。

14. 转向架心盘总成、旁承各起什么作用？

15. 简述轮对与轴箱的结构。

第三章

车体结构

QS-650清筛机的车体结构包括车架、车钩缓冲装置、司机室等部分。车架坐落在两台双轴动力转向架上。车架端部装有中心式车钩缓冲装置，在车架前、后部平台上布置有司机室。前司机室由运行司机操作位和作业司机操作位组成，后司机室只有运行司机操作位。与前后司机室相邻，布置着安装动力传动装置的机械动力间，并用隔热、隔音、密封门与司机室隔开。前后司机室内设有通风、空调、取暖装置和通信指挥等设备，保证操作人员有一个安全、舒适、良好的工作环境。

本章介绍车体结构组成部分的构造、作用及工作原理。

第一节　车　　架

一、车架结构与作用

QS-650清筛机车架由厚度5～25 mm标准型钢和板材组焊而成，它的作用是：承受整机自重和纵、横向的作用力，并且是安装司机室、柴油发动机、传动装置、工作装置、液压系统、气动系统、电气系统和操纵、控制机构的基础。

车架由前、后端梁，前后对称的主梁、横梁、连接梁、支架、支座等结构件焊接组成，其结构如图3-1所示。

1. 主梁

主梁是车架承受载荷及各向作用力的主体梁。清筛机挖掘链要穿过枕底，因此主梁由相互靠近的两根前左、右工字主梁17和相距较宽的后左、右工字主梁9、10，用连接梁13组焊起来。两对称主梁间还焊有横梁，使车架构成一个主要承受力的框架结构。

车架可承受2 000 kN的纵向力，满足清筛机编组运行的要求。车架在载荷作用下，不应发生永久性变形。制造时，车架中部预拱度为120^{+10}_{0} mm。

2. 横梁

横梁由钢板焊接，横截面通常为箱形结构，前、后横梁底面坐落在前、后转向架上的座板20和5上，其中部设有转向架中心轴座孔，两端焊有与旁承接触的耐磨钢板。两中心轴孔间的距离，即为两台转向架的中心距，设计要求为23 000 mm。

3. 副梁

副梁有纵向与横向两种，焊接在前、后主梁之间。它们的作用除加强车架整体的强度与刚度外，也是安装柴油发动机、传动装置和工作装置的基础。

4. 支架

支架主要是支承清筛机的工作装置，其中有：车架中部挖掘链槽支架11；链槽调整液

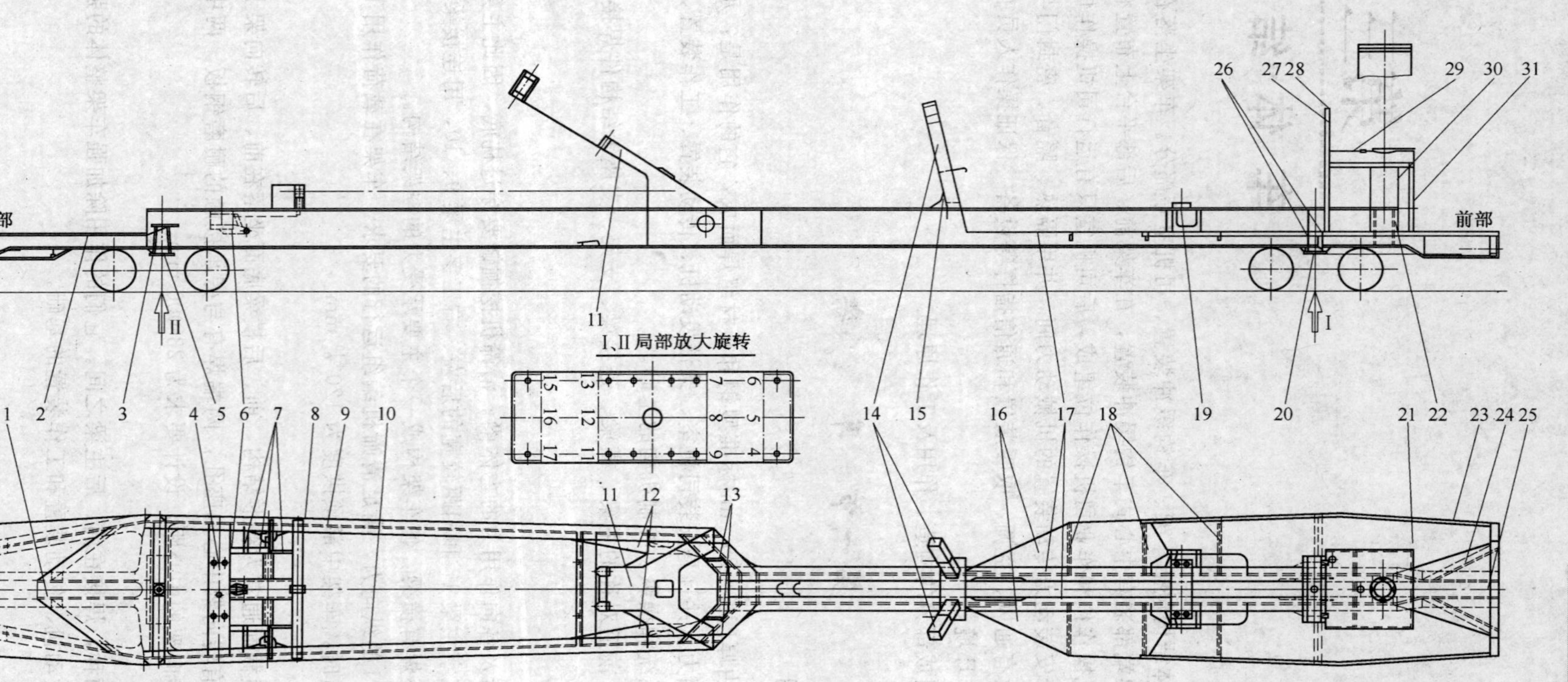

图 3-1　QS-650 全断面道砟清筛机车架结构

1—后端梁；2—后台板；3—后横梁；4—后主传动箱座板；5—后转向架座板；6—回填输送带支架；7—小梁；8—转动轴承座架；9—后左工字主梁；10—后右工字主梁；11—链槽支架；12—斜腹板；13—连接梁；14—立柱架；15—角筋板；16—操纵室底板；17—前左、右工字主梁；18—小支架；19—前主传动箱座板；20—前转向架座板；21—左、右前台板；22—转柱筋板；23—左、右前端侧梁；24—翼板；25—前端梁；26—前横梁腹板；27—主污土输送带支架；28—中间隔板；29—盖板；30—回转带转柱；31—前壁板压油缸和起重装置安装立柱架 14；车架前部主污土输送带支架 27、中间隔板 28、回转污土输送带转柱 30、转柱筋板 22；车架后部的回填输送带支架 6 等。

车架前部两根工字型前主梁 17 相距较近，因而在主梁两侧焊接有三对小支架 18，使前端加宽，它用作支承前司机室、机械动力间和操纵室的底板。

5. 前、后端梁

前、后端梁焊接在前、后端主梁外，其作用是安装车钩缓冲装置并延伸了车体长度。

前、后端梁也是金属焊接构件，由牵引梁、端梁、斜撑加强梁等焊接起来。前端梁上面铺有前部台板 21，后端梁上面铺有后台板 2（布置后司机室的地方）。

二、车架受力特点

QS-650 清筛机的车架结构形式特殊，受力复杂，在各种工作状态下的受力特点如下：

1. 静止状态

静止状态时，清筛机车架承受静态垂直载荷，它包括车架自重以及除转向架外清筛机其他部分的重量载荷。

2. 区间运行状态

清筛机区间运行状态时，车架除承受静态垂直载荷外，同时还承受轮轴产生的牵引力以及行走时的惯性、振动冲击力的作用。

3. 作业状态

清筛机作业时，受力状况最为复杂。其中有：走行装置产生的用以克服运行阻力及挖掘阻力的最大牵引力，起、拨道装置的起道力与拨道力；振动筛产生的激振动等。

4. 联挂运行状态

清筛机联挂运行时，走行装置挂空挡，由机车或其他车辆牵引。此时，车架除受上述静止状态的作用力外，还受到牵引车辆通过车钩传来的牵引力以及运行阻力，该运行阻力由两转向架车轮与钢轨的摩擦力生成，并通过心盘总成传给车架。在联挂状态下，清筛机的最大冲击力为 2 000 kN。

第二节　车钩缓冲装置

车钩缓冲装置简称钩缓装置。在各种铁道车辆上，都设置有车钩缓冲装置，它是铁道车辆最基本的也是最重要的部件之一。它用来连接列车各车辆使之彼此保持一定距离，并且传递和缓和列车在运行中或在调车时所产生的纵向力和冲击力。

一、车钩缓冲装置的组成与作用

车钩缓冲装置由车钩、缓冲器及其他附属零部件组成。如图 3-2 所示，QS-650 清筛机采用 6G 型上作用式车钩与 MT-3 型缓冲装置，车钩和缓冲器间通过钩尾框连成一体。

在车钩缓冲装置中，车钩是用来连接车辆和传递牵引力及冲击力的；缓冲器是用来缓和列车运行及调车作业时车辆之间的冲撞，吸收冲击动能，减小车辆相互冲击时所产生的动力作用；钩尾框则起着传递纵向力（牵引力或冲击力）的作用。因此，车钩缓冲装置具有以下三种功能：

(1) 连接——使车辆与车辆之间能够联挂和摘解，并保持一定的距离。

（2）牵引——把动车的牵引力传递给其他车辆。

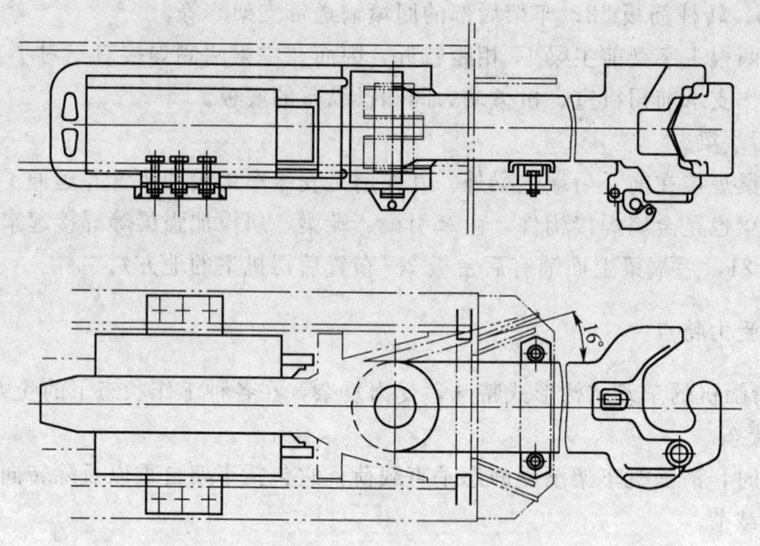

图 3-2　6G 型车钩和 MT-3 型缓冲装置

（3）缓冲——缓和与衰减运行中由于牵引力的变化和制动力前后不一致而引起的冲击与振动。

二、6G 型车钩

6G 型上作用式车钩是个大摆角车钩，它的最大许用摆角为±17.5°，用以克服大型清筛机轴距大难以通过小半径曲线的问题。

6G 型上作用式车钩的结构基本与十三号车钩（上作用式）相同，钩头内的零部件可以互换，不同之处在于 6G 型车钩的钩尾销由原来十三号车钩 ϕ100 mm×44 mm 的长圆形，改为ϕ89 mm的圆销，并由此改变了钩体尾部及钩尾框端的结构尺寸与之相配。圆销的使用，取消了车钩本身结构对钩体回转角的限制，6G 型车钩回转角是由车辆底架开挡角度来设定的。

6G 型上作用式车钩工作时，各零部件处于不同位置，起着不同的作用，从而使车钩具有开锁、全开和闭锁三种工作状态，称为车钩的三态作用。

1. 开锁位置

开锁位置为摘解车辆时的预备位置，如图 3-3 所示。车钩处于闭锁位置时，提起钩提杆，上锁销脱离防跳台，带动钩锁铁上移，直至钩锁铁的凹槽与钩腔的突起台阶接触为止。此时，若放下钩提杆，钩锁铁下端缺口处坐在钩舌推铁一端的口面上，使钩锁铁不至落下，而呈开锁状态。

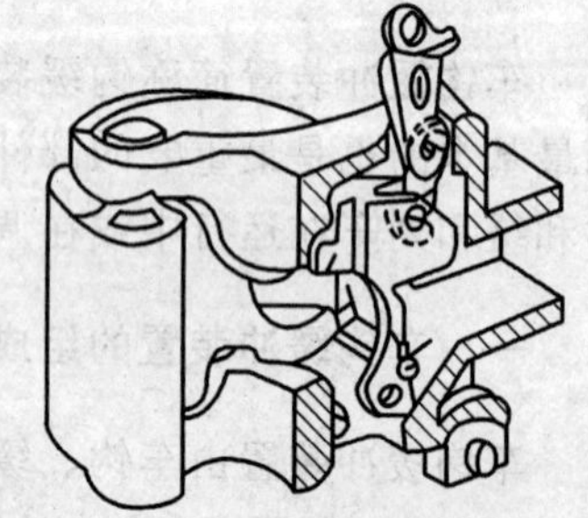
图 3-3　开锁位置

实际上，车钩的开锁位置是一种闭而不锁的状态，此时，钩舌虽未张开，但钩锁已被人为操纵顶起一个高度，即解除了对钩舌的锁闭，只要车辆稍稍移动，钩舌即可向外转开，使车辆分离。

2. 全开位置

全开位置为车钩钩舌完全张开准备挂钩时的位置，如图 3-4 所示。车钩处于闭锁或开锁位置时，用力提起钩提杆，上锁销便脱离防跳台，带动钩锁铁迅速上升，当钩锁铁凹槽靠住钩腔突起台阶时，即以该处为支点回转，钩锁铁的下端踢拔钩舌推铁的一端，使钩舌推铁转动。同时，钩舌推铁的另一端推出钩舌，使车钩呈全开状态。此时，放下钩提杆，钩锁铁便坐在钩舌尾部上。

3. 闭锁位置

闭锁位置为两车钩相互联挂时所处的位置，如图 3-5 所示。车钩处于全开位置时，向钩腔内推动钩舌，钩锁铁便由钩舌尾部上滑下，坐在钩舌尾部的钩锁铁座上，这样便挡住了钩舌，使其不能转动，呈锁闭状态。同时，上锁销下部突起部位卡在钩腔内防跳台处，起防跳作用。

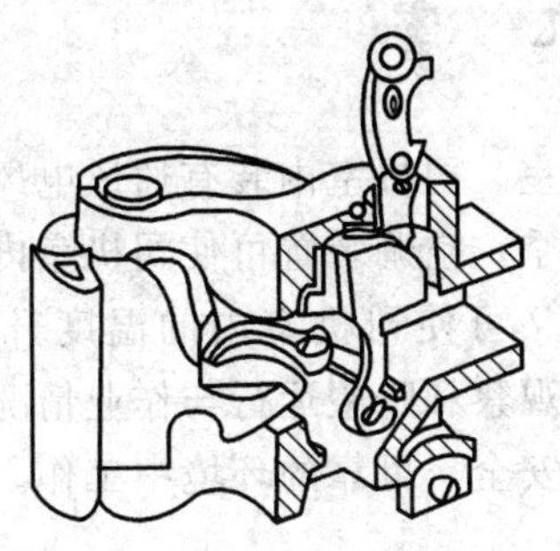

图 3-4　全开位置

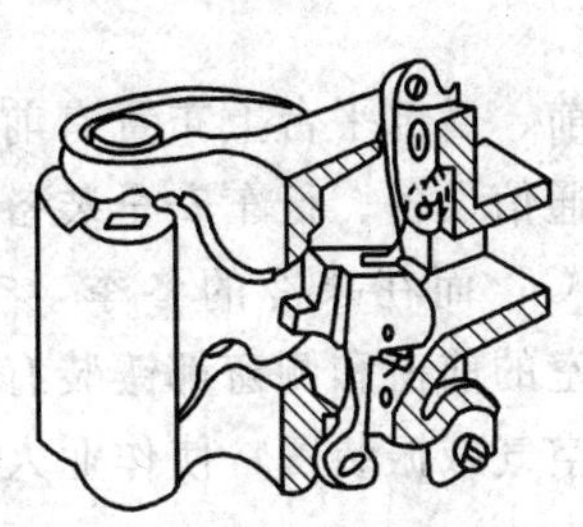

图 3-5　闭锁位置

在整车落成后，车钩中心距轨顶面高应为（880±10）mm。必须按照 TB 456—1984“车钩、钩尾框技术条件”之有关规定，对车钩进行“开锁”、“全开”、“闭锁”等三态作用及防跳性能检查。车钩处于闭锁位置时，提钩链应有 210～260 mm 的松余量。

三、缓 冲 器

缓冲器是用来缓和与衰减车辆在启动、制动及连接挂钩时由于牵引力的变化或相互碰撞而引起的纵向冲击和振动。缓冲器有耗散车辆之间冲击和振动的功能，从而可减轻对车辆结构的破坏作用，提高车辆在运行时的平稳性。

QS-650 清筛机采用的是 MT-3 型弹簧摩擦式缓冲器，它具有容量大、性能稳定的特点，是较为先进的弹簧摩擦式缓冲器。MT-3 型缓冲器的容量不小于 45 kJ，最大阻抗力为小于 2 000 kN。

MT-3 型弹簧摩擦式缓冲器的结构如图 3-6 所示，它由箱体、中心楔

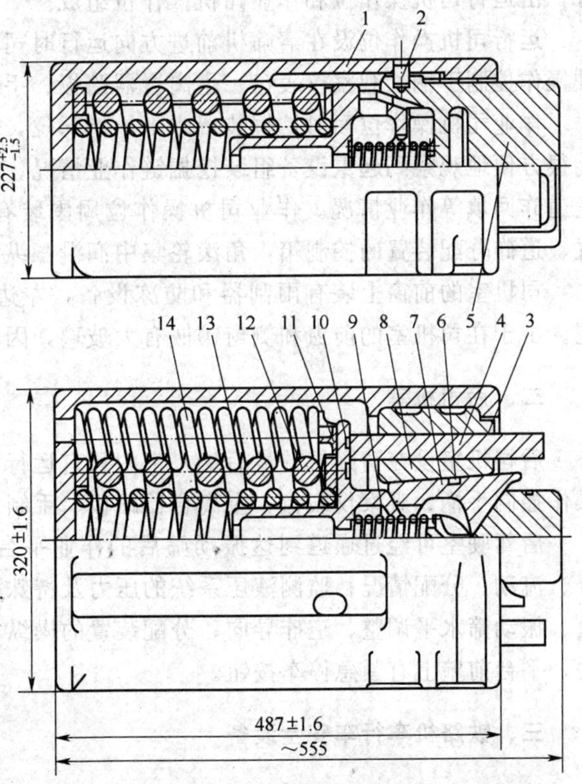

图 3-6　MT-3 型缓冲器结构

1—箱体；2—销子；3—外固定板；4—动板；5—中心楔块；6—铜条；7—楔块；8—固定斜板；9—复原弹簧；10—弹簧座；11—角弹簧座；12—外圆弹簧；13—内圆弹簧；14—角弹簧

块、楔块、固定斜板、动板、外固定板、弹簧座及各种弹簧组成。

当缓冲器受冲击时，中心楔块 5 与楔块 7 沿着固定斜板 8 滑动，同时夹紧动板 4。当楔块移动到一定距离后与动板 4 一起移动，这时，动板 4、固定斜板 8 和外固定板 3 构成另一组摩擦副，消耗吸收一部分动能，并共同推动弹簧座 10 压缩外圆弹簧 12、内圆弹簧 13 和角弹簧 14，将一部分冲击动能转变为弹簧的位能。

当缓冲器卸载时，复原弹簧 9 借助弹力使中心楔块 5 复位，防止卡滞。

第三节　司　机　室

在车架前、后部平台上布置有前司机室和后司机室。司机室内装有通风电风扇、空调装置、取暖和通信设备、行车安全装备等。在炎热的夏季，空调装置可使司机室内的温度保持在（25±2)℃；而在寒冷的冬季，空气燃油加热器又可使司机室内的温度升高到（23±2)℃。司机室的前窗和侧窗都镶装有玻璃，便于司机观察和瞭望运行与作业情况。司机座椅带有可调的空气减振装置，使作业人员在一个舒适、安全、可靠的环境中工作。

一、前司机室

前司机室位于清筛机前部，回转污土输送带的后面，而且是在主污土输送带前端的下方，由运行司机操作位和作业司机操作位组成。

运行司机操作位设在清筛机前进方向运行时司机室的前方左侧，司机座位周围装有前驾驶操作控制手柄、观察仪表盘、主离合器踏板、手制动轮及有关电控箱柜等。

作业司机操作位面对挖掘装置水平导槽部位，作业司机通过前、左、右倒棱锥体玻璃窗能很方便地观察到起重设备组装挖掘链作业情况、挖掘装置挖掘道床作业情况、起拨道装置及道砟回填等作业情况。作业司机操作位周围装有操纵控制仪表板，起拨道装置、回填装置、道砟分配装置的控制箱，角滚轮集中润滑操纵箱和污土输送带开关箱等。

司机室的前窗上装有雨刮器和防冻设备，左边侧窗可以滑动，司机可探身车外进行瞭望。由于在司机室的前窗和侧窗镶嵌有大玻璃，因此便于四观察和瞭望运行与作业情况。

二、后司机室

后司机室设在清筛机的最后端，室内只有运行司机操作座位。司机座位周围装有后驾驶操作控制手柄、观察仪表盘、主离合器踏板、手制动轮及有关电控箱柜。

后驾驶室可经过通道到达振动筛后的作业平台上。作业平台可供操纵人员监控道砟筛分、流动、分配情况；监测液压系统的压力及特殊故障的紧急停车。通道两侧设有操纵起拨道、振动筛水平调整、道砟导向、分配装置的操纵箱，右侧通道还设有液压压力测量转换开关，平台前壁上有紧急停车按钮。

三、铁路机车行车安全装备

铁路机车行车安全装备是指装设于机车、动车以及自轮运转特种设备上，用于直接防止列车运行事故或辅助机车乘务员提高操纵列车运行安全能力的装备，主要包括：机车信号、列车运行监控记录装置、机车自动停车装置、列车无线调度通信设备以及与之配套的传感、信息输入、信息输出和连接设备等。

QS-650 清筛机的前、后司机室内，装设有机车信号、列车运行监控记录装置、列车无线调度电话，俗称行车安全三大件，为操作司机的安全运行提供保障。

第四节 空调装置及其采暖设备

一、空调装置

空调装置安装在前、后司机室的顶棚上，用以调节司机室内的温度，改善操作人员的工作环境。

1. 空调装置的结构与工作原理

QS-650 清筛机选用 KK7 “Hydro” 型空调装置，由蒸发器总成、冷凝器总成、压缩机总成、驱动液压马达总成四大部分组成。各总成通过硬管和挠性软管连接成循环回路，系统中充满安全的 R134a 型制冷剂，由液压马达通过两根三角带来驱动压缩机，循环制冷剂制冷。

空调装置的工作原理如图 3-7 所示。

（1） 自动控制空调系统的工作原理

空调装置的压缩机、冷凝器总成和蒸发器总成通过连接管道组成自动控制制冷循环回路。回路中充满 R134a 型制冷剂。因此，当压缩机运转时，它将传递热量并不断循环。

蒸发器总成的鼓风机 2 不断吸入司机室内的湿热空气 1，排放冷空气 10，使司机室内空气干燥、冷却，达到制冷降温的效果。

液压马达、压缩机总成及冷凝器总成在司机室外。当司机室内湿热空气通过蒸发器蛇管 3 表面冷却下来时，热量循环到冷凝器，被冷凝器吸收，通过冷凝器蛇管 16 表面扩散到外部大气中。冷凝器风扇 13 的作用是吸入强风 15 将热空气 14 排出。

司机室在冷却过程中，空气同时被干燥。被提取的水分量决定于空气的湿度和温度。

（2） 循环过程

在循环过程中，制冷剂由于温度、压力及条件的不同，在液态和气态下交替转变。为了能吸收热量，蒸发器蛇管中的温度必须低于司机室气温；为了向周围散发热量，冷凝器蛇管中的温度必须高于外界气温。因此，靠压缩机通过配套的热膨胀控制阀来完成。

制冷循环回路分高压回路（压缩机出口至膨胀阀入口之间）和低压回路（膨胀阀出口至压缩机入口之间）。其循环过程如下：

当冷凝器风扇 13 吸入强风 15 排出热空气 14，即将冷凝器蛇管 16 热量散发到周围空气时，制冷剂在冷凝器蛇管中由高压状态的气体转变为高压状态下的液体。高压液体通过干燥容器 8 后流到膨胀控制阀 6 中。

膨胀控制阀 6 根据压缩机的转速及司机室空气状态会自动地控制制冷剂流入到蒸发器中的流量。自动控制靠热球管 4、等压软管 5 及膨胀阀中的弹簧来完成。因此，流入蒸发器的制冷剂是低压、低温的液体。

当蒸发器鼓风机吸入司机室湿热空气，通过蒸发器蛇管时，制冷剂吸收湿热空气中的热量，并由液态转变为气态，而湿热空气被冷却、干燥后返回司机室中，达到降温的目的。

流出蒸发器的过热低压气体被压缩机吸入、压缩，成为高压气体，再一次输送到冷凝器中，开始了下一个循环。

恒温开关 11 是用来控制蒸发器蛇管中制冷剂与司机室空气间温差的。干燥容器是利用硅石干燥剂来吸收制冷剂中的水分。制冷剂的充入量是否正确可以通过视窗 9 检查。

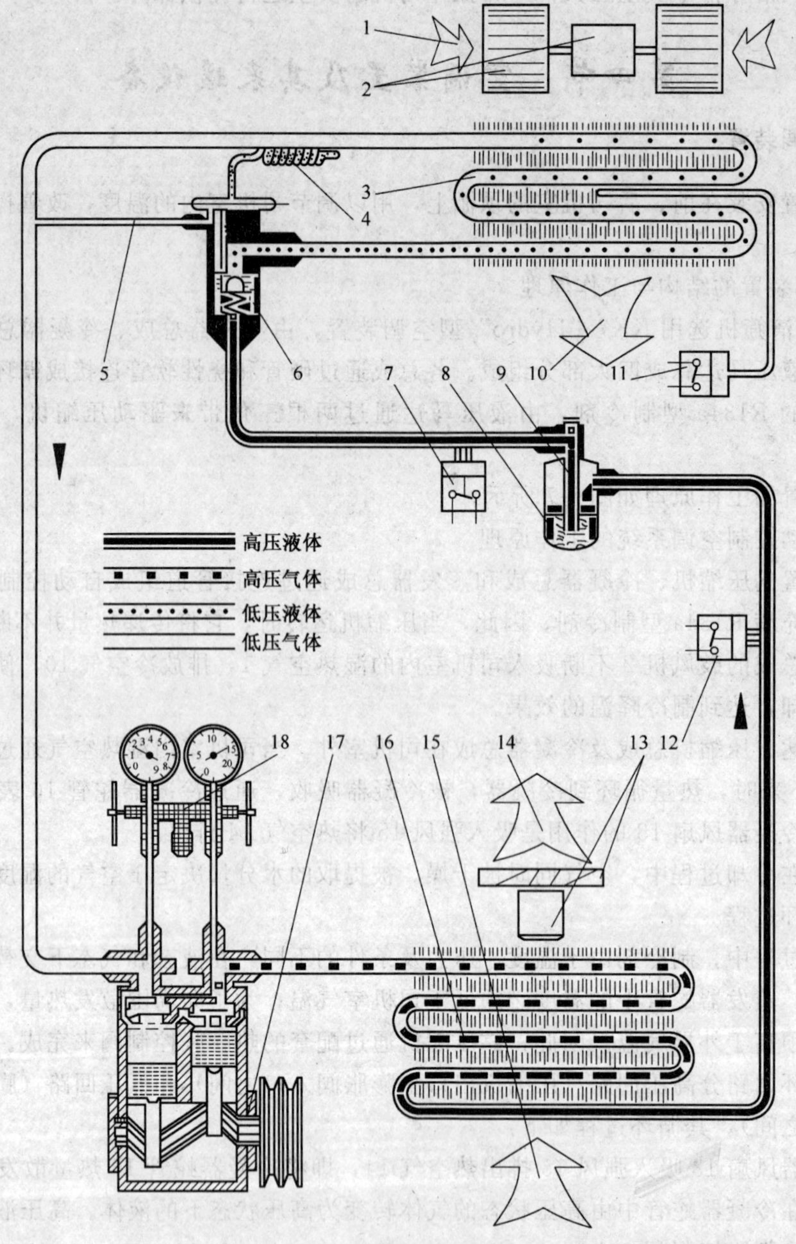

图 3-7　空调装置工作原理

1—温热空气；2—蒸发器鼓风机；3—蒸发器蛇管；4—热球管；5—等压软管；6—膨胀控制阀；
7—低压开关；8—干燥容器；9—视窗；10—冷空气；11—恒温开关；12—高压开关；
13—冷凝器风扇；14—热空气；15—强风；16—冷凝器蛇管；17—压缩机离合器总成；
18—多路指示表（用于保养、维修）

(3) 膨胀控制阀的工作原理

膨胀控制阀有个重要功能，就是将完全蒸发的制冷剂尽量多地注入蒸发器。为了打开阀门，在空调运行过程中，热球管 4 压力必须高于蒸发器出口端进入阀体和阀门弹簧的压力。

2. 空调装置的操作

KK7“Hydro”型空调装置的操作和控制开关如图 3-8 所示。

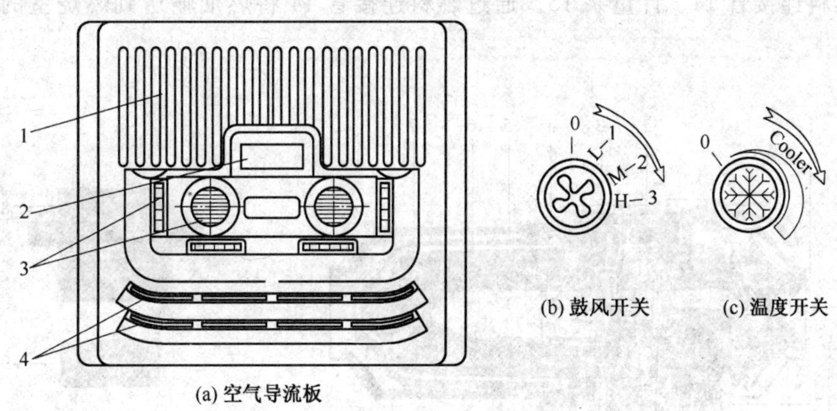

(a) 空气导流板　(b) 鼓风开关　(c) 温度开关

图 3-8　空调装置的操作和控制开关

1—循环空气入口；2—操作开关；3—可调百叶窗；4—冷空气口；0—关闭；1（L）—低速；2（M）—中速；3（H）—高速

（1）操作和控制开关

① 空调装置由安装在空气导流板上的鼓风开关和温度开关来控制，当两个控制开关拨到左端位置时，两开关关闭（0 位）。

② 鼓风开关是空调的主控制开关，它用于改变蒸发器风扇的速度，因而控制排风量。

③ 温度开关能关闭压缩机并连续地改变空气出口温度以控制室内温度，它的调节是通过间断地开关压缩机来实现，开关的频率取决于空气温度和压缩机的转速。

④ 为了保护压缩机，在干燥容器上装有一个高压开关和一个低压开关，一旦制冷回路中出现不规则的压力时就可以关闭压缩机。

（2）操作方法

① 通风。将温度开关置于左端位置（关闭位），将鼓风开关顺时针从 0 转到 1 挡、2 挡或 3 挡，以获得所需的排风量。百叶窗可以调节，使冷风吹向所需的方向。

② 制冷。按上述方法转动鼓风开关，打开温度开关使压缩机工作，并顺时针旋转以获得所需的空气温度。当开关转到右端位时，司机室内将获得最低温度。当鼓风开关转至 3 挡时，将获得最好的制冷性能。

注意事项：为防止蒸发器结霜，应避免鼓风机低速与最低制冷温度的匹配工况，尤其是潮湿天气。万一发生结霜现象时，应将鼓风开关置于高速挡，并将温度开关关闭 2～3 min。

二、采暖设备

QS-650 清筛机司机室是采用空气燃油加热器产生的热空气来取暖的。

空气燃油加热器的结构如图 3-9 所示，它由驱动装置、供给系统、燃烧系统、热交换系统、电气控制系统几部分组成。

1. 驱动装置

空气燃油加热器的驱动采用 24 V 直流电动机来带动吸气风扇 1、燃烧空气风扇 2 和燃油计量泵 15。

2. 供给系统

（1）燃油供给系统

包括燃料连接管 14、计量泵 15。通过燃料连接管 14 将燃油输送到燃烧室的燃烧网 13 上燃烧。

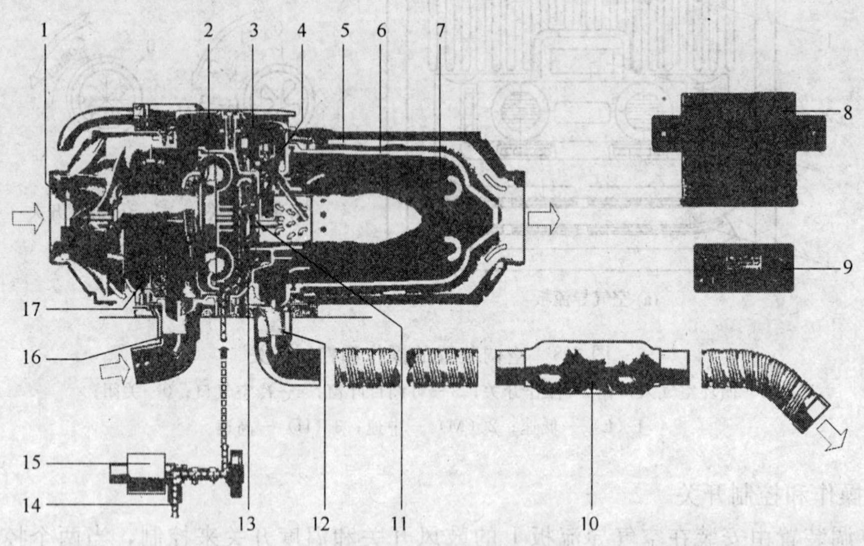

图 3-9　空气燃油加热器

1—吸气风扇；2—燃烧空气风扇；3—电热塞；4—燃烧热传感器；5—过热温度自动调节器；6—燃烧管；7—热交换器；8—电控装置；9—数字计时器；10—排气消声器；11—加热器；12—排气口；13—燃烧网；14—燃料连接管；15—计量泵；16—进气口；17—安全开关

（2）燃烧空气供给系统

包括燃烧空气进口 16、燃烧空气风扇 2。空气经燃烧管后部的小孔中进入燃烧管 6，与燃烧燃料混合助燃。

（3）热交换空气供给系统

包括吸气风扇 1、热交换器 7 及加热器内壁管道等。该系统吸入的冷空气，通过热交换器 7 时，吸收燃油燃烧的热量变成热风，排入司机室内使其升温取暖。

3. 燃烧系统

包括电热塞 3、加热器 11、燃烧网 13 和燃烧管 6 等。燃烧系统起燃油燃烧作用，为热交换提供热源。电热塞能在冷启动加热器时，起到燃料预热的作用。

4. 热交换系统

热交换系统是指加热器外壳内壁和燃烧管壁之间的空气风道部分，是起冷空气加热作用的。

5. 电气控制系统

包括电控装置 8、燃烧热传感器 4、过热温度自动调节器 5 和数字计时器 9 等。它起着对加热器的启动与调节燃烧状态的作用。

空气燃油加热器的特点是：体积小、重量轻、结构简单、操作方便、加热迅速，适用于寒冷地区司机室的取暖除霜。

1. 车架由哪些构件组成，各有什么作用？
2. QS-650 清筛机车架有哪些受力特点？
3. QS-650 清筛机车构缓冲装置的作用是什么？6G 型车构缓冲器主要性能参数是哪些？
4. QS-650 清筛机驾驶室有什么要求，各驾驶室有哪些功能？
5. 前后司机座位附近有哪些操纵、控制装置？
6. QS-650 清筛机驾驶室安装有哪些行车安全设备？
7. 驾驶室内通风、空调及取暖设备在什么位置，如何安装？
8. 空调装置由哪些部分组成，工作原理如何？怎样操作和保养？
9. QS-650 清筛机空气燃油加热器由哪些部分组成？有什么作用？

第四章

工作装置

QS-650清筛机工作装置由挖掘装置，筛分装置，道砟回填分配装置，污土输送装置，起、拨道装置，起重设备，辅助装置等部分组成。

第一节 挖掘装置

一、挖掘装置的结构组成

QS-650清筛机挖掘装置安装在两台转向架间的车体中部，与车体水平面的夹角约30°。挖掘装置主要功用是将污脏道砟挖掘出来，并提升和输送到振动筛上。

如图4-1所示，挖掘装置由驱动装置、挖掘链、水平导槽、提升导槽、护罩、下降导槽、调整油缸、拢砟板、防护板及道砟导流总成等组成。

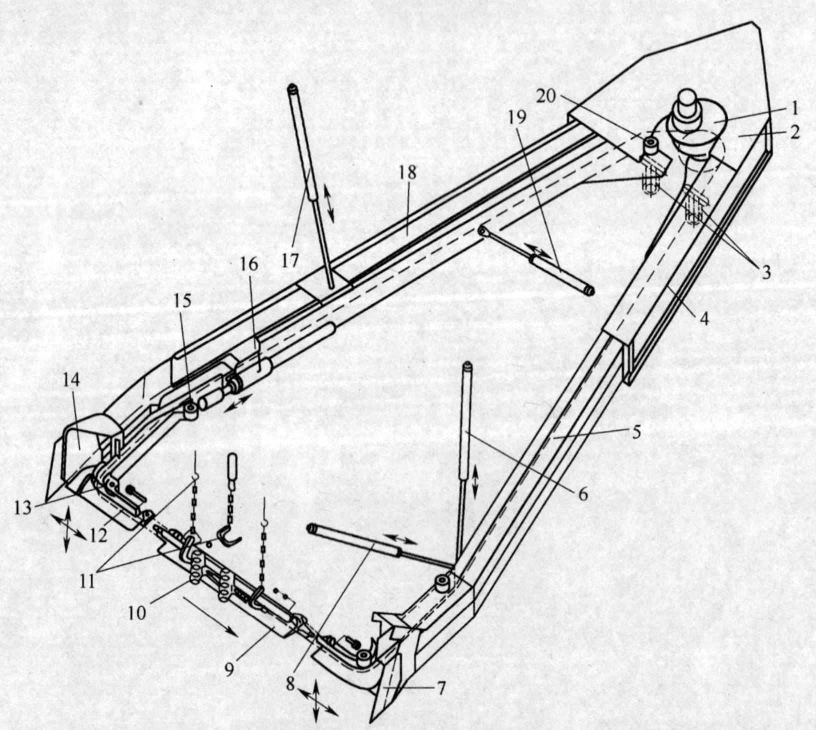

图4-1 QS-650清筛机挖掘装置

1—驱动装置；2—护罩；3—导槽支柩；4—道砟导流总成；5—提升导槽；6—提升导槽垂直油缸；7—拢砟板；8—提升导槽水平油缸；9—水平导槽；10—挖掘链；11—起重装置；12—弯角导槽；13—下角滚轮；14—防护板；15—中间角滚轮；16—张紧油缸；17—下降导槽垂直油缸；18—下降导槽；19—下降导槽水平油缸；20—上角滚轮

清筛机运行时，挖掘链在水平导槽与弯角导槽连接处断开，提升导槽和下降导槽分别被提升并放置到车体两侧，用链条锁紧。水平导槽被安放到车体下部的举升器上。

清筛机作业时，将水平导槽放到预先在道床下挖好的基坑中，提升导槽和下降导槽由车体两侧放下到相应位置，用起重装置将水平导槽吊起与两弯角导槽连接牢固，连接挖掘链并通过张紧油缸调整链条松紧后，挖掘链才能进行挖掘作业。

二、挖掘链驱动装置

挖掘链由一台 A6V225 型变量轴向柱塞式液压马达驱动。液压马达经挖掘齿轮减速箱带动链轮，再由链轮带动挖掘链条旋转。挖掘齿轮减速箱的作用是降低马达的转速，增大输出轴的扭矩，以满足挖掘作业时挖掘速度和切削力的要求。

如图 4-2 所示为挖掘齿轮减速箱结构。

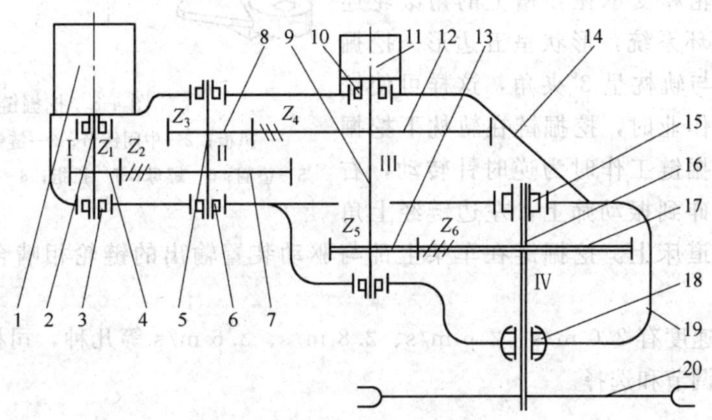

图 4-2 挖掘齿轮减速箱结构简图

1—液压马达；2—输入轴Ⅰ；3—输入轴轴承；4—输入轴齿轮（Z_1）；5—中间轴Ⅱ；6—中间轴Ⅱ轴承；7—中间轴Ⅱ大齿轮（Z_2）；8—中间轴Ⅱ小齿轮（Z_3）；9—中间轴Ⅲ；10—中间轴Ⅲ轴承；11—润滑油泵；12—中间轴Ⅲ大齿轮（Z_4）；13—中间轴Ⅲ小齿轮（Z_5）；14—上箱体；15—输出轴轴承；16—输出轴Ⅳ；17—输出轴齿轮（Z_6）；18—双列调心轴承；19—下箱体；20—链轮

挖掘齿轮减速箱由三级相啮合的斜齿轮组成。液压马达 1 输出端直接插入输入轴Ⅰ内。输入轴齿轮 Z_1、中间轴Ⅱ小齿轮 Z_3 和中间轴Ⅲ小齿轮 Z_5 都直接加工在各自轴上。中间轴Ⅲ的端部还带动润滑油泵 11，使箱体内各部位得到强制润滑。输出轴Ⅳ两端是花键轴，上部在箱体内与输出轴齿轮 Z_6 连接。下部伸出齿轮减速箱体与链轮连接。动力由链轮输出，传给挖掘链。

齿轮减速箱各轴两端一般采用单列圆柱轴承支承在减速箱箱体上。由于输出轴端链轮是悬臂结构，受力复杂，因此，输出轴Ⅳ下端采用双列调心轴承支承，保证了链轮工作的可靠。

挖掘齿轮减速箱的动力传动路线如下：

液压马达 1→输入轴Ⅰ→Z_1/Z_2 啮合→中间轴Ⅱ→Z_3/Z_4 啮合→中间轴Ⅲ→Z_5/Z_6 啮合→输出轴Ⅳ→链轮 20。

三、挖 掘 链

挖掘链由扒板、中间链节、链销轴和扒指等组成，如图 4-3 所示。

扒板上装有扒指，扒指是挖掘道床的重要零件，用高强度耐磨材料 60SiCr7 制成。扒指前端是圆锥体指尖，后部是圆柱体连接部分。扒指安装在扒板的轴孔中，并能自由转动，这既减少了挖掘阻力，又可使扒指表面磨耗均匀。为便于更换，扒指采用垫片和固定销紧固。QS-650 清筛机的扒板 1 上装有 5 个扒指，第一指与第五指间距约 250 mm，挖掘链距是 250 mm。扒板与中间链节各有 82 节，扒指共有 410 个。

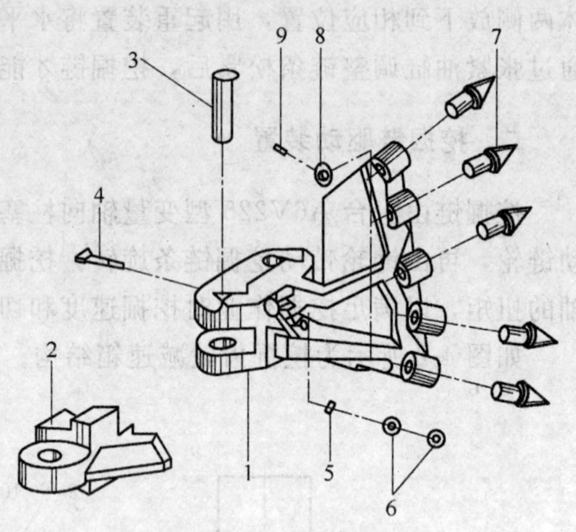

图 4-3 挖掘链

1—扒板；2—中间链节；3—链销轴；4—螺栓；5—垫圈；6—螺母；7—扒指；8—垫片；9—固定销

挖掘链靠链轮和支承在导槽上的角滚轮连成一个封闭的循环系统，形状呈五边形。挖掘链底是水平边，与轨枕呈 3°夹角，这样可使挖掘链受力均匀。作业时，挖掘链在轨枕下挖掘和输送道砟。挖掘链工作时为逆时针转动，右边链用于提升道砟到振动筛上，左边链经上角滚轮下降返回到道床上。挖掘链在车架上部与驱动装置输出的链轮相啮合，由链轮驱动运转。

挖掘链的线速度有 2.0 m/s、2.6 m/s、2.8 m/s、3.6 m/s 等几种，司机可根据道床阻力及生产率进行调节和选择。

四、链条导槽

参见图 4-1，挖掘链条由提升导槽、下降导槽和水平导槽来导向。提升和下降导槽的头部靠支承枢支承在机架上。导槽中部与铰接在机体上的垂直油缸、水平油缸的活塞杆端铰接。因此，两导槽下部可以绕各自的支承枢轴相对机体上下、左右摆动，以满足运行或作业时安装、调整的要求。两导槽的下部平行于机体。这种类似五边形布置的导槽，可在挖掘深度变化时，防止提升和下降导槽之间距离的改变。

1. 提升导槽

提升导槽是链条上升、引导道砟上流的装置，导槽横断面为封闭的矩形结构。导槽底部水平部分由耐磨钢板用螺栓镶嵌在底板上，两侧由钢板和角钢焊接。为了防止尘土飞扬、减少噪声、保障安全，导槽上盖有可开启的厚橡胶板。导槽上段头部有连接法兰盘，下面有导槽支承枢轴座。导槽上段设有用液压油缸操纵的道砟导流闸板，导槽下段装有用液压油缸控制的拢砟板，导槽下段内侧设有安装中间、下导向角滚轮的支座。

(1) 道砟导流闸板总成

道砟导流闸板总成是控制挖掘上来的道砟流向的装置，由安装在提升导槽上段底部的道砟导流闸板、控制液压油缸等组成，如图 4-4 所示。

清筛机作业时，可通过操纵液压油缸使道砟导流闸板相对提升导槽底板导流孔的三个位置来控制道砟流向。如图 4-4 (a) 位置Ⅰ，液压油缸活塞杆全部缩回，使导流闸板全部打开提升导槽底板上的导流孔。这时污砟通过提升导槽后由导流孔全部落入落砟斗中，然后再落到主污土输送带上，经由回转污土输送带抛到线路外，实现全抛作业，也即是将挖出的污垢道砟不经筛分全部抛弃。如果需要筛分污垢的道砟，则需操纵液压油缸 3 使活塞杆推出，即导流板关闭通向落砟斗的通道，污砟经提升导槽落到振动筛上。污砟落到振动筛面上的部位，仍靠油缸活塞杆伸出的距离来控制。如图 4-4（b）位置Ⅱ，液压油缸活塞杆伸出到“Ⅱ”时，污砟大部分落到振动筛面的左部；如图 4-4（c）位置Ⅲ，液压油缸活塞杆全部伸出到“Ⅲ”时，污砟被抛送到振动筛面的右部。

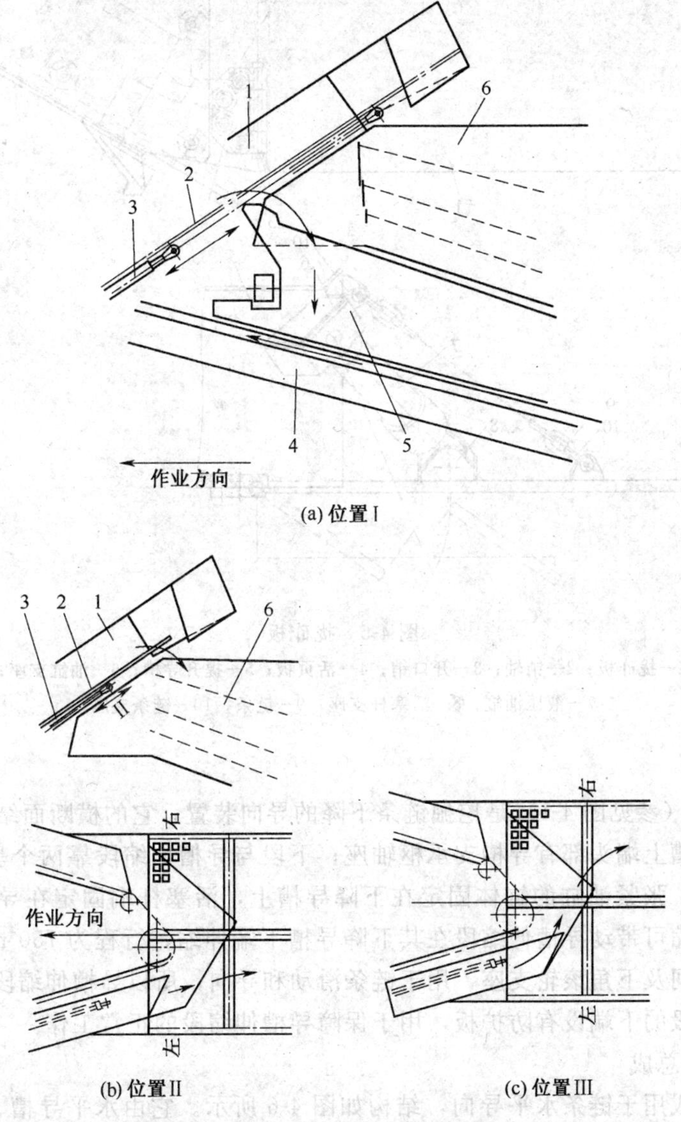

图 4-4　道砟导流闸板总成工作位置

1—提升导槽；2—导流闸板；3—液压油缸；4—主污土输送带；5—落砟斗；6—振动筛

（2）拢砟板

拢砟板安装在提升导槽下端转角处，它由拢砟板、活页、液压油缸、链条等组成，如图 4-5 所示。

拢砟板的作用是根据需要调整拢砟板的角度以收拢道床侧边的道砟。

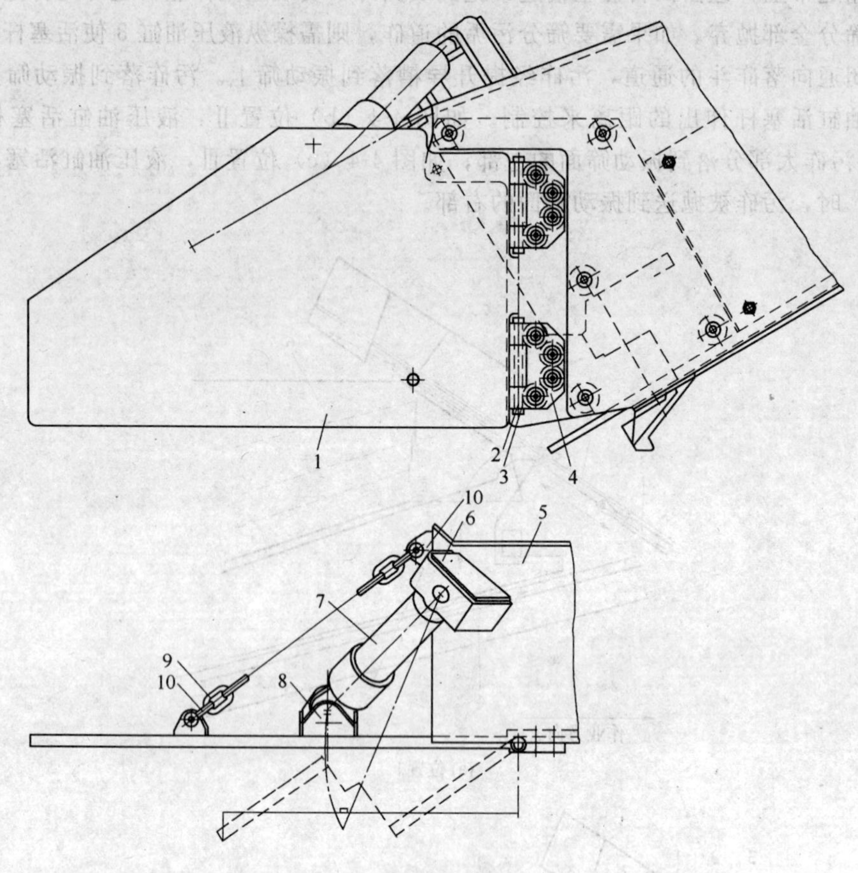

图 4-5　拢砟板

1—拢砟板；2—销轴；3—开口销；4—活页板；5—提升导槽；6—油缸支座；7—液压油缸；8—活塞杆支座；9—链条；10—链条支座

2. 下降导槽

下降导槽 18（参见图 4-1）是挖掘链条下降的导向装置，它的横断面结构与提升导槽基本相同。下降导槽上端头部有导槽支承枢轴座；下段与导槽伸缩段靠两个呈 90°安装的张紧油缸联系在一起，张紧油缸的缸体固定在下降导槽上，活塞杆端固定在导槽伸缩段上，因此，活塞杆的伸缩可带动导槽伸缩段在其下降导槽下端伸缩，行程为 750 mm。由于在导槽伸缩段上设有中间及下角滚轮支座，用于链条滑动和导向，所以导槽伸缩段可调整挖掘链的张紧程度。伸缩段的下端设有防护板，用于保障导槽伸缩段的正常工作。

3. 水平导槽总成

水平导槽总成用于链条水平导向，结构如图 4-6 所示。它由水平导槽、左右弯角导槽、带导向四棱锥体导销的快速连接销等组成。水平导槽与左右弯角导槽用带导向四棱锥体导销、螺栓、锁定板等连接。水平导槽与弯角导槽底板用耐磨钢板制造。

清筛机在新作业区段作业时，首先将水平导槽放置于人工预先挖好的枕下作业槽形坑中，再用快速销（包括带导向四棱锥的导销、锁定板、锁紧垫片、螺钉等）与左、右弯角导槽端部连接。清筛机停止作业时，仍在快速销处拆开水平导槽，并将它放置在轨枕下的道床

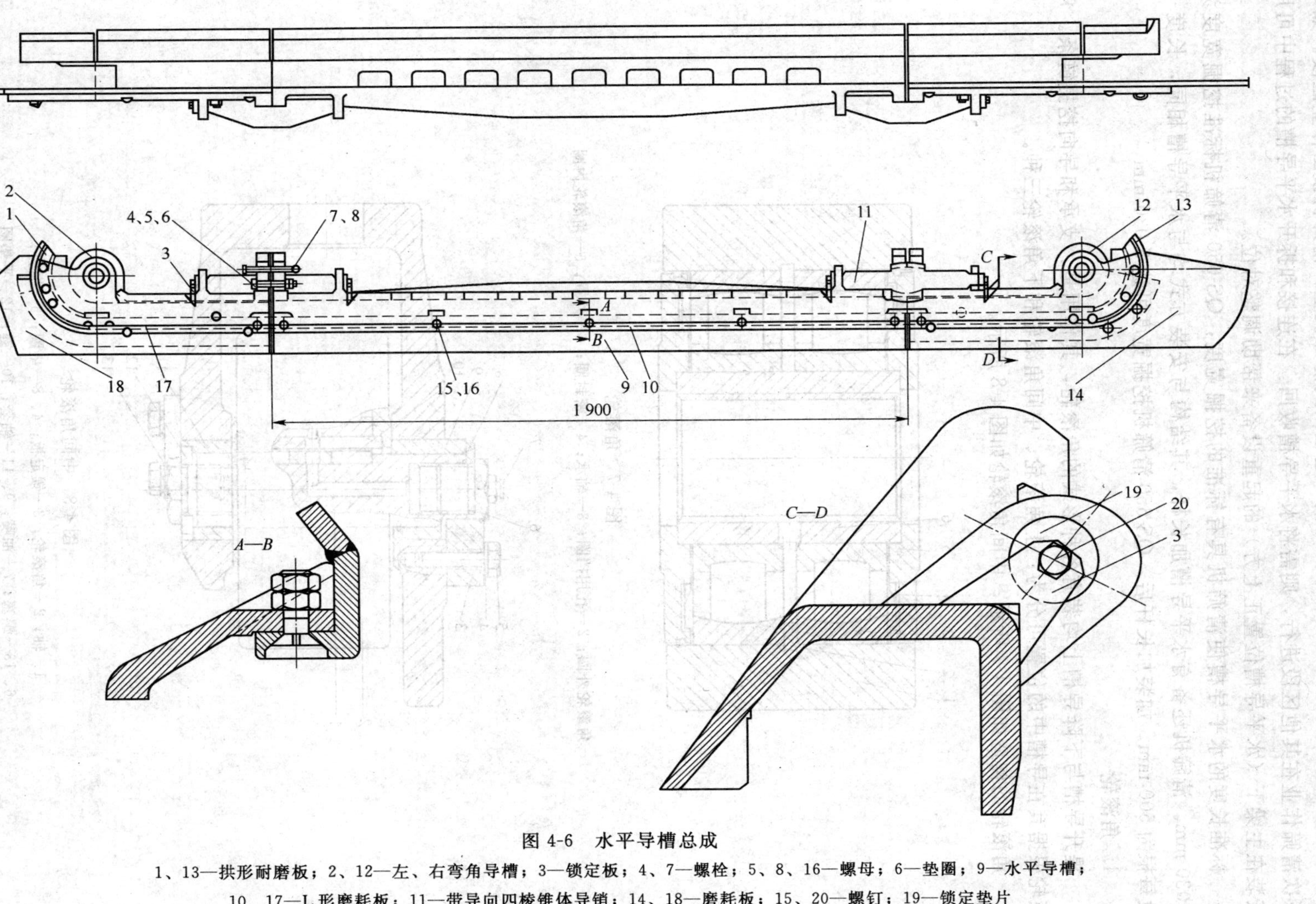

图 4-6　水平导槽总成

1、13—拱形耐磨板；2、12—左、右弯角导槽；3—锁定板；4、7—螺栓；5、8、16—螺母；6—垫圈；9—水平导槽；10、17—L形磨耗板；11—带导向四棱锥体导销；14、18—磨耗板；15、20—螺钉；19—锁定垫片

中。左、右弯角导槽连同提升、下降导槽一起收回到清筛机上，清筛机驶出作业区段。如果下次清筛作业在其他区段进行，则需将水平导槽收回。在连接和拆开水平导槽的过程中可用安装在主梁下（水平导槽位置正上方）的起重设备来帮助调整对位。

标准长度的水平导槽使清筛机具有标准的挖掘宽度，QS-650 清筛机标准挖掘宽度为 4 030 mm。清筛机还备有水平导槽加长杆，其结构与安装方式均与水平导槽相同，长度一般每根为 500 mm。加装加长杆后，QS-650 清筛机挖掘宽度可达 5 030 mm。

4. 角滚轮

提升导槽与下降导槽上均装有各种形式的角滚轮，其作用是：支承和导向挖掘链条。角滚轮根据其在导槽中的位置可分为：上角滚轮、中间角滚轮和下角滚轮三种。

角滚轮的构造如图 4-7 所示；中间角滚轮如图 4-8 所示。

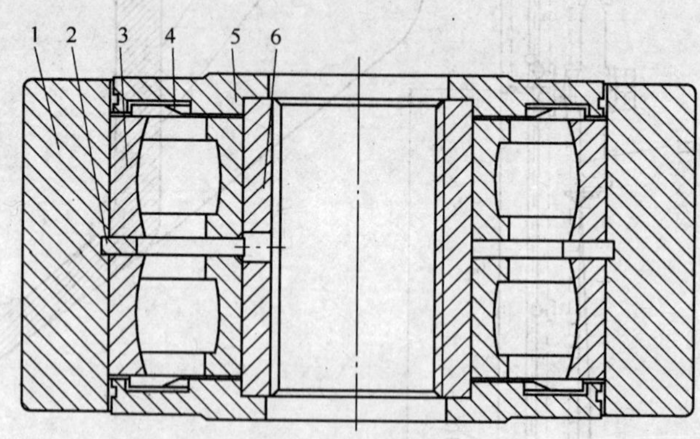

图 4-7 角滚轮

1—角滚轮外圈；2—孔用挡圈；3—轴承；4—密封圈；5—外罩；6—角滚轮内圈

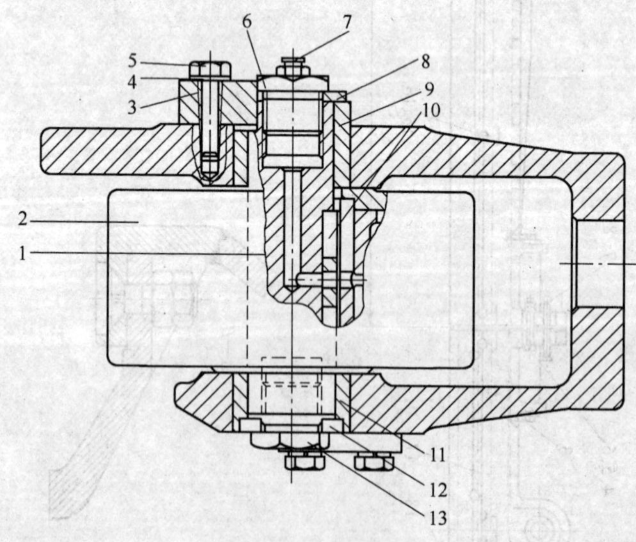

图 4-8 中间角滚轮

1—轴；2—角滚轮；3—锁定板；4、8—垫圈；5—螺钉；
6、13—螺塞；7—油嘴；9、11—轴套；10—键；12—平垫圈

角滚轮的工作负荷大，工作条件恶劣，特别是下角滚轮。因此，角滚轮的润滑除日常检查保养外，作业过程中每间隔 30 min 必须加注润滑油脂。角滚轮采用集中润滑的方式，在

驾驶室内由操作手完成。

五、护　　罩

挖掘装置上部设有护罩，其作用是防止挖掘、输送上来的道砟、污土飞溅、尘埃飞扬，并将欲清筛道砟引入振动筛。

护罩分别与提升导槽、下降导槽的顶部及驱动齿轮箱体相连接，由固定部分、活动盖板和液压油缸等组成。护罩固定部分由耐磨钢板、钢板、角钢等焊接制成，其上装有橡胶板和连接法兰等。液压油缸分别与护罩固定部分和活动盖板铰接，操纵油缸使活塞杆缩回，则护罩的活动盖板便打开。

第二节　筛分装置

QS-650 清筛机筛分装置安装在挖掘装置与后司机室之间的车架上，它的下部安装有道砟分配装置、道砟回填输送带和污土输送带等部件。

筛分装置的作用是对从道床上挖掘出来的道砟通过振动进行筛分，将合乎标准粒度的道砟，经道砟回填分配装置回填到道床上，不合乎标准的超粒径石、碎石、砂与污土，由污土输送装置送入污土车或被抛弃到线路限界以外。

一、结构组成与工作原理

QS-650 清筛机筛分装置的结构组成包括：双轴直线振动筛和振动筛支承，导向、水平调整装置。双轴直线振动筛由筛箱、筒式激振器、筛网、道砟导流装置、溜槽和后箱壁等部件组成（参见图 1-1）。

清筛机的筛分装置采用双轴直线振动筛，其振动激振器的工作原理如图 4-9 所示。两偏心块质量 $m_1=m_2$，其回转时的离心力 $F_1=F_2=F$。当两偏心块作同步反向回转时，在各瞬间位置，离心力沿 K 向（振动方向）的分力总是相互叠加；在与 K 向相垂直的方向上，离心力的分力总是互相抵消。因此，形成单一的沿 K 向的激振力，驱动筛箱作直线振动。

在图 4-9（a）、图 4-9（c）位置时，激振器产生的离心力相互叠加，激振力为 $2F$；在图 4-9（b）、图 4-9（d）位置时，激振器产生的离心力完全抵消，激振力为零。

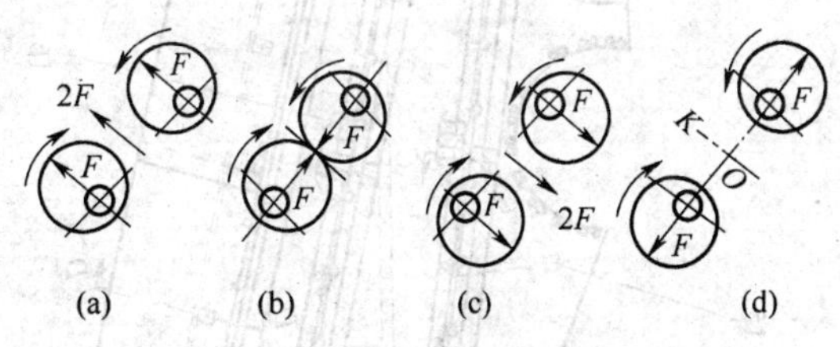

图 4-9　双轴直线振动筛激振器工作原理

由于激振器与筛面呈 45°倾角，所以筛箱的振动方向角（振动方向线与水平面的夹角）也是 45°。

筛网上的道砟受震动后，小于筛孔孔径的碎砟、砂及污土透过筛孔，从而完成筛分工作。

二、筛　　箱

筒形直线振动筛筛箱的结构如图 4-10 所示，由左、右两侧箱板，纵梁，横梁及槽板等结构件组成。

筛箱左、右两侧板上方用螺栓固定着筒式激振器，筒体相当振动筛箱的主横梁。两左、

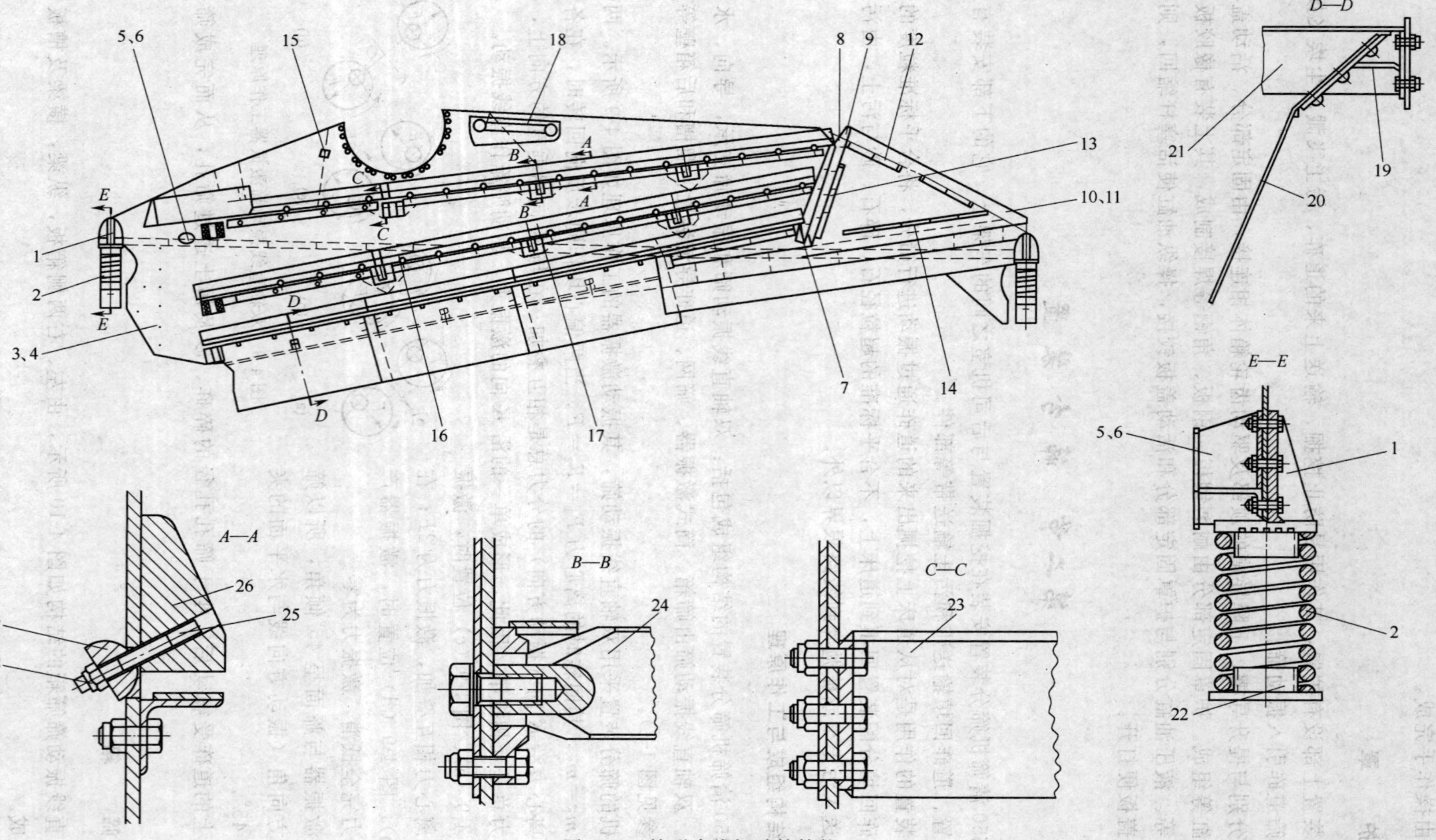

图 4-10 筒形直线振动筛筛箱

1—可调心轴座；2—弹簧；3、4—左、右侧箱板；5、6—左、右纵梁；7—前箱板；8—角钢；9、12、13、14—压板；10、11—橡胶板；15—防护板；16、17—加强板；18—撑杆；19—托架；20—槽板；21、23、24—横梁；22—支承弹簧座；25—张紧螺杆；26—筛网压板；27—螺帽罩；28—螺母

右侧箱板外，用螺栓组装着两根槽形水平左、右纵梁 5、6，纵梁两端设有可调心轴座 1，靠减振弹簧 2 支承在支承弹簧座 22 上。减振弹簧 2 可吸收振动筛的激振力，对机体起到隔振作用。筛箱两侧板间有 3 层靠横梁、筛网支承梁构成的筛网支承架。筛网用压板 26、张紧螺杆 25、螺帽罩 27 及螺母 28 紧固在侧板与支架上，再用防松螺栓固定在横梁和支承梁上。在下层筛网支承架下，装有托架 19 和槽板 20，它们将筛下的污物全部导流到主污土输送带的进料端。

为增加振动筛的强度，筛箱上用防松螺栓固定有加强钢板、角钢等构件。为保护环境、减少污染，振动筛上还装有防尘、隔振和降低噪声的橡胶垫板等。

三、筒式激振器

筒式激振器构造如图 4-11 所示，它由液压马达、齿式联轴器、偏心轴、传动齿轮、支承轴承和筒体等组成。

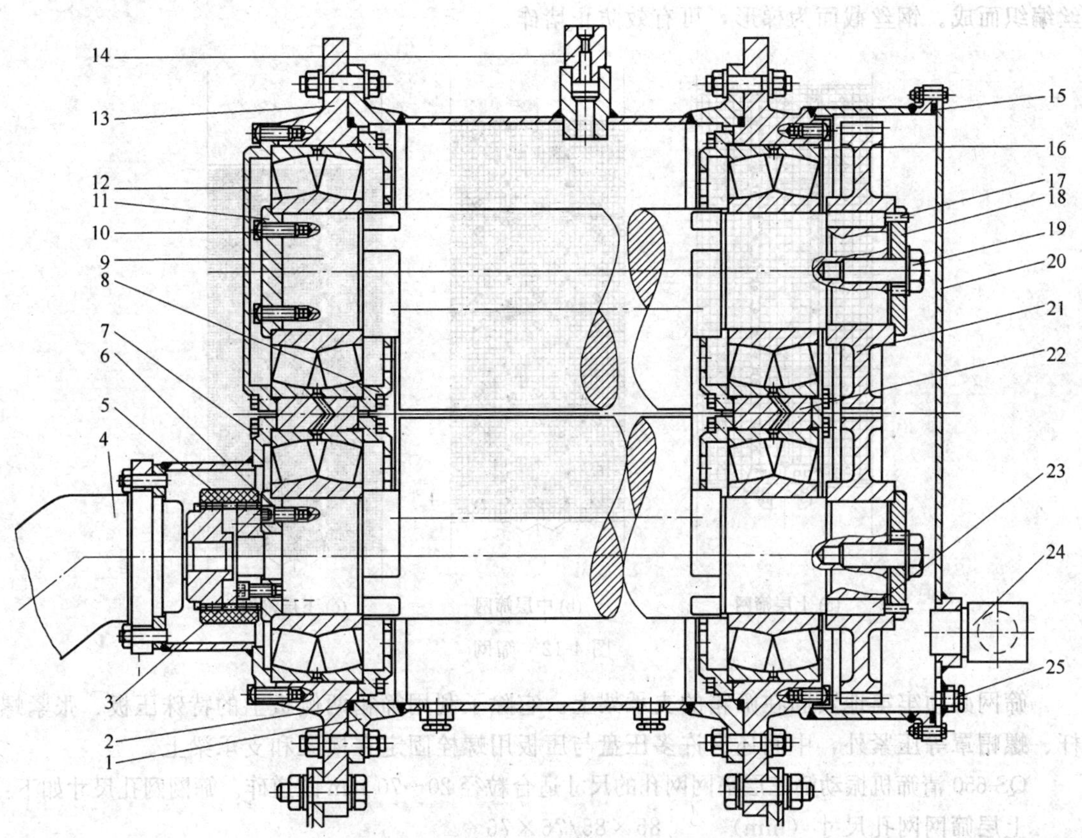

图 4-11 筒式激振器

1—筒体；2、15—O 形密封圈；3、10、19—螺钉；4—液压马达；5—齿式联轴器；6—传动压板；7、16—连接凸缘；8—轴承内盖；9—偏心轴；11、18—压板；12—轴承；13、22—轴承座板；14—通气器；17—销；20—齿轮箱盖；21—齿轮；23—键；24—油管接头；25—螺塞

筒式激振器的两根长偏心轴 9 各靠一对双列调心滚子轴承 12 支承在轴承座板 13、22 上。轴承座板（也就是筒体两端盖）用螺栓固定在筒体 1 上。因此，偏心轴可以在筒内自由转动。两根偏心轴 9 间用一对外啮合齿轮 21 来传递动力。

当液压马达运转时，动力经齿式联轴器 5、传动压板 6 和齿轮 21，使两偏心轴 9 做同步、反向回转。此时，两偏心轴产生的激振力，通过筒体 1、轴承座板、连接螺栓直接作用到筛箱上，使整个筛子产生惯性直线振动。

筒式激振器采用强制润滑，它靠自身润滑系统的润滑油润滑其轴承、齿轮等运动部件。润滑油通过油管接头 24 和一个 25L 的油箱进行循环冷却。

QS-650 清筛机的筒式激振器采用长型偏心轴，其优点是：高度小，振动筛不必另设横梁，故筛箱重量轻；激振力沿整个筛宽均匀分布，安装精度容易保证。

四、筛　网

筛网是振动筛的主要工作构件。对筛网的基本要求是：强度足够，有效面积大，筛孔不易堵塞，道砟运动时与筛孔相遇的概率高，维修、保养及更换方便。

QS-650 清筛机振动筛采用三层筛网，如图 4-12 所示。该筛网突出的优点是开孔率高，可达总筛网面积的 70%。筛孔是方孔。为减少道砟沿筛面的运动阻力，筛网采用波纹状钢丝编织而成。钢丝截面为梯形，可有效防止堵砟。

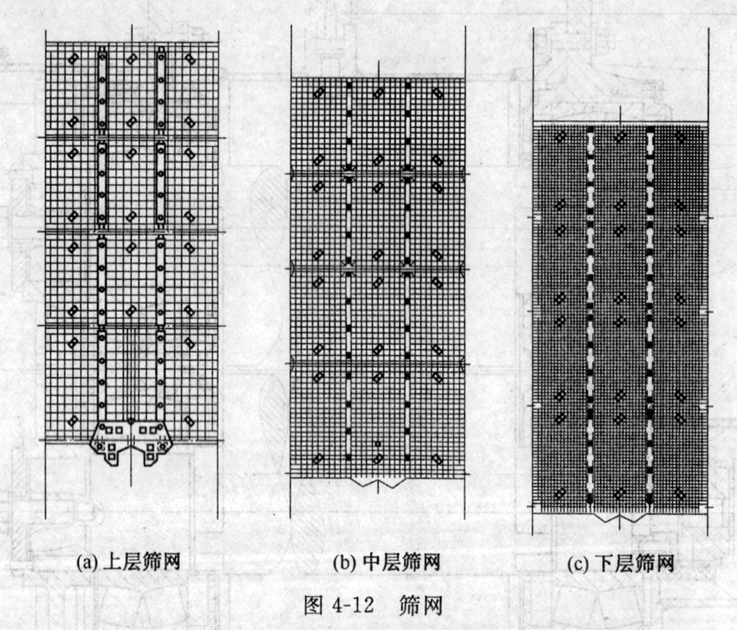

(a) 上层筛网　(b) 中层筛网　(c) 下层筛网

图 4-12　筛网

筛网必须牢牢地紧固在筛箱的支承架上。它除了利用筛箱两侧板上的特殊压板、张紧螺杆、螺帽罩等压紧外，中间还有许多压盘与压板用螺栓固定在横梁和支承梁上。

QS-650 清筛机振动筛三层筛网网孔的尺寸适合粒径 20～70 mm 的道砟。筛网网孔尺寸如下：

上层筛网网孔尺寸（mm）　85×85/76×76

中层筛网网孔尺寸（mm）　55×55/45×45

下层筛网网孔尺寸（mm）　30×30/25×25

三层筛网的总面积大约为 25 m^2。

五、道砟导流构件与装置

振动筛设有斜槽、后箱壁、超粒度道砟导板和道砟导向装置等引导道砟流向的构件与装置。

1. 斜槽与后箱壁

斜槽固定在后箱壁中间。后箱壁紧固在筛箱后部左、右两侧箱板之间。

斜槽和后箱壁均由钢板弯曲而成，其上通过钢板、压板用螺栓固定着橡胶垫板、耐磨钢板等。斜槽与后箱壁安装后围成的孔是上层筛网超粒径道砟流动的通道。斜槽表面与后箱壁两侧，可将中、下层筛网上的道砟导流落到左、右道砟回填装置内。

2. 超粒径道砟导板

超粒径道砟导板安装在上层筛网后部，三块导板固定安装成漏斗状。当污砟中有超出标准粒径的石块、砖头等杂物时，高出上层筛网筛面的超粒径道砟导板将它们导流落入斜槽与后箱壁围成的通道内，然后落到主污土输送带上，再经由回转污土输送带弃掉。

3. 道砟导向装置

道砟导向装置在振动筛各层筛网筛面的后部，如图 4-13 所示。道砟导向装置由中、下层道砟导向板、轴、液压油缸、连杆及转臂等零部件组成。液压油缸、轴等安装在振动筛筛箱侧壁 8、横梁支座 9 的横梁 1 上。油缸的活塞杆通过连杆 6、转臂 5 带动轴 2 转动，从而使固定在轴 2 上的中、下层道砟导向板可以转动。

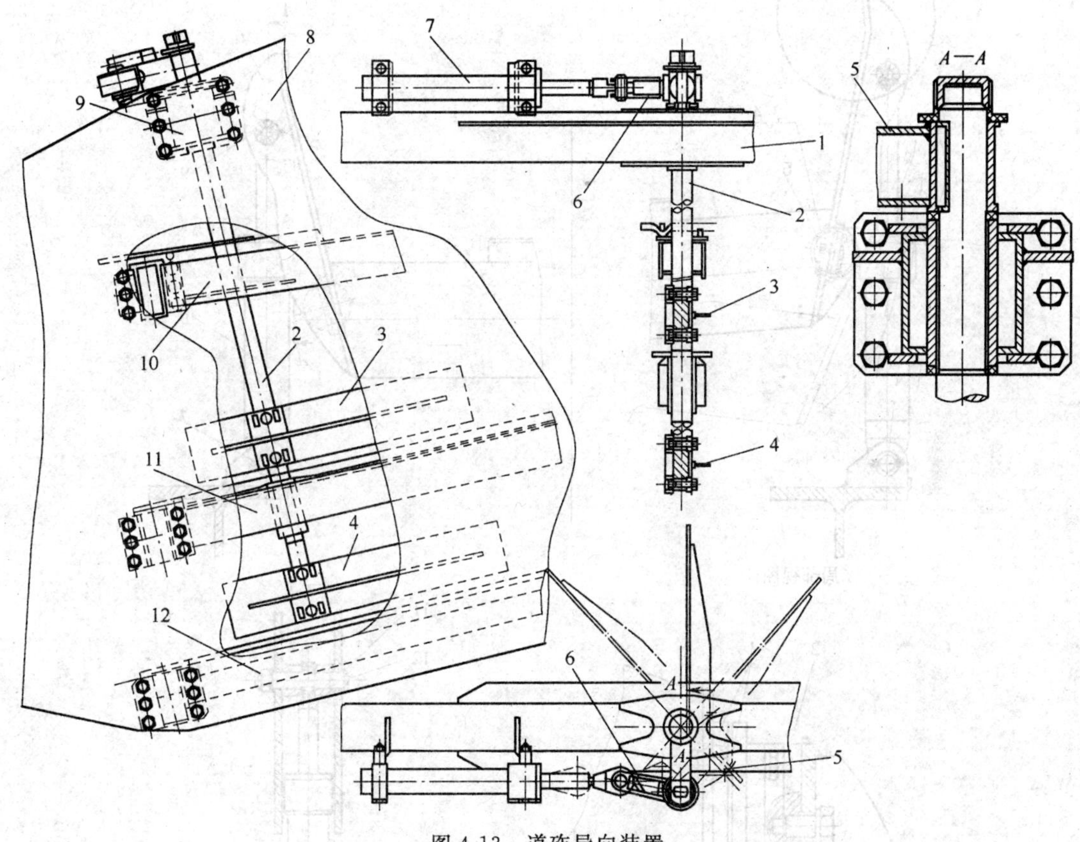

图 4-13　道砟导向装置

1—横梁；2—轴；3—中层道砟导向板；4—下层道砟导向板；5—转臂；6—连杆；7—液压油缸；8—筛箱侧壁；9—横梁支座；10—上层筛网支架；11—中层筛网支架；12—下层筛网支架

道砟导向板在中间位置时，液压油缸 7 的活塞杆伸出其行程的一半，道砟导向板 3、4 处于与筛箱纵向相平行的状态，这时，在中、下层筛网上流动的道砟被导向板均匀地分流到筛箱的左、右两侧。如果需要调整流向左、右两侧道砟的流量，则操纵液压油缸使活塞杆伸出或缩回，通过连杆、转臂使轴转动一个角度，从而带动中、下层道砟导向板向左或向右也转动一个角度（最大 45°）。

六、振动筛支承、导向及调整装置

振动筛支承、导向及调整装置的作用是：

(1) 支承振动筛，将筛机上的作用力传递到机架主梁上。

(2) 在曲线地段作业时，使筛面始终保持横向水平位置。

(3) 振动筛工作时，为筛箱的运动导向。

(4) 当振动筛停止工作时，导向装置可使振动筛尽快越过共振区。

振动筛支承、导向与调整装置的构造如图 4-14 所示，它由两根纵向管梁、振动筛支架、导向板、橡胶垫板和两组液压油缸等零部件组成。振动筛支承在支架 10 的弹簧座上（参见图 4-10）。导向装置由导向板 1 和橡胶垫板 2 组成。

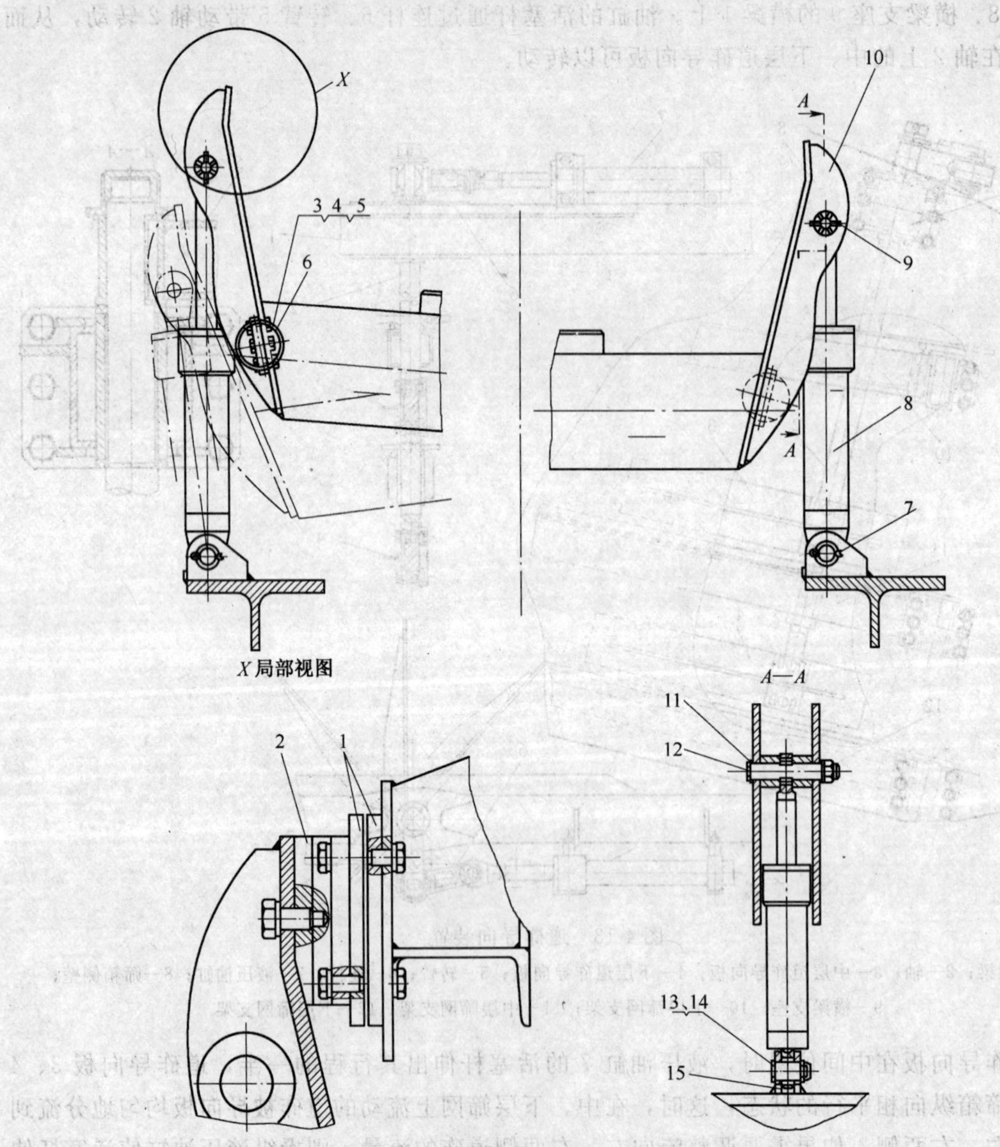

图 4-14 振动筛支承、导向及调整装置

1—导向板；2—橡胶垫板；3、14—垫圈；4—螺栓；5、9—螺母；6—纵向管梁；7—开口销；8—液压油缸；10—振动筛支架；11—销轴套；12、13—销轴；15—支座

振动筛工作时，筛箱沿导向板上下作直线振动，其激振力通过弹簧减振后传递到支架10的弹簧座上，然后再经支架10两端的液压油缸8传到机架上。

清筛机在曲线地段作业时，外轨超高使机器产生倾斜。为了保证振动筛筛面横向的水平位置，需要对振动筛支承装置进行调整。调整工作是将置于外轨侧的支承液压油缸8的活塞杆缩回，以保证筛面保持横向水平状态。

第三节 道砟回填分配装置

经过筛分后的清洁道砟从振动筛末端左、右两通道落下后，通过道砟回填分配装置，重新回填到道床上。道砟回填分配装置由左、右侧道砟分配板和左、右道砟回填输送装置两大部分组成。左、右侧道砟分配板用于分配清洁的道砟，即分配直接落到道床上或落到回填输送带后再撒落到道床上的道砟量；左、右道砟回填输送装置将落到输送带上的清洁道砟输送到挖掘链后，并均匀地撒布到两钢轨外侧的道床上。回填的清洁道砟距离枕下未挖掘的脏污道砟距离不大于1 500 mm。

一、左、右侧道砟分配板

左、右侧道砟分配板安装在振动筛分装置末端振动筛中、下层筛网与后箱壁间，左、右两侧道砟流动通道的下方。流动通道的下方呈方形漏斗状，下部设有一个液压油缸控制的轴，轴上固定着A形道砟分配板。当操纵液压阀使油缸活塞杆动作时，通过摇臂使轴转动，从而带动A形道砟分配板以改变漏斗下方流向轨道和输送带的落砟量。

为便于作业人员观察道砟流量分配情况，在左、右侧道砟分配板部位的主梁外侧，装有道砟分配指示装置，如图4-15所示。

道砟分配指示装置由固定在A形道砟分配板轴上或液压油缸摇臂杆上的传动拉杆、杠杆、远程控制软轴及安装在法兰套筒中的远程指示轴、指针、指针定位套筒等组成。

当需要调整直接落入道床或通过回填输送带撒布到道床上的道砟量时，作业人员只要操纵液压控制阀，使左、右侧道砟分配板的液压油缸活塞杆伸缩。活塞杆端摇臂将带动道砟分配板上的轴转动，从而改变道砟分配板的位置，即改变了落砟量。与此同时，用球铰接头9连接的拉杆及叉形接头15、杠杆10使指示轴8转动，靠指针定位套筒7固定在指示轴8上的指针2也随之转动，并通过刻度盘1显出出调整后的该侧道砟分配板的位置，即重新分配了落到道床上的道砟量。另外，在该侧道砟分配板轴上用螺母12固定着拉杆13。当道砟分配板改变位置时，即道砟分配板轴转动时，拉杆13也随之摆动，并拉动远程控制软轴14使安装在另一侧法兰套筒4中、固定在远程指示轴5上的杠杆11摆动，从而使另一侧用指针定位套筒6固定的指针3，通过刻度盘显示该侧道砟分配板调整后的位置。所以，指针3在刻度盘1显示的位置，表示了另一侧道砟分配板重新分配的道砟量。因此，只要作业人员站在机器的一侧，便可从指针2和刻度盘1上观察出该侧道砟分配板的位置，从指针3和刻度盘1上观察到另一侧道砟分配板的位置。

二、道砟回填输送装置

道砟回填输送装置按左、右对称布置在机体主梁下方。它的喂料端紧接着道砟分配板溜槽通道，以接收振动筛上清洁的道砟，另一端延伸到挖掘链水平导槽后，可以把清洁道砟均

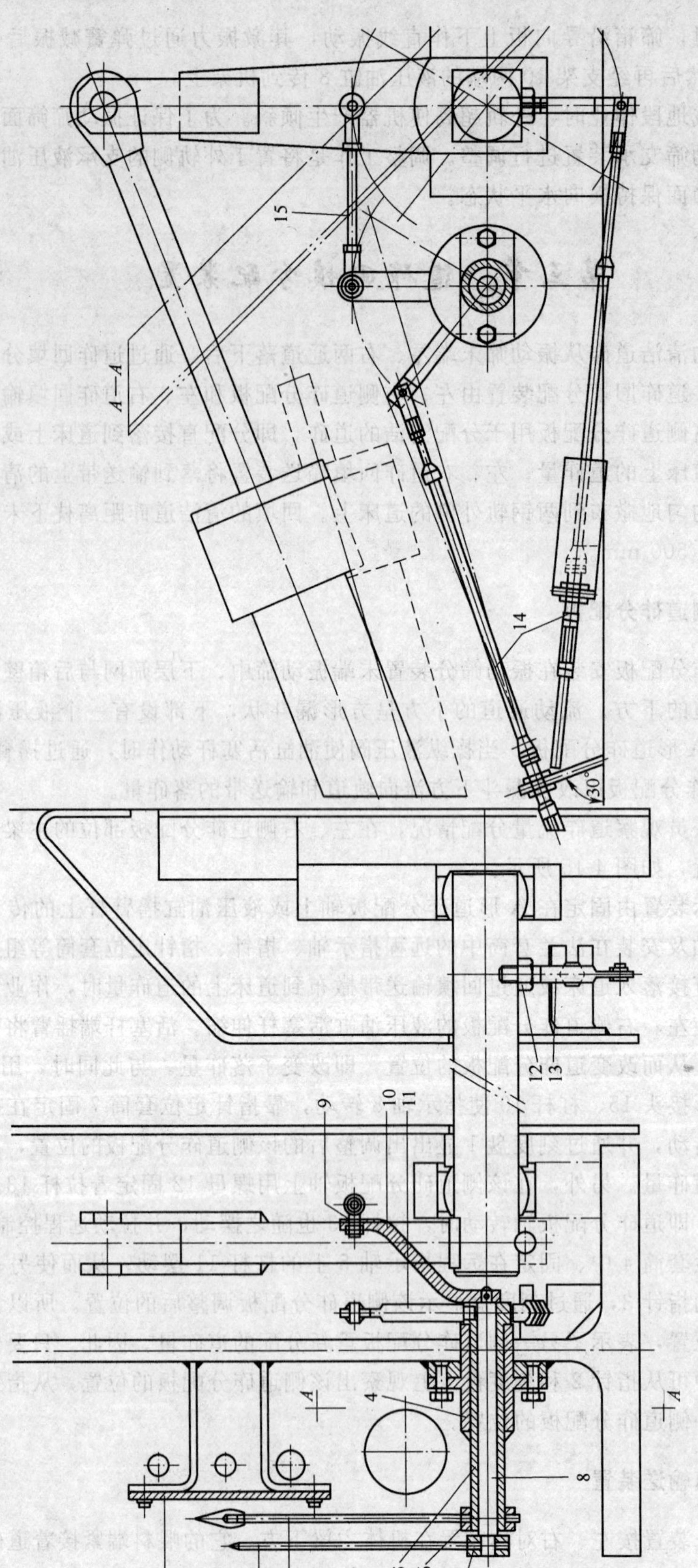

图 4-15 道砟分配指示装置

1—刻度盘；2、3—指针；4—法兰套筒；5—远程指示套筒；6、7—指针定位套筒；8—指示轴；9—球铰接头；10、11、13—杠杆；12—螺母；14—远程控制软轴；15—拉杆及接头

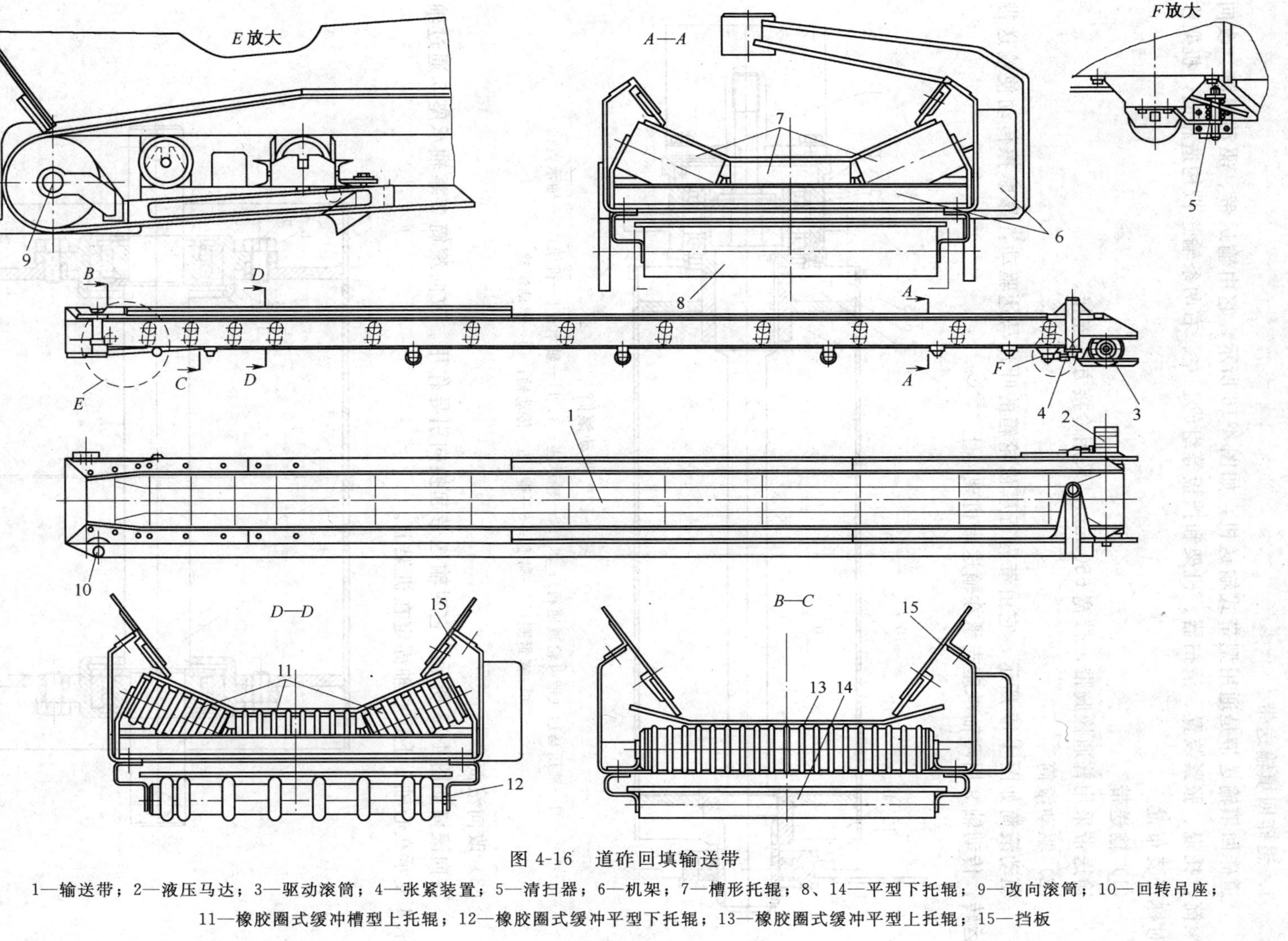

图 4-16 道砟回填输送带

1—输送带；2—液压马达；3—驱动滚筒；4—张紧装置；5—清扫器；6—机架；7—槽形托辊；8、14—平型下托辊；9—改向滚筒；10—回转吊座；11—橡胶圈式缓冲槽型上托辊；12—橡胶圈式缓冲平型下托辊；13—橡胶圈式缓冲平型上托辊；15—挡板

匀地布砟回填。

道砟回填输送装置包括：道砟回填输送带、输送带摆动装置，以及摆动自动控制机构。

1. 道砟回填输送带

道砟回填输送带是通用型带式输送机，如图 4-16 所示，它由输送带、驱动滚筒、改向滚筒、托辊、张紧装置、清扫器、机架和挡板等组成。左、右两条输送带构造相同，机架作对称安装布置。

(1) 输送带

输送带采用普通橡胶带，带宽 650 mm，采用冷接方法连接。

(2) 驱动滚筒

驱动滚筒如图 4-17 所示，它由带内行星齿轮箱的叶片马达驱动，靠摩擦传动使输送带运转。传动轴 9 用两轴承座支承在输送带机架 4 上。

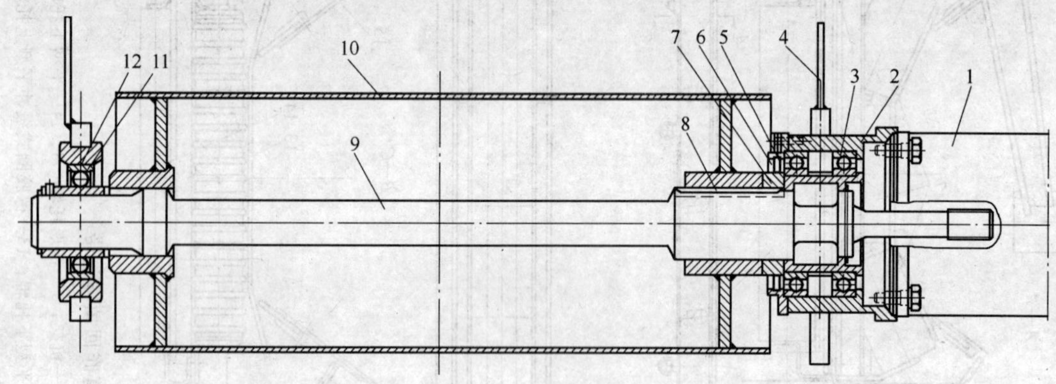

图 4-17　驱动滚筒

1—液压马达（带齿轮减速箱）；2、12—轴承座；3、11—轴承；4—机架；5—轴承盖；6—密封圈；7—轴套；8—键；9—传动轴；10—驱动滚筒

(3) 改向滚筒

改向滚筒如图 4-18 所示，它对输送带起换向引导作用。改向滚筒 2 靠轴承座 5 通过轴承 4 支承在心轴 1 上。心轴固定在机架上。

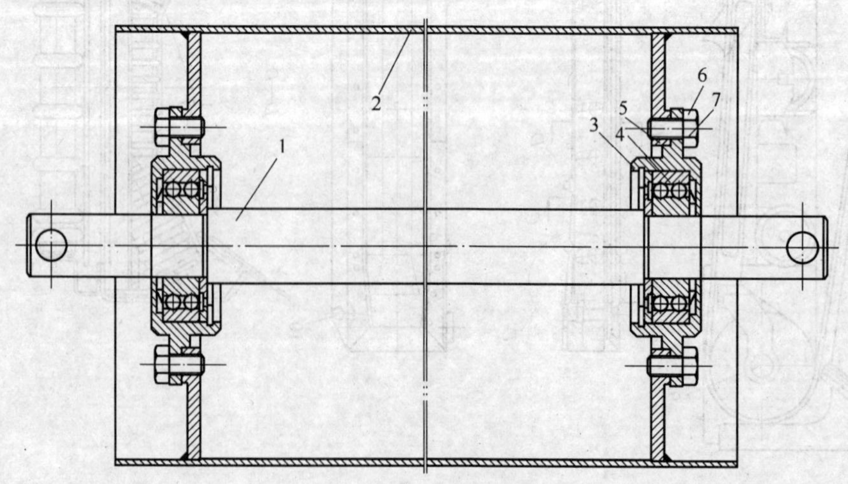

图 4-18　改向滚筒

1—心轴；2—滚筒；3—挡圈；4—轴承；5—轴承外座；6—螺钉；7—防松垫片

（4）托辊

为减少输送带的垂度和运行中的摆动现象需要装设支承托辊。支承托辊有多种结构形式（参见图 4-16），对托辊总的要求是：运动阻力小，构造简单，强度高，耐磨性好，便于维护和检修。

道砟回填输送带中设有上托辊和下托辊。道砟属于散状物料，上托辊主要采用槽型托辊，槽型倾角为 30°。在受料处为了减少道砟对输送带的冲击，采用橡胶圈式槽型缓冲上托辊。在改向滚筒后的第一组托辊上，为便于引导输送带，采用橡胶圈式缓冲平型上托辊和平型下托辊。下托辊一般用平型，输送带中部采用了橡胶圈式缓冲平型下托辊。

托辊的辊子用无缝钢管配冲压轴承座用滚动轴承支承在心轴上。输送带工作时，每个托辊转动要灵活，不转或损坏的托辊应及时更换，并注意定期给各轴承加注润滑脂。

（5）拉紧装置及清扫器

道砟回填输送带拉紧装置采用螺旋式，如图 4-19 所示。当输送带松弛需要拉紧时，松开螺杆 3 上的紧固螺母，利用螺杆将驱动滚筒向前推出，则输送带被拉紧，调整后再拧紧螺母。调整时，左右两边螺杆伸缩长度应相等，否则输送带会跑偏。

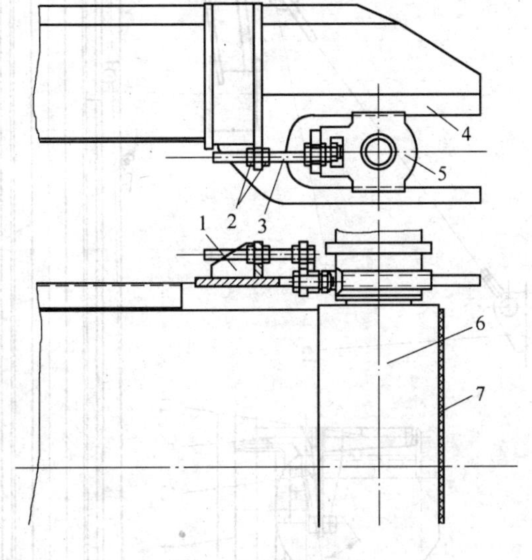

图 4-19 拉紧装置

1—支架；2—螺母；3—螺杆；4—支架导轨；5—滚筒轴承座；6—驱动滚筒；7—输送带

弹簧清扫器装在卸料端驱动滚筒下方（参见图 4-16），它用来清除卸料后黏附在输送带表面上的污土。

2. 输送带摆动装置

回填的道砟需要均匀地撒布到道床上，它由输送带摆动装置来完成。道砟回填输送带摆动装置的结构如图 4-20 所示。

（1）摆动装置

在左、右道砟回填输送带支架前部设有由摆动油缸 6、7 驱动的摇臂 10、11 和连杆 12、13 组成的摆动机构。

当摆动油缸活塞杆伸缩时，道砟回填输送支架前端（卸料端）将绕其后端（喂料端）的摆动中心吊座摆动。在这种情况下，由输送带上传送的道砟便均匀地撒布到钢轨两侧的道床上，完成回填布砟作业。

摆动机构的左、右摇臂 10、11 大端用滑动轴承套在靠螺栓固定到主梁外侧的心轴上；小端则用销轴和一对圆锥滚子轴承与连杆 12、13 大端连接。左右连杆 12、13 小端，用球头铰与输送带回转支架上的曲臂铰接，因此，摆动机构在油缸的驱动下左右摆动。

左右输送带摆动油缸 6、7 的另一端用销轴支承在焊接于主梁下的悬挂支架 5 上。另外，摇臂 10、11 大端上还焊有驱动自动装置拉杆的吊耳座。

为防止左、右回填输送带在清筛机区间运行时的摆动，左、右回填输送带设有限位安全链条 14。安全链条用 U 形环与焊在主梁和曲臂上的吊耳座 15 栓接。

（2）摆动中心吊座

输送带摆动中心吊座安装在主梁下，如图4-21所示。在左、右道砟回填输送带喂料端

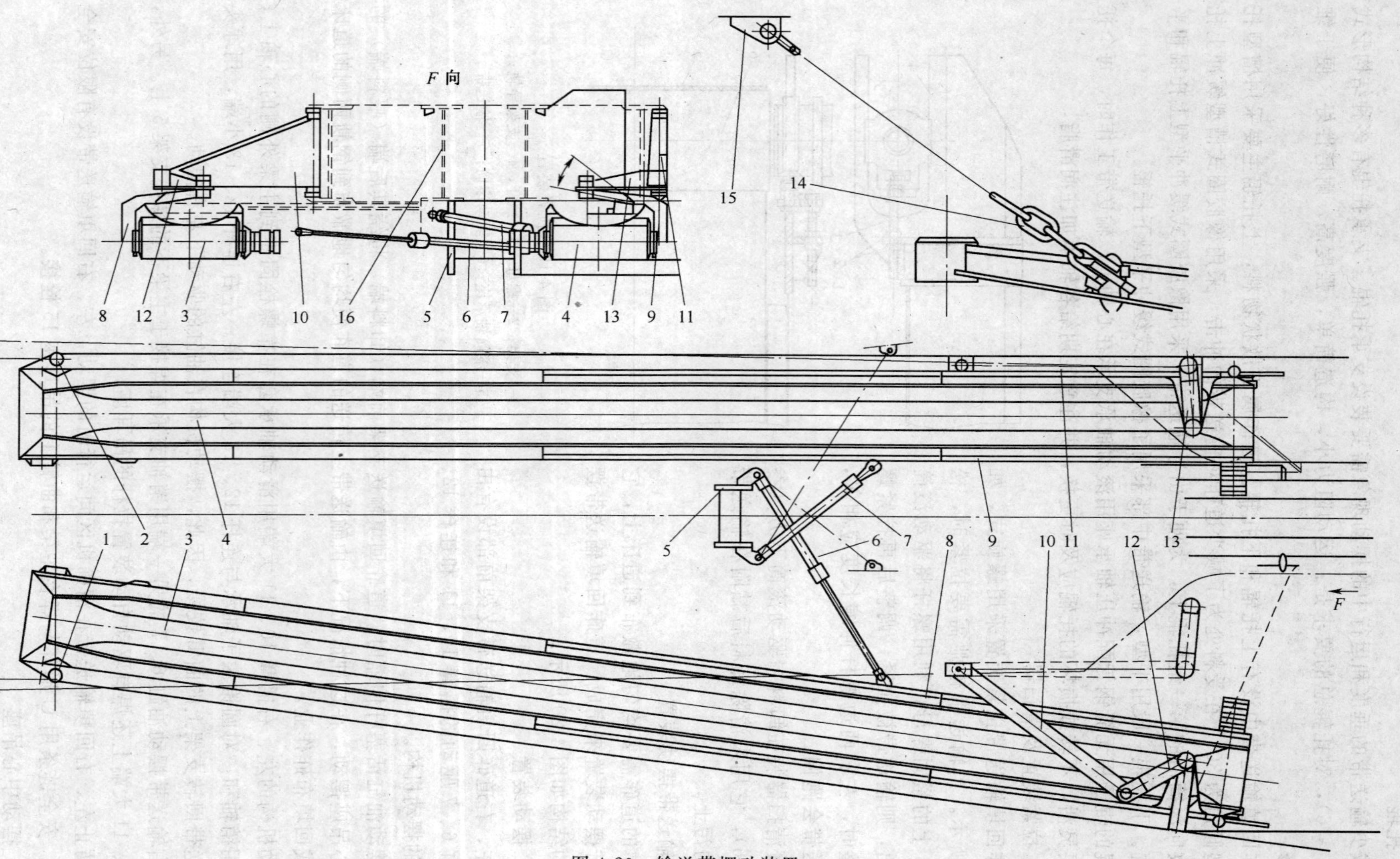

图 4-20 输送带摆动装置

1、2—左、右摆动中心吊座；3、4—左、右道砟回填输送带；5—悬挂支架；6、7—左、右摆动油缸；8、9—左、右摆动支架；10、11—左、右摇臂；12、13—左、右连杆；14—限位安全链条；15—链吊耳座；16—主梁

机架外侧焊接着回转轴套6。回转轴套被安装到焊接在主梁1下的垫板2、吊座3和中心轴4上，轴下端用止推轴承8、定位销12、挡板9、螺母10和开口销11锁紧。回转轴套6与中心轴4间靠滑动轴套5和止推轴承8支承。轴承通过油嘴7压注的润滑脂来润滑。

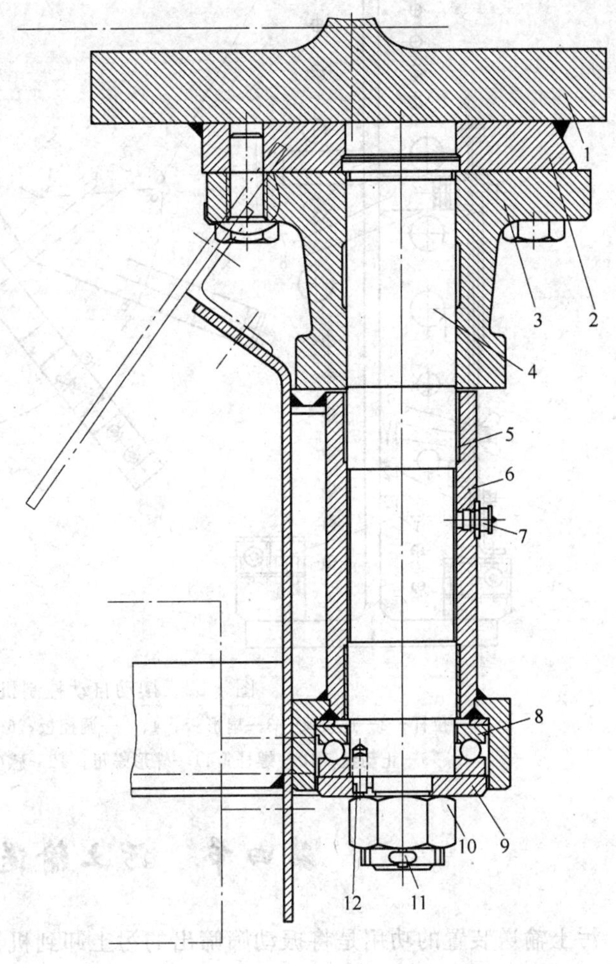

图4-21　摆动中心吊座

1—主梁；2—垫板；3—吊座；4—中心轴；5—轴套；6—回转轴套；7—油嘴；8—止推轴承；9—挡板；10—螺母；11—开口销；12—定位销

3. 自动控制机构

左、右道砟回填输送带作业时，可以固定不动，也可以摆动。摆动时，靠自动控制机构来实现。输送带摆动自动控制机构的构造如图4-22所示。

摆动自动控制机构是靠感应开关，控制液压电磁换向阀实现自动操纵道砟回填输送带左右摆动的。

摆动自动控制机构安装在主梁的支座7上。销轴8上装有可转动的扇形板3和调控板4、5。调控板靠止动盘9、螺杆10、蝶形螺母11可以固定到扇形板周边的任意位置上。两调控板4、5间夹角控制着摆动范围大小。调控板的下部用螺栓固定着感应角板12。感应角板与固定在主梁下翼板上的感应开关13间距不应大于6^{+1}_{0} mm。

当道砟回填输送带摆动时，摆动装置的摇臂通过拉杆1、连接叉2使扇形板3绕销轴8摆动。在扇形板摆动的一个行程中，将带动调控板4和5上的感应角板12分别感应感应开关13，感应开关控制液压电磁换向阀动作。感应结束，则电磁换向阀换向终了。这时液压油缸改变进、出油液方向，摆动换向进入下一个行程。两调控板感应时间的间隔，即是输送带摆动一个行程的时间。这样反复进行就实现了回填输送带摆动的自动控制。

如果需要调整输送带摆动范围，在停止摆动的情况下，松开两调控板上的蝶形螺母，重新选定两板之间的位置，然后紧固使用。两调控板间夹角越大，输送带摆动布砟的范围越宽，相反亦然。两调控板最大夹角受扇形板边限位螺钉的限制。

左、右两条道砟回填输送带的摆动自动控制原理相同，构件对称布置，安装尺寸略有区别。

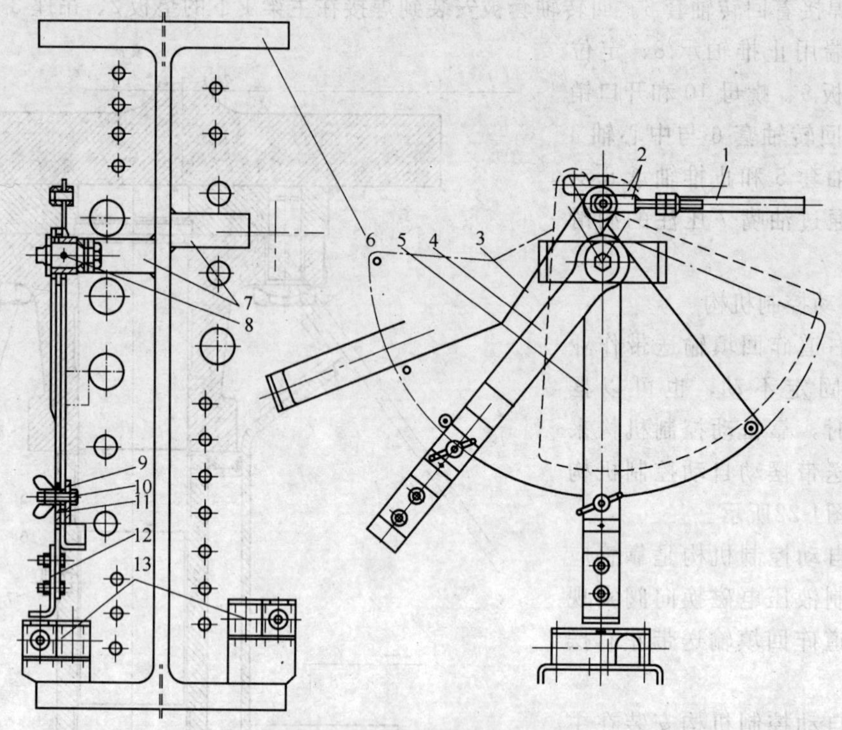

图 4-22　摆动自动控制机构

1—拉杆；2—连接叉；3—扇形板；4、5—调控板；6—主梁；7—支座；8—销轴；
9—止动盘；10—螺杆；11—蝶形螺母；12—感应角板；13—感应开关

第四节　污土输送装置

污土输送装置的功用是将振动筛筛出的污土卸到机器前或邻线的污土车中，或直接抛弃到线路外。

污土输送装置包括主污土输送带、输送装置支架和回转污土输送装置等。

回转污土输送带作业时，距轨面最大高度 4 800 mm，最大抛土距离距轨道中心线 5 500 mm。

一、主污土输送带

主污土输送带以与水平方向 13°倾角布置在振动筛下和前司机室上方，全长约 21.07 m（参见图 1-1）。主污土输送带的结构如图 4-23 所示，由驱动滚筒、改向滚筒、托辊、张紧装置、清扫器等组成。主污土输送带在构造上与道砟回填输送带基本相同，也有几种与道砟回填输送带不同的部件。

1. 输送带支架

主污土输送带机架长度大，又倾斜布置，因此采用支架安装，上段支架 10 和下段支架 14 用中间支架连接筋板 16 组装起来。中间支架连接筋板固定在上段支架下端，下端支架上端靠下托辊支承在中间支架连接筋板的滑槽内。因此，上、下段支架可相对移动，便于整条输送带的安装与位置的调整。

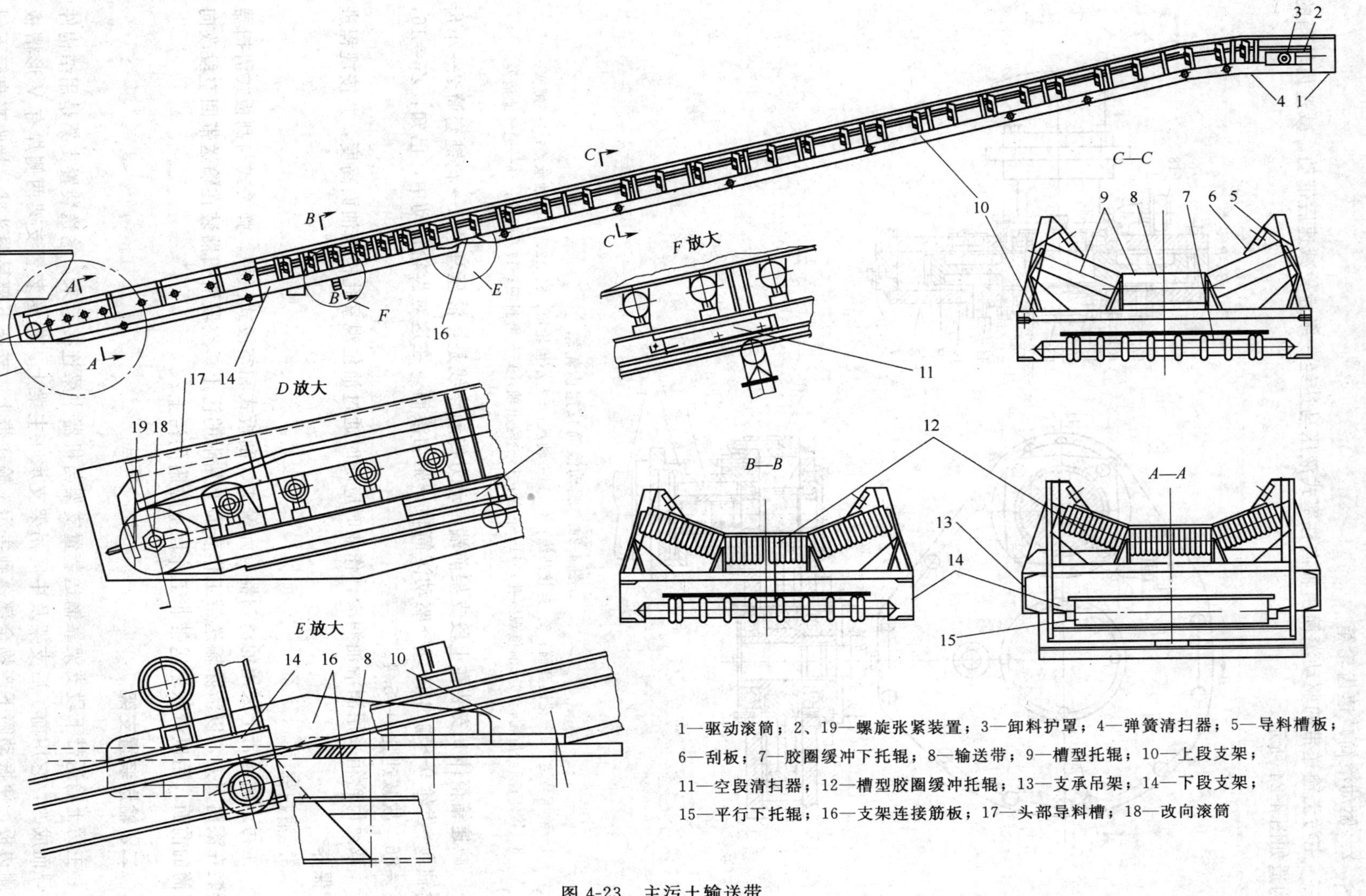

1—驱动滚筒；2、19—螺旋张紧装置；3—卸料护罩；4—弹簧清扫器；5—导料槽板；
6—刮板；7—胶圈缓冲下托辊；8—输送带；9—槽型托辊；10—上段支架；
11—空段清扫器；12—槽型胶圈缓冲托辊；13—支承吊架；14—下段支架；
15—平行下托辊；16—支架连接筋板；17—头部导料槽；18—改向滚筒

图 4-23　主污土输送带

2. 驱动滚筒减速齿轮箱

主污土输送带的驱动滚筒由轴向柱塞式液压马达经一级齿轮减速后带动。减速齿轮箱的构造如图 4-24 所示。

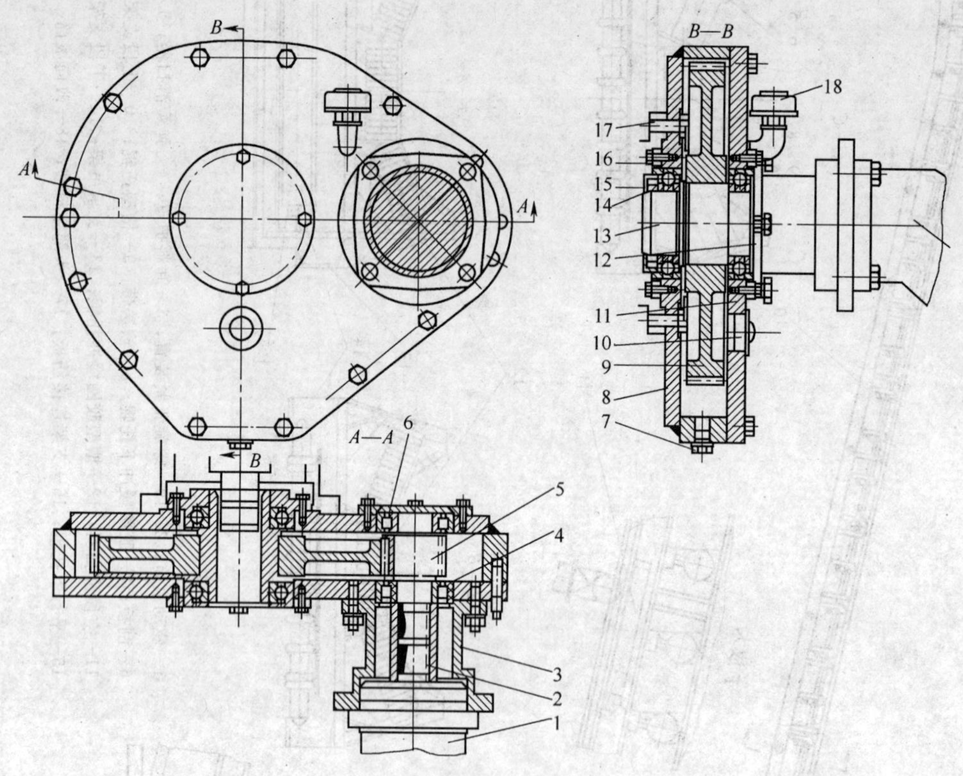

图 4-24 驱动滚筒减速齿轮箱

1—液压马达；2—花键套筒；3—连接凸缘；4、14—轴承；5—小齿轮箱；6、12、16—轴承盖；7—螺塞；8—箱体；9—齿轮；10—油位观察孔；11—箱盖；13—输出轴；15—密封圈；17—螺栓；18—通气滤清器

减速箱箱体 8 安装在上段支架前端，动力传动路线是：液压马达 1→花键套筒 2→小齿轮轴 5→齿轮 9→输出轴 13→驱动滚筒轴→驱动滚筒。在这对齿轮传动中，已知：$Z_1=16$，$Z_2=86$，故减速比 $i=5.4$。

减速齿轮箱采用润滑油润滑，作业时应随时通过油位观察孔检查油面高度，并按规程进行保养。

3. 清扫器

主污土输送带上采用的清扫器有弹簧式、刮板式和空段式三种。弹簧式与刮板式清扫器安装在滚筒下方，以清除输送带工作表面上黏附的污土。空段清扫器装在输送带回空段改向滚筒的前面，用以清除输送带非工作面上黏附的污土。

二、输送装置支架

主污土输送带下段支架靠输送装置支架与机器主梁连接起来。输送装置支架是用结构件组焊而成的，它用前、后支架及中间吊架支承在主梁上。输送装置支架两侧焊有 V 形槽板和侧边板，使振动筛下产物全部落到主污土输送带上。支架下部呈漏斗状，接收来自筛下斜槽孔中超粒度的道砟。支架上部斜溜槽板位于挖掘装置提升导槽导流排砟孔的下面，只要导流排砟孔打开，挖掘出的道砟将全部通过主污土输送带弃掉。

输送装置支架侧面设有角钢座，用于与主污土输送带的支架相连接。输送装置支架前后板上装有橡胶垫板，用来缓冲、降噪、防尘。

三、回转污土输送装置

回转污土输送装置安装在机器前部车架上方。清筛机运行时，它被折叠收放在车架平台前，并锁住；清筛机作业时，液压油缸将其撑起并回转到所需的弃土位置（参见图 1-1）。

回转污土输送装置包括：回转污土输送带、支承回转装置和定位锁定机构等。

1. 回转污土输送带

回转污土输送带如图 4-25 所示，它的驱动滚筒、改向滚筒、托辊、张紧装置、清扫器等零部件大部分与道砟回填、主污土输送带通用，几种与其不同的部件如下：

（1）折叠支架

折叠支架由前支架 9 和后支架 6 用支架连接轴 19 和折叠油缸 8 连接而构成。清筛机运行时，油缸活塞杆缩回，前、后支架折叠成 90°，前支架放置于车架平台前端，用销锁住。清筛机作业时，打开锁销，油缸活塞杆伸出将前支架支起，前、后支架呈一直线，输送带即可正常工作。

（2）调心托辊

调心托辊构造如图 4-26 所示。为防止输送带跑偏，在托辊支架两侧安装着与水平方向成 30°角的调心滚轮支架 6 和滚轮 2。

回转输送带作业时，左、右滚轮 2 保证输送带 1 沿其支架纵轴运行。

2. 支承回转装置

回转污土输送带的支承回转装置安装在机器前部的平台上，如图 4-27 所示。支承回转装置包括支承装置与回转驱动机构。

（1）回转支承装置

回转支承装置是一个水平放置的大滚动轴承，它由固定内圈 8、滚动体 12 和外圈即回转大齿圈 7 组成。固定内圈 8 用螺栓 9、螺母 10 紧固在机体上，回转大齿圈 7 上固定着回转输送带机架 16。因此，回转输送带可以在机体上绕回转中心回转，输送带上的作用力通过滚动体 12 传递到内圈 8 和机架上。

（2）回转驱动机构

回转驱动机构的工作是靠齿条油缸中的齿条活塞杆 5 带动回转大齿圈 7 来完成的。由于齿条活塞杆 5 作往复运动，所以回转大齿圈 7 就可以左右转动一个角度。转角大小取决于液压油缸活塞行程，QS-650 清筛机的转角大小为±70°。

3. 定位锁定机构

为保证清筛机在运行状态时回转污土输送带的安全，该输送带设有回转定位机构和折叠前支架锁定机构。

（1）回转定位机构

回转定位机构如图 4-28 所示，定位销 7 下部开有一槽，该槽能允许安装在操纵轴上的凸轮在内转动，因此定位销可沿机架导孔上下移动。当定位销上移时，可插入回转支架底板的定位孔中，回转机构锁定，回转输送带不能摆动。当定位销下降时，定位销落在机架平面以下，回转输送带可随意左右摆动。定位销的动作靠操纵手柄 1 来完成。

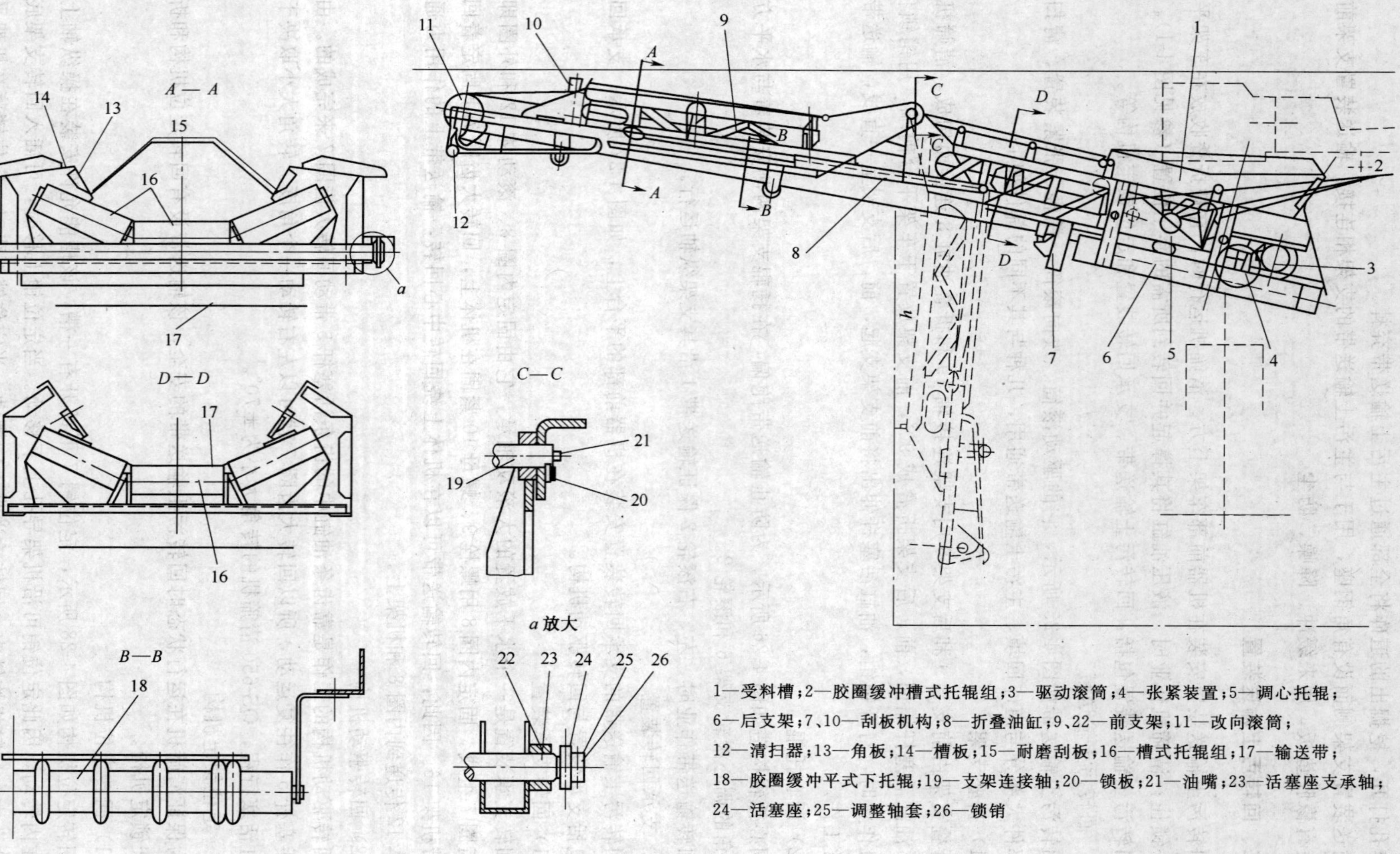

1—受料槽；2—胶圈缓冲槽式托辊组；3—驱动滚筒；4—张紧装置；5—调心托辊；
6—后支架；7、10—刮板机构；8—折叠油缸；9、22—前支架；11—改向滚筒；
12—清扫器；13—角板；14—槽板；15—耐磨刮板；16—槽式托辊组；17—输送带；
18—胶圈缓冲平式下托辊；19—支架连接轴；20—锁板；21—油嘴；23—活塞座支承轴；
24—活塞座；25—调整轴套；26—锁销

图4-25 回转污土输送带

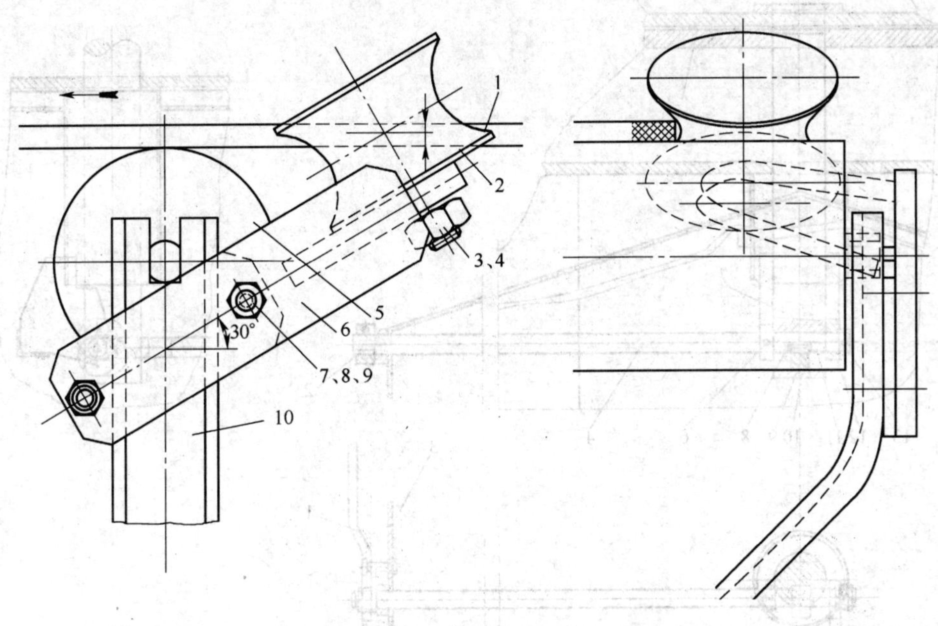

图 4-26　调心托辊

1—输送带；2—滚轮；3、8—螺母；4、9—弹簧垫圈；5—托辊；6—滚轮支架；7—螺栓；10—托辊支架

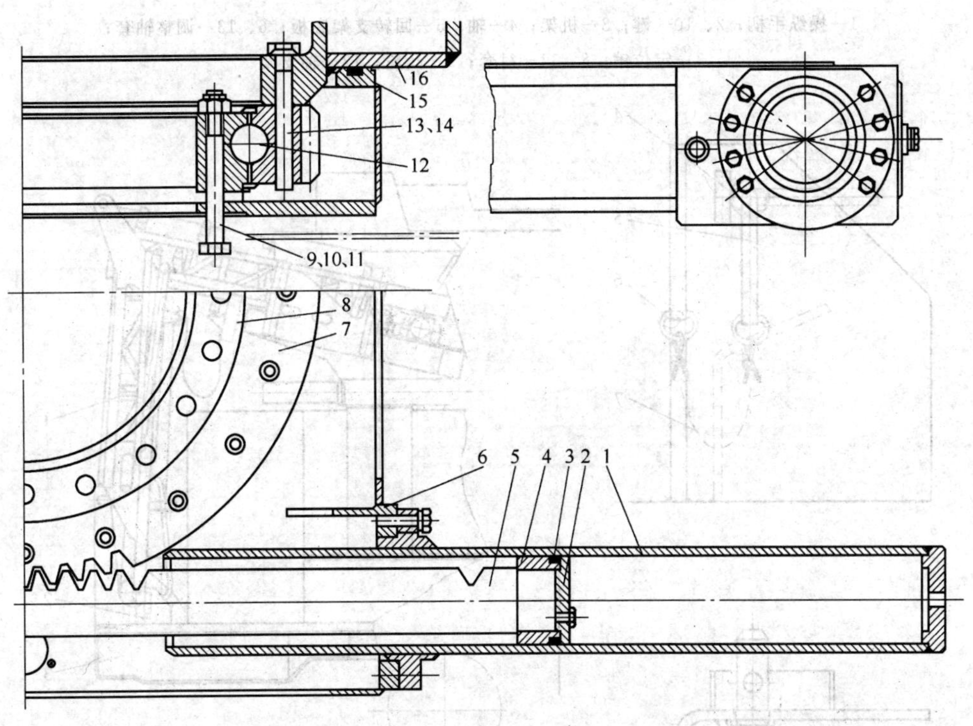

图 4-27　支承回转装置

1—驱动油缸；2—压板；3、15—密封圈；4—活塞；5—齿条活塞杆；6—箱体；7—回转大齿圈；8—固定内圈；9、13—螺栓；10—螺母；11—开口销；12—滚动体；14—垫圈；16—回转输送带机架

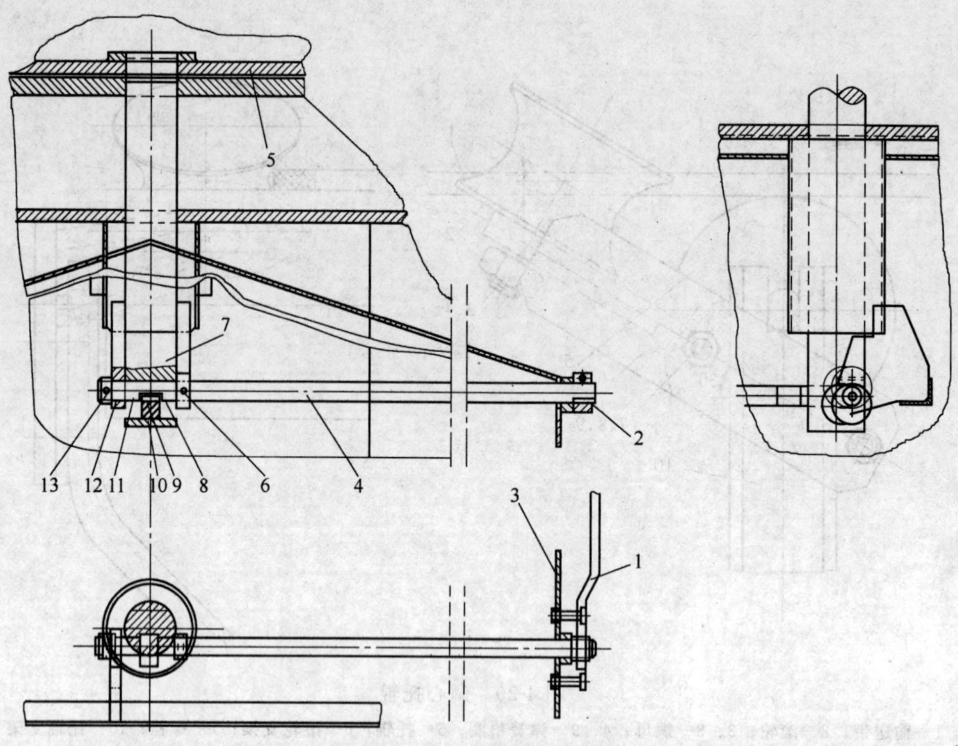

图 4-28　回转定位机构

1—操纵手柄；2、10—键；3—机架；4—轴；5—回转支架底板；6、13—调整轴套；7—定位销；8、11—衬套；9—凸轮；12—轴支架

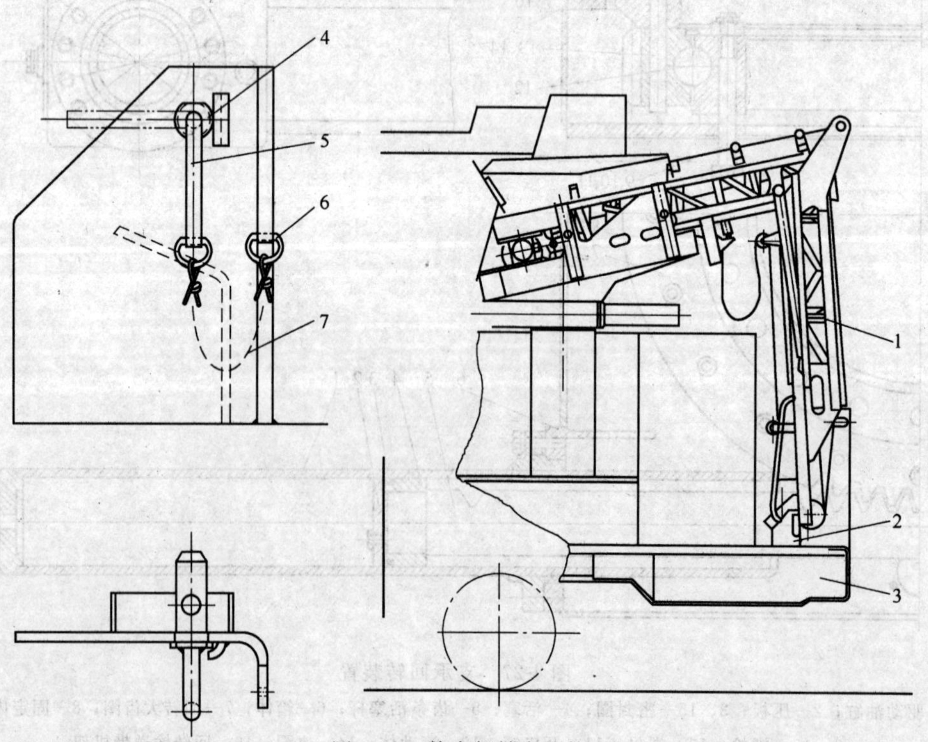

图 4-29　前支架锁定机构

1—回转输送带前支架；2—固定角板；3—机架；4—缓冲锁板；5—锁栓；6—链环；7—链

（2）前支架锁定机构

前支架锁定机构如图 4-29 所示。

在机架 3 的平台上焊有固定角板 2，回转输送带前支架 1 上有销孔。清筛机在运行状态时，前支架折叠放下后，可用锁栓 5 插入前支架和固定角板的定位孔中，则前支架锁定于机架上。清筛机在作业状态时，转动锁栓后将其拉出，则回转输送带就可以工作。为防止跌落，锁栓用链与固定角板相连。

第五节　起、拨道装置

起、拨道装置的功用是减少挖掘阻力和避开障碍物。它包括前起、拨道装置和后拨道装置两部分。前起、拨道装置紧靠在挖掘装置水平导槽后；后拨道装置在后转向架前，它将拨过的轨道放回原位或指定位置。

QS-650 清筛机起、拨道装置的最大起道力为 140 kN，最大拨道力为 72 kN，作业时最大起道量为 250 mm，最大拨道量为±300 mm。起、拨道量由标尺和指针显示。

一、起、拨道装置

起、拨道装置如图 4-30 所示，它由起道和拨道两部分组成。

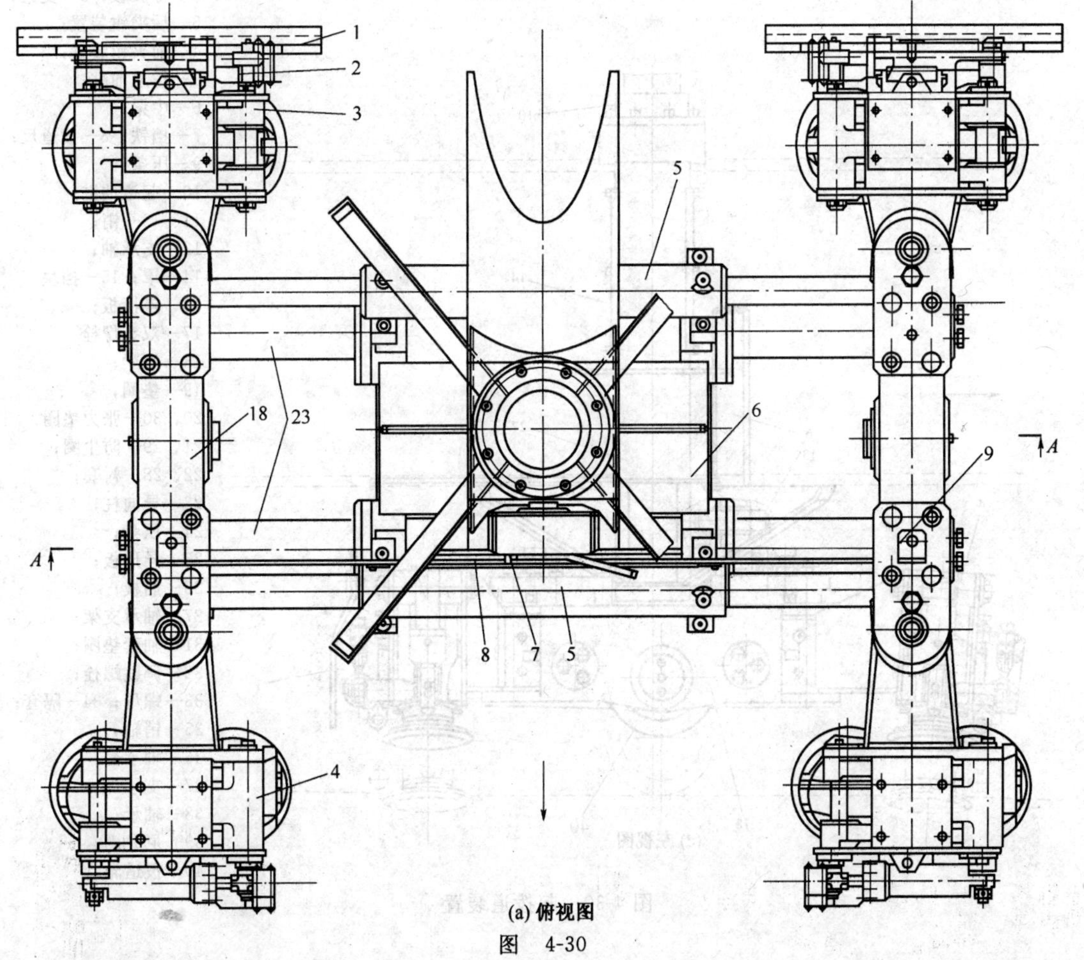

(a) 俯视图

图　4-30

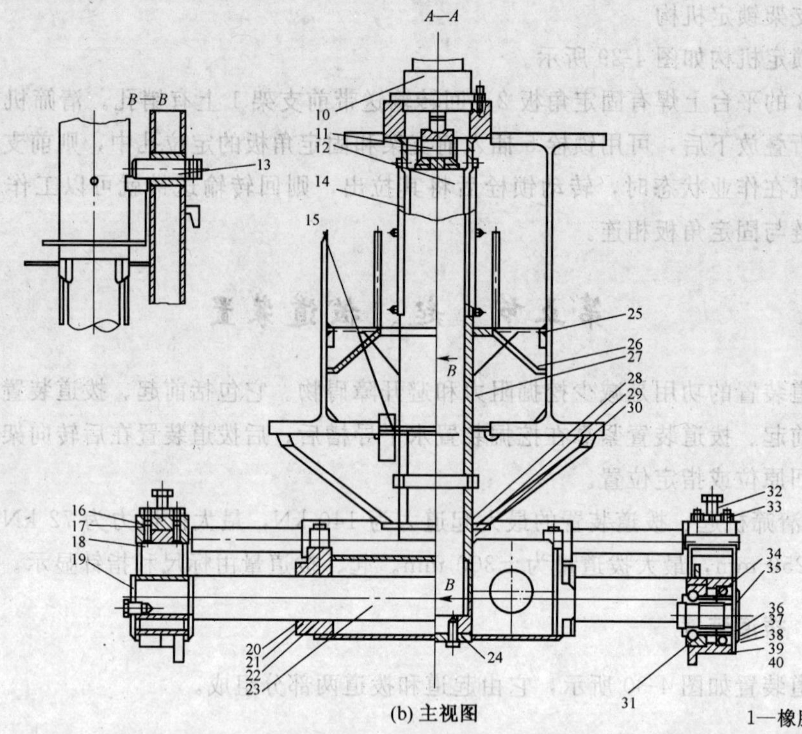

(b) 主视图

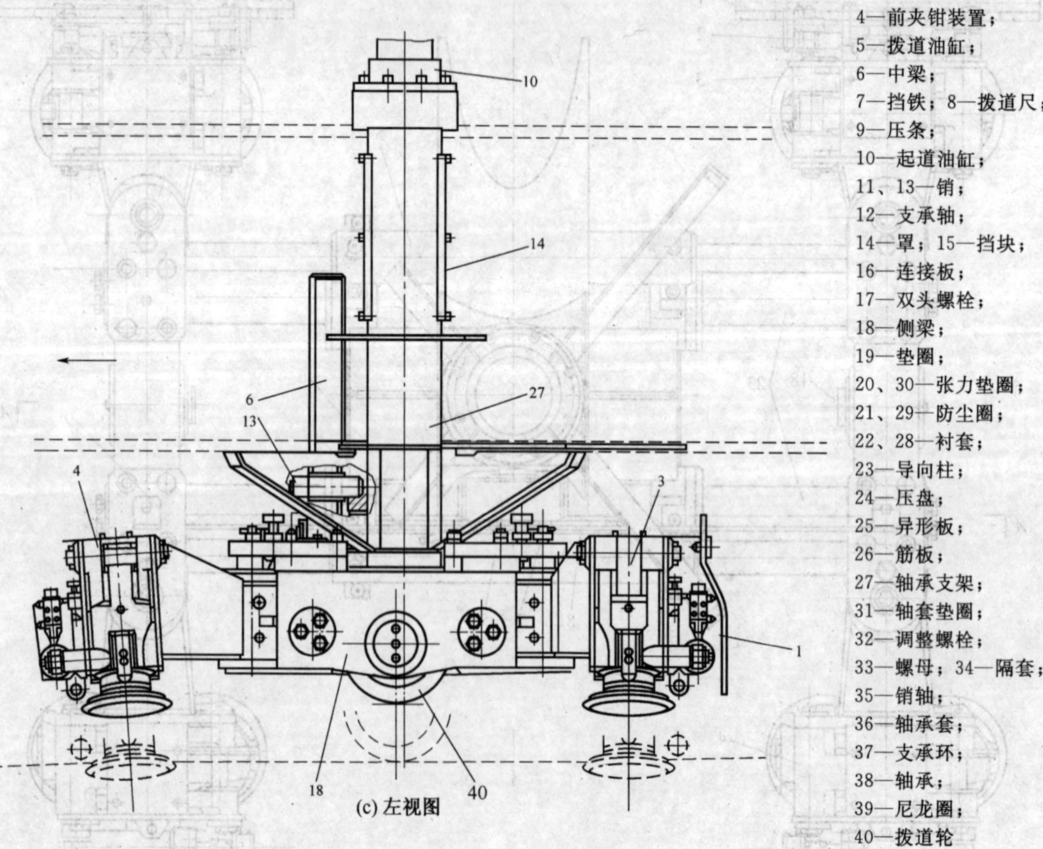

(c) 左视图

1—橡胶板；2—支架；
3—后夹钳装置；
4—前夹钳装置；
5—拨道油缸；
6—中梁；
7—挡铁；8—拨道尺；
9—压条；
10—起道油缸；
11、13—销；
12—支承轴；
14—罩；15—挡块；
16—连接板；
17—双头螺栓；
18—侧梁；
19—垫圈；
20、30—张力垫圈；
21、29—防尘圈；
22、28—衬套；
23—导向柱；
24—压盘；
25—异形板；
26—筋板；
27—轴承支架；
31—轴套垫圈；
32—调整螺栓；
33—螺母；34—隔套；
35—销轴；
36—轴承套；
37—支承环；
38—轴承；
39—尼龙圈；
40—拨道轮

图 4-30　起拨道装置

1. 起道装置

起道装置包括起道油缸 10、支承轴 12、中梁 6、导向柱 23、侧梁 18、前夹钳装置 4、后夹钳装置 3 及其支承连接件等。起道油缸 10、轴承支架 27 固定在主梁上；油缸活塞杆用销 11 与支承轴 12 铰接。因此。支承轴 12 可在轴承支架 27、衬套 28 内上下运动。支承轴 12 用压盘 24 固定在中梁 6 内，中梁 6 上有两根水平放置的导向柱 23，导向柱 23 两端分别用垫圈 19 及螺栓固定着左、右两侧梁 18，侧梁 18 两端又用活塞销轴安装着前夹钳装置 4 和后夹钳装置 3。

起道作业时，首先前后夹钳装置的夹钳滚轮张开，起道油缸 10 的活塞杆下降，夹钳滚轮闭合夹住轨头，然后进行起道作业，即使起道油缸 10 的活塞杆上升，带动支承轴 12、中梁 6 前后导向柱 23、左右侧梁 18、前后夹钳装置 4、3 以及夹钳滚轮夹持的左、右两条钢轨一同提起，完成起道作业。

起道量由挡块 15 来限制。起道作业前应拉出锁定销 13。

2. 拨道装置

拨道装置靠固定在中梁上的拨道油缸 5 及安装在左、右侧梁 18 中部的两拨道滚轮 40 来完成。两拨道滚轮轮缘内距为 1 435 mm。

拨道油缸 5 是双杆活塞油缸，当活塞在油缸体内左、右移动时，其一端伸出，另一端缩回。由于拨道油缸体固定在中梁上，所以活塞杆伸出端顶着这边侧梁 18、拨道轮 40 一起向线路中心的一侧移动；另一侧由于导向柱的连接也带动这一侧移动。结果将轨道向活塞杆伸出端拨动一段，最大拨道量等于活塞杆的最大行程。

二、夹钳装置

在起、拨道装置上，用于夹持钢轨进行作业的是前、后两对夹钳装置。它们安装在起、拨道装置侧梁的两端。前后夹钳装置在构造上相同，如图 4-31 所示。

夹钳装置靠夹紧油缸 30 的作用来夹持钢轨。非工作状态，即当油缸活塞杆伸出时，两臂和下部夹钳滚轮 47 张开；起道作业时，起道活塞杆下降，限位滚轮 10 抵住轨面后，夹紧油缸活塞杆缩回，夹钳装置左、右臂合拢，两夹钳滚轮紧紧夹住轨头，然后可进行起道。

夹钳滚轮用轴承 40、43、45 支承在夹钳臂的套筒 46 中，因此夹钳滚轮在机器运行中靠摩擦自行回转。当夹钳滚轮遇到钢轨连接夹板时，由于有前、后两组夹钳装置，因此可以牢牢抓住钢轨。

夹钳下降的位置受安装在夹钳缸体 3 上的滚轮架 6 和滚轮 10 限制，其间隙可用螺栓 4 和调整螺钉 5 来调整。

四个夹钳装置的位置高度可以用夹钳缸体 3 支承部位的活塞油缸来调整。油缸活塞 26 固定在侧梁两端，夹钳缸体靠凸缘 20、28，轴套 21 及密封圈安装在活塞 26 上。当活塞上、下两腔油量变化时，夹钳装置便可上、下移动，从而调整位置高度。调整的行程范围用螺钉 15 和紧固螺母 16 来控制。

三、拨道装置

安装在后转向架前的拨道装置，如图 4-32 所示，它由气动升降机构、液压拨道机构和安全保险器三部分组成。

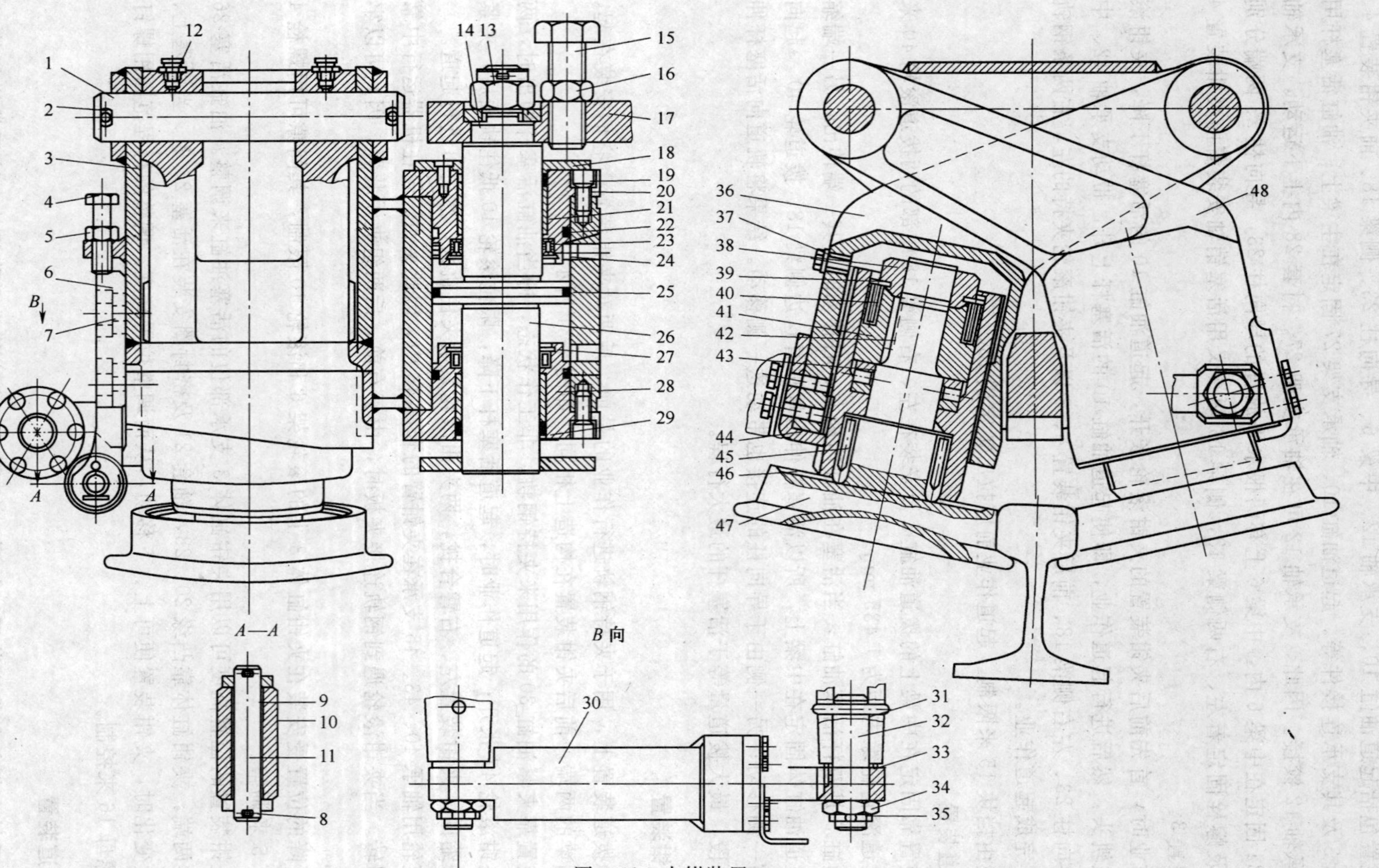

图 4-31 夹钳装置

1、11—销轴；2、8、35—开口销；3—夹钳缸体；4、15—调整螺钉；5、13、16、34、38—螺母；6—限位滚轮架；7—内六角螺钉；9、21、41—轴套；10—限位滚轮；12—润滑油嘴；14、24、33—垫圈；17—侧梁；18—盖；19、22、23、35—密封圈；20、28—凸缘；26—活塞；27、29、39—弹性挡圈；30—夹紧油缸；31—销轴；32—螺杆；36—左臂；37—螺塞；40、43、45—轴承；42—键；44—锁板；46—套筒；47—夹钳滚轮；48—右臂

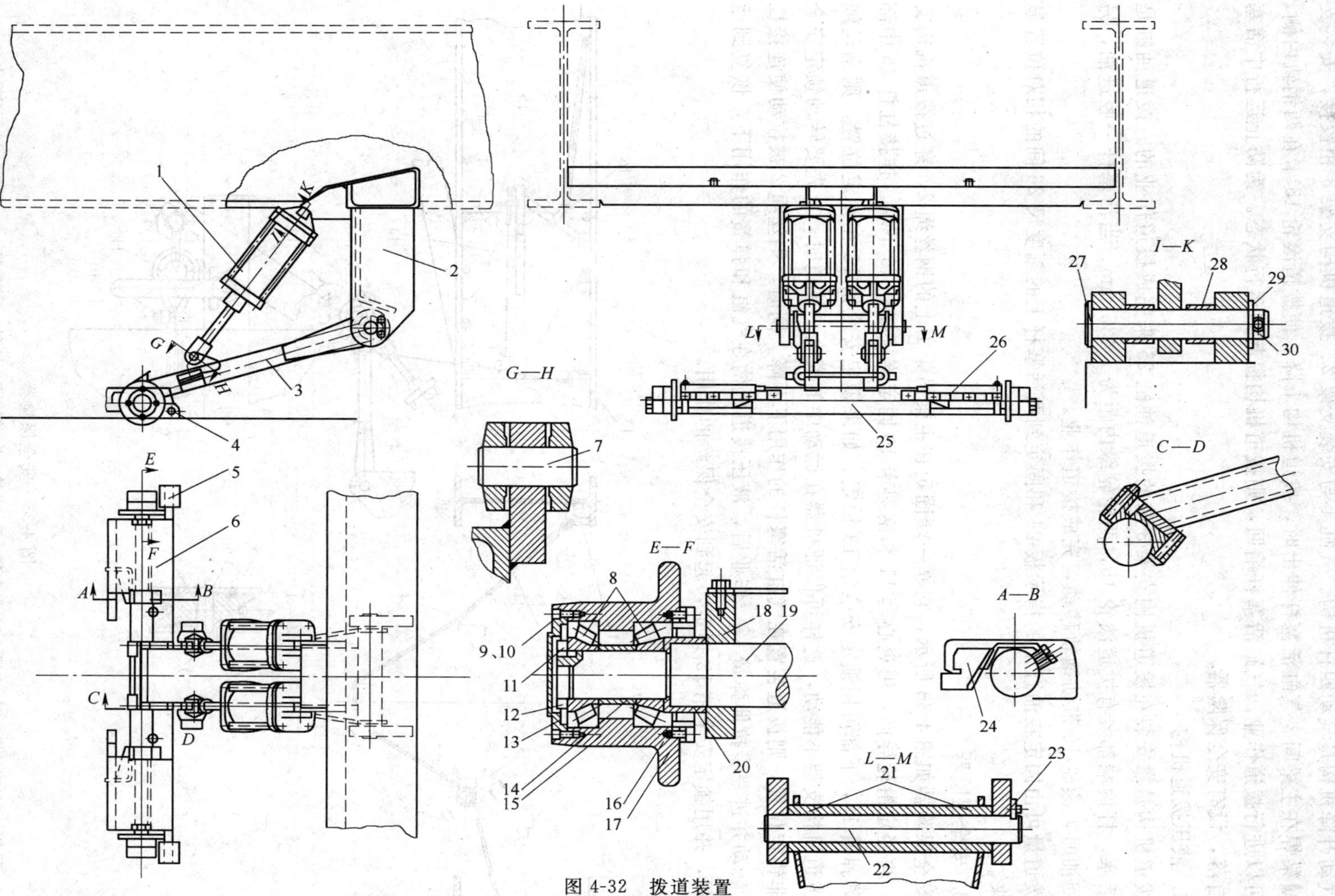

图 4-32 拨道装置

1—气缸；2—安装支架；3—拨道机构支架；4—清扫器；5—盖；6—罩；7、22、27—销；8—轴承；9—内六角螺钉；10—弹簧垫圈；11—锁紧垫片；12—螺母；13—滚轮端盖；14、20、28—隔套；15—滚轮；16—密封圈；17—滚轮轴端盖；18—支承板；19—活塞杆；21—衬套；23—锁板；24—指示板；25—拨道油缸；26—刻度尺；29—垫圈；30—开口销

1. 气动升降机构

气动升降机构是气动四杆机构。气缸 1 与安装支架 2、拨道机构支架 3 相铰接，安装支架用横梁焊在主梁间。气缸活塞杆伸出时，拨道机构下降，使拨道滚轮 15 卡在两钢轨内侧，这时可以进行拨道作业。气缸活塞杆缩回，则拨道机构提起到运行状态。为防止运行中活塞杆的自落，设有安全保险器。

2. 液压拨道机构

拨道机构是靠安装在拨道机构支架 3 前的拨道油缸 25 来完成拨道作业的。拨道油缸是双杆活塞，杆两端都装有拨道滚轮 15，两轮轮缘内距为 1 435 mm。当活塞杆一腔进油，另一腔回油时，滚轮 15 带动钢轨移动，完成拨道作业。

拨道量可由固定在油缸上的指示板 24 和固定到两活塞杆上的刻度尺 26 间的相对位置显示出来。

3. 安全保险器

安全保险器如图 4-33 所示，它靠一端固定在主梁吊架 1 上的钢丝绳 2，穿过拨道机构支架下，再经定滑轮导向，用鸡心套 11 和钢绳卡 10 固定连接杠杆 16 下端。连接杠杆 16 中部有拉紧弹簧 15，下部可用锁定安全销 13 锁定。如果锁定安全销 13 在锁定位置，则钢丝绳拉着拨道机构支架不能动，这样可保证机器在运动中的安全。拨道时，首先要转动锁定安全销到非锁定位置，则拨道装置在气缸活塞杆的作用下下降。同时，钢丝绳 2 被拉动使连接杠杆 16 转动并进一步拉伸弹簧 15。作业后，液压拨道机构在气缸和弹簧的作用下，恢复到运行位置，并用锁定安全销 13 锁定，起到安全保险的作用。

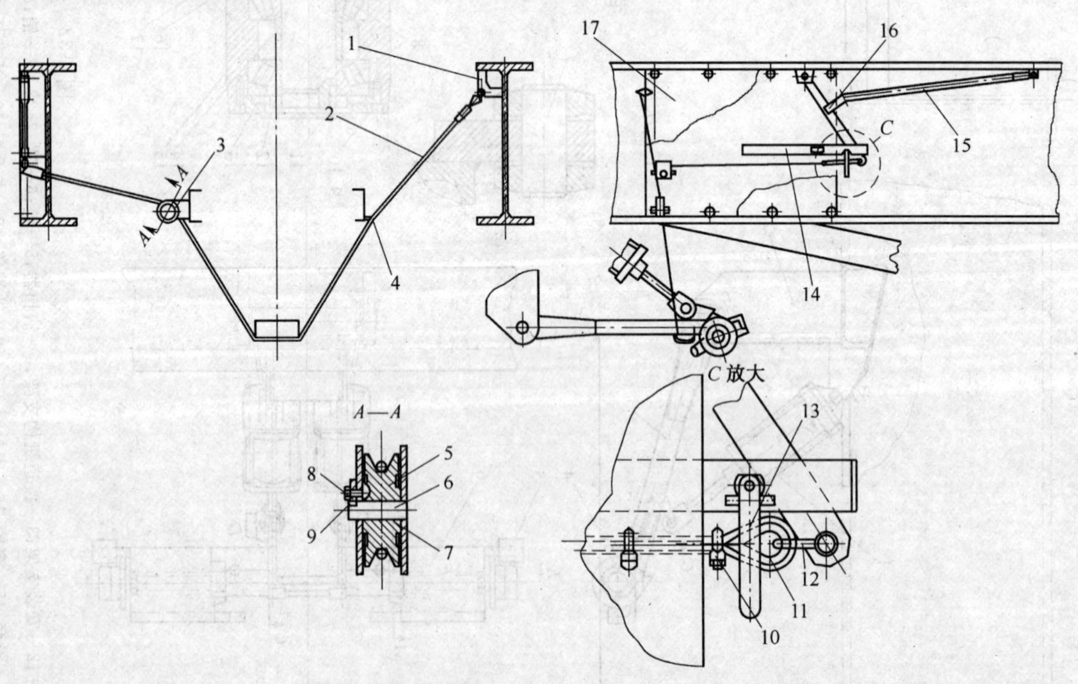

图 4-33　安全保险器

1—吊架；2—钢丝绳；3—支架；4—导向环；5—滑轮；6—销；7—衬套；8—螺钉；9—锁板；10—钢绳卡；11—鸡心套；12—V 形环；13—锁定安全销；14—导向板；15—拉紧弹簧；16—连接杠杆；17—盖板

第六节 起重设备

挖掘装置的水平导槽在机器运行时，应放置于前操纵室下；作业时，需快速完成水平导槽在提升与下降导槽之间的安装与拆卸。为了减少装卸时间，减轻操作人员劳动强度，保证作业区间安全，在水平导槽作业区间内设有起重设备。

起重设备包括：水平导槽安放举升臂、提升机和起吊机。由于它们工作行程短，所以全采用液压油缸驱动。

一、举升臂

举升臂安装在操纵室下面的主梁下翼板下，靠液动四杆机构来实现举升，如图 4-34 所示。

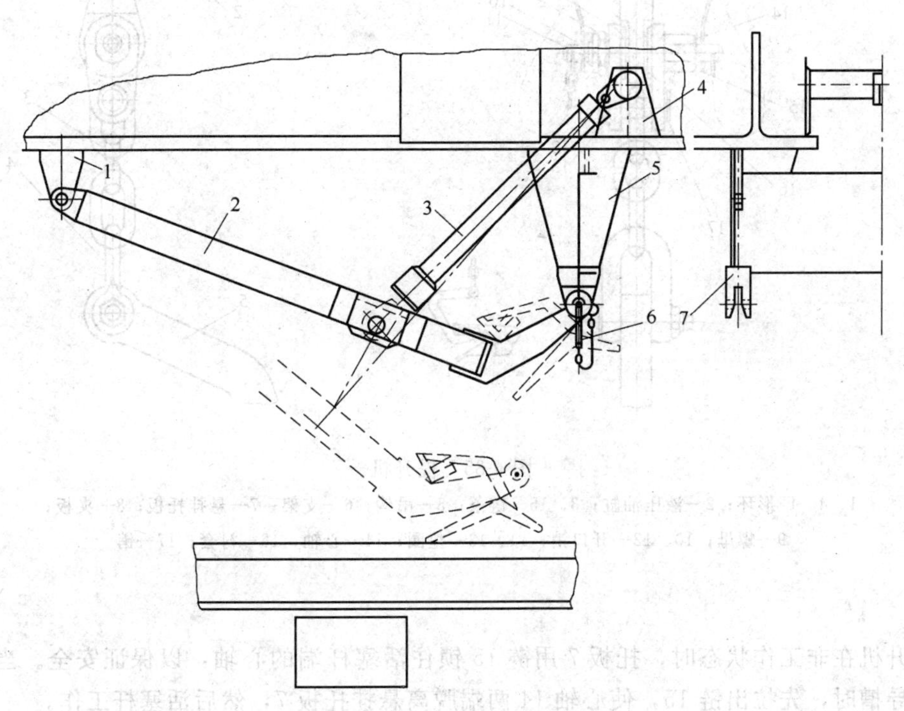

图 4-34 举升臂

1、4、5—支座；2—升降臂；3—液压油缸；6—锁销；7—锁销座

长途运行，即液压油缸 3 缩回，升降臂 2 将水平导槽举起并用锁销 6 锁定在锁销座 7 中，确保运行中的安全。清筛机作业需放下水平导槽时，液压油缸活塞杆伸出，升降臂下降，将水平导槽放置于钢轨上；然后，活塞杆缩回，升降臂提升、复位锁定。

二、提升机

提升机用于作业时辅助安装和拆卸水平导槽。提升机安装在操纵室正前方、水平导槽上方的机架上，如图 4-35 所示。

提升机液压油缸 2 上端用 U 形环 1 铰接在支架 6 上，支架 6 上焊有悬挂托板 7。液压油缸活塞杆端用心轴 14、夹板 8、销 17 与链条 3、吊钩 5 相连接。活塞杆上升，即提升重物；相反，重物下降。

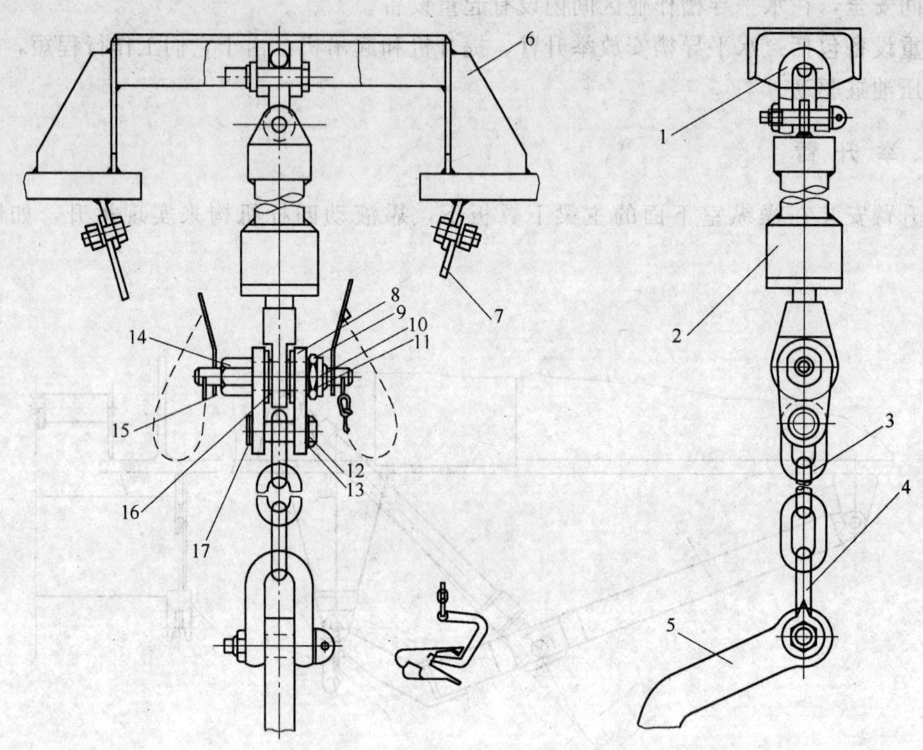

图 4-35 提升机

1、4—U 形环；2—液压油缸；3、15—链条；5—吊钩；6—支架；7—悬挂托板；8—夹板；9—螺母；10、12—开口销；11、13—垫圈；14—心轴；16—衬套；17—销

提升机在非工作状态时，托板 7 用链 15 锁住活塞杆端的心轴，以保证安全。当需要提升水平导槽时，先拉出链 15，使心轴 14 两端脱离悬挂托板 7，然后活塞杆工作。

三、起 吊 机

起吊机用于起吊和放下水平导槽。起吊机对称地布置在操纵室正前方主梁上支架左、右两侧，如图 4-36 所示。

起吊机用液压油缸 1 的活塞杆直接牵引钢丝绳 11，钢丝绳经定滑轮 8 导向后，用 U 形环 3、5 与链条 4、吊钩 6 连接。

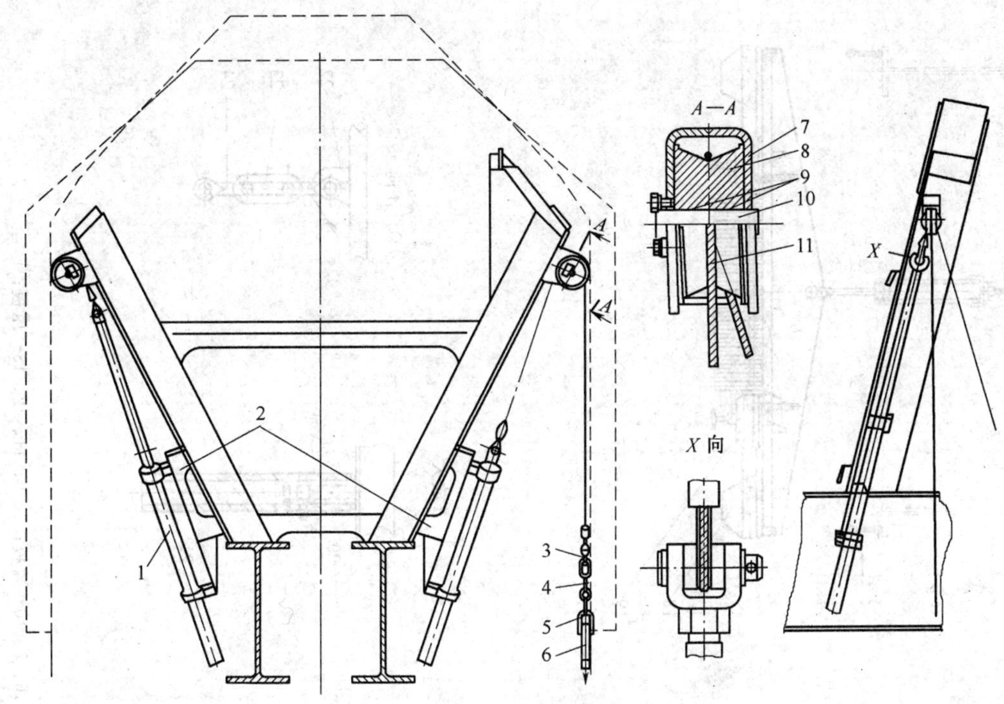

图 4-36　起吊机

1—液压油缸；2、7—支架；3、5—U 形环；4—链条；6—吊钩；8—滑轮；9—衬套；10—心轴；11—钢丝绳

第七节　辅 助 装 置

QS-650 清筛机的辅助装置有：道砟清除装置、简易平整装置、挖掘深度指示器等。

一、道砟清除装置

道砟清除装置设在道砟回填装置后面，用于清除回填时落到钢轨、轨枕上的道砟，并对道床表面的道砟推刮平整。道砟清除装置的构造如图 4-37 所示。

道砟清除装置由气缸、道砟刷架等组成。道砟刷架前部 V 形布置，后部靠带盖板 7、10 的臂与悬挂在主梁下的支轴连接。刷架前部 V 形板上装有滚轮 19，它除清除钢轨面上的道砟外，还可滚动支承着清除器运行。轨道内的 V 形板下焊有许多钢棒，钢棒上用卡箍 20 固定着胶管 21，它用于清除落到轨枕上的道砟。轨道外的 V 形板下，装有耐磨钢板 18，它对道床表面起着推刮平整的作用。

道砟清除装置气缸 1 的活塞杆伸出，将道砟刷架放置到钢轨上，完成清除、推刮、平整工作。运输时，气缸 1 将道砟刷架提起并用固定在机器大梁下的链条 23、U 形钩环 24 锁住，确保行车的安全。

二、简易平整装置

简易平整装置的结构如图 4-38 所示。该装置是由三根铰链在一起的圆钢棒 5、7 构成，并靠固定于挖掘装置水平导槽上的钢丝绳 3 拖动。机器作业时，可将回填到轨枕下的清洁道

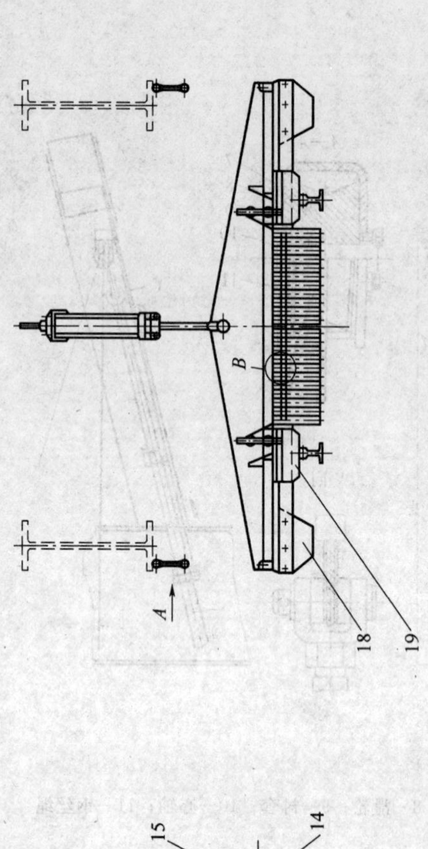

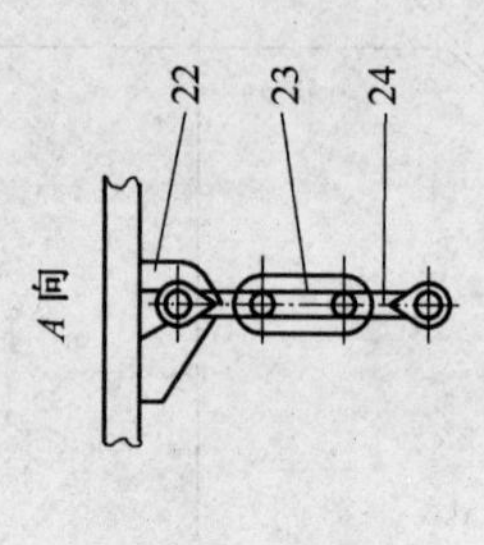

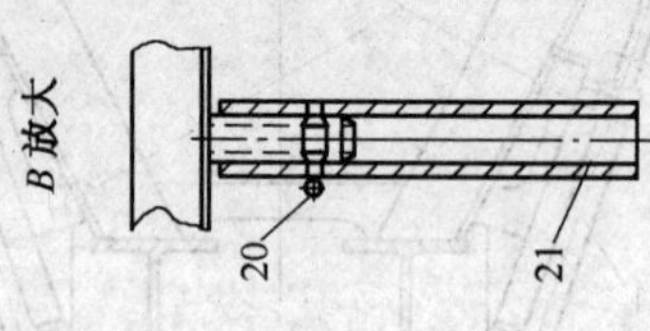

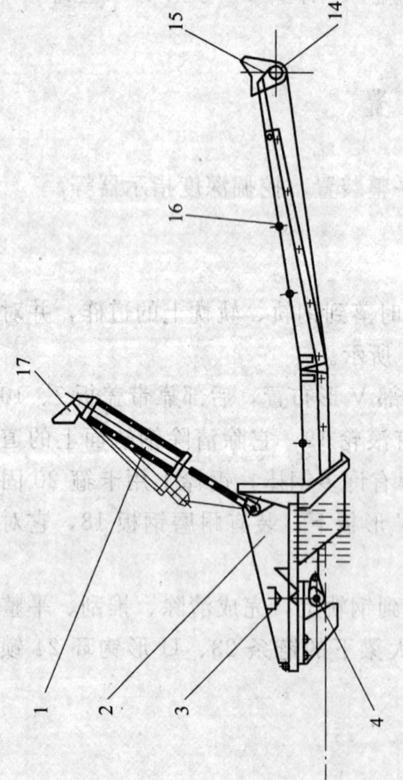

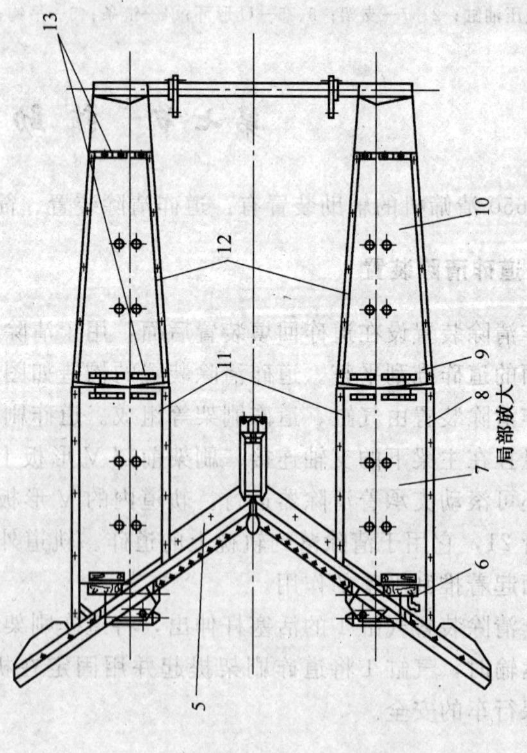

图 4-37 道砟清除装置

1—气缸；2—道砟刷架；3—止冲器；4—滚轮支架；5、18—耐磨钢板；6、7、10—盖板；8、9、11、12、13—压板；14、15、17、22—悬挂支架；16—螺栓；19—滚轮；20—卡箍；21—胶管；23—链；24—U 形钩环

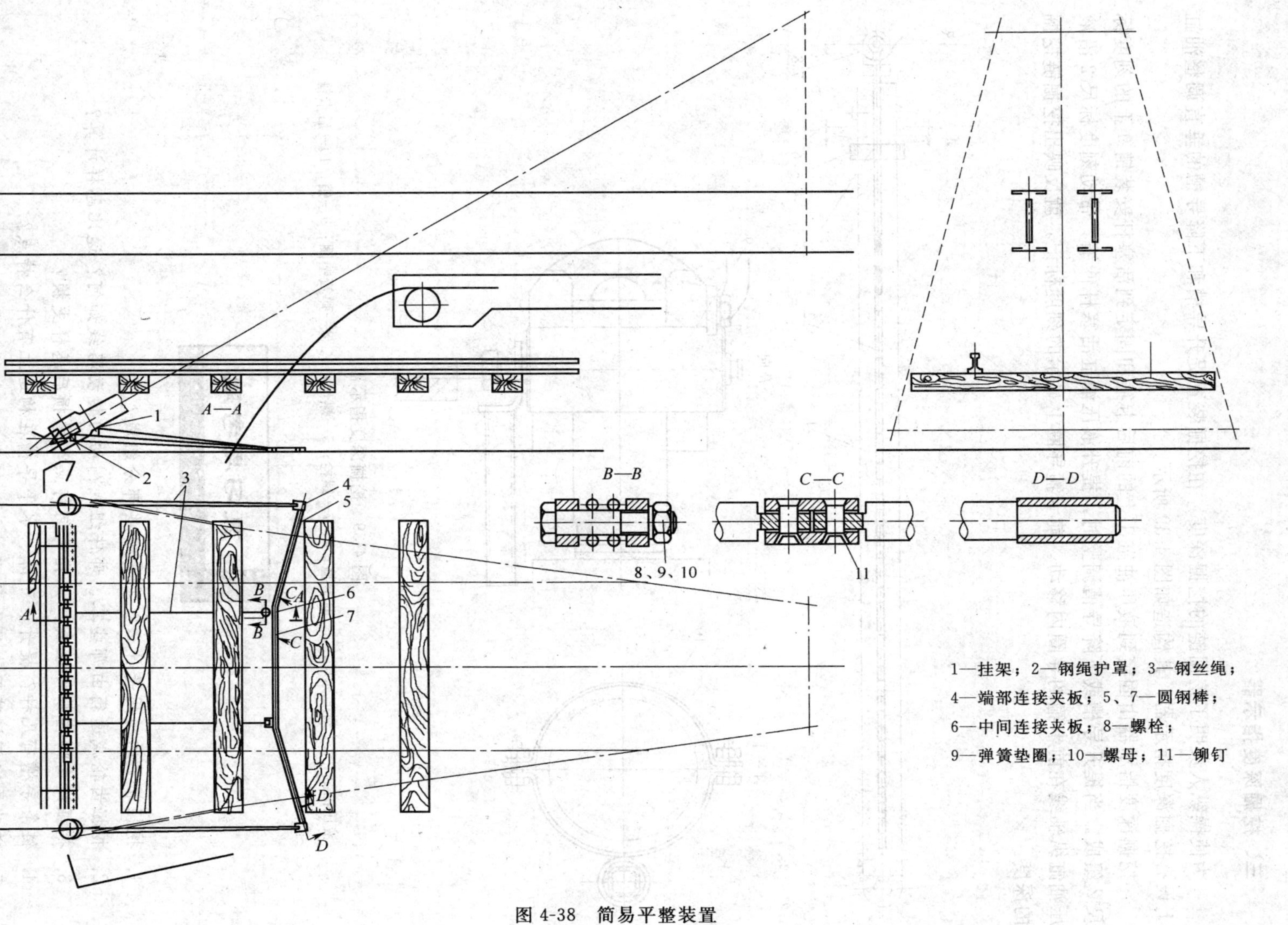

1—挂架；2—钢绳护罩；3—钢丝绳；
4—端部连接夹板；5、7—圆钢棒；
6—中间连接夹板；8—螺栓；
9—弹簧垫圈；10—螺母；11—铆钉

图 4-38　简易平整装置

砟刮平。

三、挖掘深度指示器

为使操纵人员明了挖掘链的挖掘深度，在挖掘装置提升导槽和下降导槽的垂直调整油缸上设有挖掘深度指示器，其构造如图 4-39 所示。

挖掘深度指示器由固定到液压油缸 1 上的前后卡箍和固定到活塞杆安装销 9 上的刻度标尺 2 组成。当提升导槽或下降导槽调整时，提升液压油缸活塞杆伸缩，带动刻度标尺 2 沿液压油缸纵轴线在前卡箍的导圈内移动。前卡箍导圈上显示的刻度标记，就反映出挖掘链挖掘的深度。

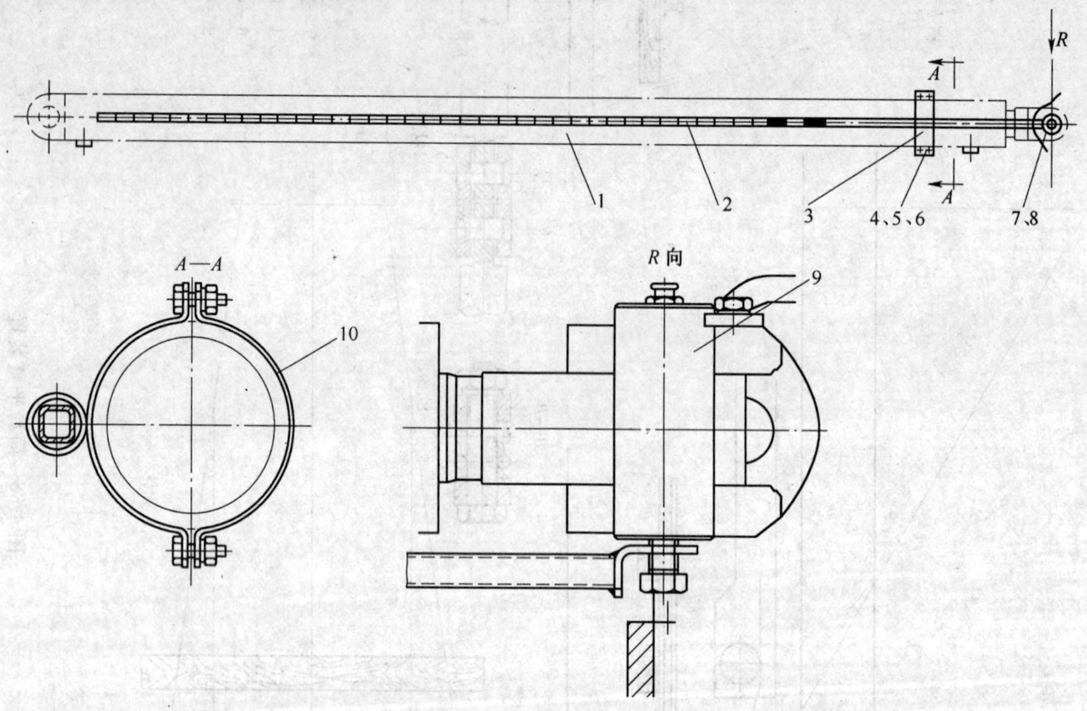

图 4-39　挖掘深度指示器

1—液压油缸；2—刻度标尺；3—前卡箍；4、7—螺栓；5—螺母；6、8—弹簧垫圈；9—销；10—后卡箍

复习思考题

1. 挖掘装置的功用是什么？它由哪些部分组成？
2. 挖掘齿轮减速箱由哪些零、部件组成？动力传动路线如何？速比怎样计算？
3. 挖掘链由哪些零件组成？扒指有何特点？磨损后怎样更换？
4. 链条导槽有几种？提升、下降、水平导槽在构造上有什么特点？
5. 道砟导流闸板装置在什么位置？它由哪些零、部件组成？其工作原理如何？
6. 张紧油缸安装在什么位置？它如何张紧挖掘链？
7. 水平导槽有什么用途？它在安装或拆卸时有什么要求？

8. 有几种角滚轮？它们起什么作用？在使用中有什么要求？为什么？

9. 清筛机上采用哪种形式的振动筛？它有什么特点？其工作原理如何？

10. 筛网由什么材料制造？QS-650 清筛机上有几层筛网？它们在使用上有什么特点？

11. 在振动筛上有哪些道闸导流构件与装置？这些导流构件与装置的作用如何？

12. 振动筛是怎样支承在机架上的？调整装置的作用是什么？如何进行调整？

13. 道砟回填分配装置包括哪些部分？各部分起什么作用？

14. 左右侧道分配板是如何分配道砟的？它的操纵、控制、计量装置有什么特点？

15. 道砟回填输送装置由哪些部分组成？各有什么作用？

16. 道砟回填输送带是如何实现摆动的？它的自动控制机构由哪些元件组成，其工作原理如何？

17. 道砟回填输送带在构造上有哪些特点？

18. 驱动滚筒与改向滚筒在作用、构造等方面有什么区别？

19. 托辊的作用是什么？托辊有几种？它们各有什么特点？在使用中有什么要求？

20. 螺旋拉紧装置有什么特点？使用中如何调整？

21. 清扫器有什么作用？有哪些类型？

22. 污土输送装置有哪些功用？它由哪些部分组成？各有什么特点？

23. 主污土输送带由哪些部件组成？它的支架安装与结构有什么特点？

24. 回转污土输送带在构造上有什么特点？它的主要部件与其他输送带有哪些区别？

25. 如何安装使用回转输送带？运行时应如何定位、锁紧？

26. 起、拨道装置有哪些功能？它由哪些部件组成？如何完成起道或拨道作业？

27. 夹钳装置在构造上有哪些特点？如何使用和调整夹钳装置？

28. 后拨道装置在哪个部位？它由哪些部分组成？其运行安全保险装置有什么特点？

29. 起重设备有哪几种？它们在构造上有什么特点？

30. 道砟清扫装置安装在哪个部位？它有什么作用？由哪些部件组成？运行中如何保证安全？

31. 简易平整装置由哪些零件组成？如何安装使用？

32. 挖掘深度指示器安装在什么位置上？如何观察挖掘深度？

第五章

液压系统和气动系统

QS-650清筛机采用静液压传动技术，其液压传动系统的工作原理是：柴油发动机通过主离合器、弹性联轴器、万向传动装置、分动齿轮箱驱动若干个液压泵。液压泵产生的高压油经液压分配块及各种控制阀，通过管路输送到液压执行元件，即液压马达或液压油缸。液压执行元件驱动机器的走行及相应的工作装置，完成清筛机的运行、挖掘、筛分、起拨道、输送道砟和排除污土等作业。

第一节　液压系统的组成

QS-650全断面道砟清筛机采用全液压传动，其液压系统可以分成5大组成部分19个液压回路具体如下。

1. 走行驱动液压系统

(1) 调速回路；

(2) 手动减压阀式先导操纵回路；

(3) 走行驱动液压回路；

(4) 走行离合器行走工况转换操纵液压回路；

(5) 走行离合器控制驱动液压回路。

2. 挖掘链控制液压系统

(1) 挖掘链驱动液压回路；

(2) 挖掘链导槽调整液压回路；

(3) 挖掘链及回转污土输送带安装调整液压回路。

3. 道砟分配控制液压系统

(1) 道砟输送带摆动装置与道砟分配板液压回路；

(2) 主污土输送带、回转污土输送带及左、右道砟回填输送带驱动液压回路；

(3) 振动筛驱动液压回路；

(4) 振动筛调平装置、道砟导向、护罩控制、后拨道装置液压回路。

4. 其他装置控制液压系统

(1) 起拨道、夹轨器液压控制回路；

(2) 后通风设备传动装置液压回路；

(3) 前通风设备传动装置润滑及注油泵液压回路；

(4) 空气调节设备液压回路。

5. 液压润滑系统

(1) 振动筛驱动装置润滑回路；

(2) 分动齿轮箱润滑回路；

(3) 挖掘齿轮减速箱润滑回路。

下面对液压系统的各组成回路进行分析。

第二节　走行驱动液压系统

QS-650 全断面道砟清筛机的走行装置由两台两轴式转向架组成，转向架每根轴都由单独的变量马达驱动，区间运行速度为 0～80 km/h，作业走行速度为 0～1 km/h，与列车编组运行速度为 0～100 km/h。区间运行和作业走行时均可实现无级调速。

一、调速回路

清筛机的走行驱动液压系统采用了变量泵-变量马达容积调速回路，如图 5-1 所示。变量泵为 A4V-250HD 型通轴斜盘式轴向柱塞变量泵，该泵的额定压力为 35 MPa，最高压力为 40 MPa，最大排量为 250 ml/r。变量马达为 A6VM107HA1T 型斜轴式变量马达，其额定压力和最高压力分别为 35 MPa、40 MPa；最小排量为 30.8 ml/r，最大排量为 107 ml/r。

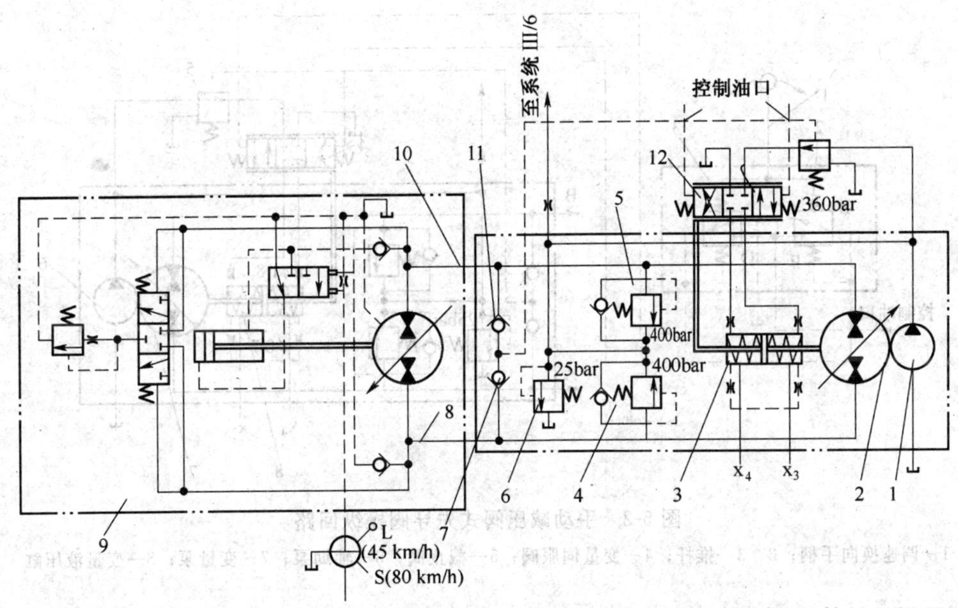

图 5-1　变量泵-变量马达容积调速回路

1—辅助泵；2—双向变量泵；3—变量液压缸；4、5—高压安全阀；6—辅助泵溢流阀；7、11—单向阀；8、10—管路；9—变量马达；12—变量伺服阀

变量泵、变量马达均可正反双向旋转工作。当变量泵 2 正向供油时，管路 10 为高压管路，压力油进入变量马达 9，驱动液压马达正向旋转，清筛机前进。管路 8 为低压管路。安全阀 5 可防止正向行进时回路过载（超过 40 MPa 开启），这时安全阀 4 不起作用（反向行进时防回路过载）。辅助泵 1（压力由溢流阀 6 调定）顶开安全阀 4 并联的单向阀，向低压管路 8 补油，而安全阀 5 并联的单向阀在高压管路压力油的作用下封闭。

当变量泵 2 反向供油时，管路 10 为低压，管路 8 是高压，变量马达 9 反向旋转，清筛机反向行走。各液压元件的分析原理同上。

回路的调速方法如下：

操纵手动减压阀式先导阀来调节变量泵的排量，在区间运行工况时，由于无工作负载，变量马达的排量最小，转速最高，输出转矩最小，可在 0～80 km/h 范围内无级变速。清筛机进入工作状态后，负载使系统压力升高，高压自动控制变量的液压马达 9 排量增大，转速下降，输出转矩增大。变量马达达到最大排量时，输出转矩为最大，转速最小，此时调节变量泵的排量，可使清筛机在 0～1 km/h 范围内实现无级调速。

该调速回路为闭式回路，液压泵的吸油管直接与液压马达的回油管连通。

二、手动减压阀式先导阀操纵回路

手动减压阀式先导阀操纵回路如图 5-2 所示，用于操纵走行驱动变量泵的变量机构。当扳动调速换向手柄 1，压下推杆 2，控制泵的压力油从阀口 P 流向阀口 B，作用于变量伺服阀 4 的左端；变量伺服阀 4 右端经减压阀式先导阀的阀口 A 与油箱相通，伺服阀 4 右移，辅助泵 6 输出的压力油经截止阀 5、变量伺服阀 4 左位，进入变量液压缸 8 左腔，变量泵 7 排量变大。朝另一方向扳动调速换向手柄 1，压下推杆 3，压力油则进入变量液压缸 8 右腔，变量泵 7 斜盘倾角向另一方向变化，变量泵 7 反向输出排量，变量马达换向。

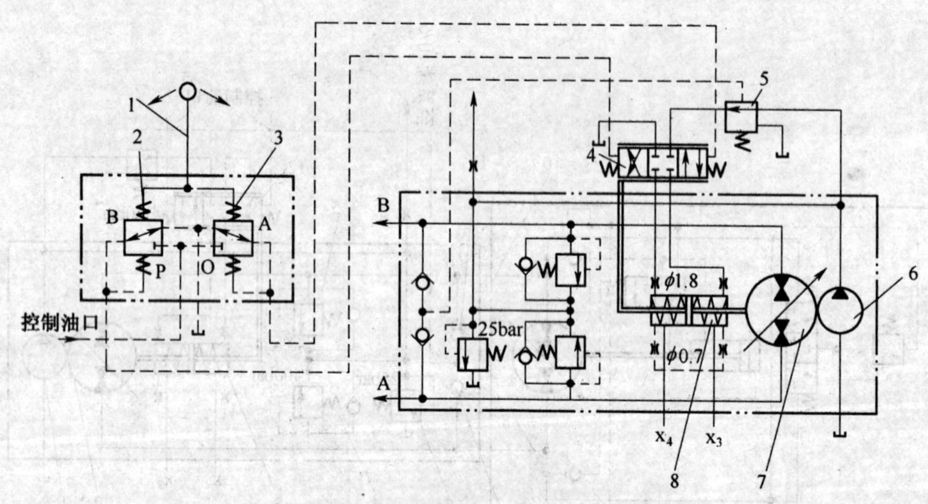

图 5-2　手动减压阀式先导阀操纵回路

1—调速换向手柄；2、3—推杆；4—变量伺服阀；5—截止阀；6—辅助泵；7—变量泵；8—变量液压缸

变量泵 7 的输出排量与调速换向手柄 1 的操纵位置成正比。调速换向手柄 1 偏离中位越大，泵斜盘的倾角越大，泵输出排量也越大。调速换向手柄 1 中位时，变量泵 7 斜盘倾角为 0°，其输出排量为 0，走行马达不旋转。

三、走行驱动液压回路

在走行驱动液压回路图 5-3 中，把手动减压阀式先导阀 8 的调速换向手柄从工作位置扳向中位时，变量泵斜盘倾角向零复位，排量逐渐减小。由于惯性作用液压马达仍高速旋转，这时液压马达处于液压泵工作状态，原输入压力油端变成吸油端；出油端变成压油端而压力升高。液压马达输出的压力油经电液动电磁换向阀 3 的中位、背压阀 2（压力 10 MPa）到马

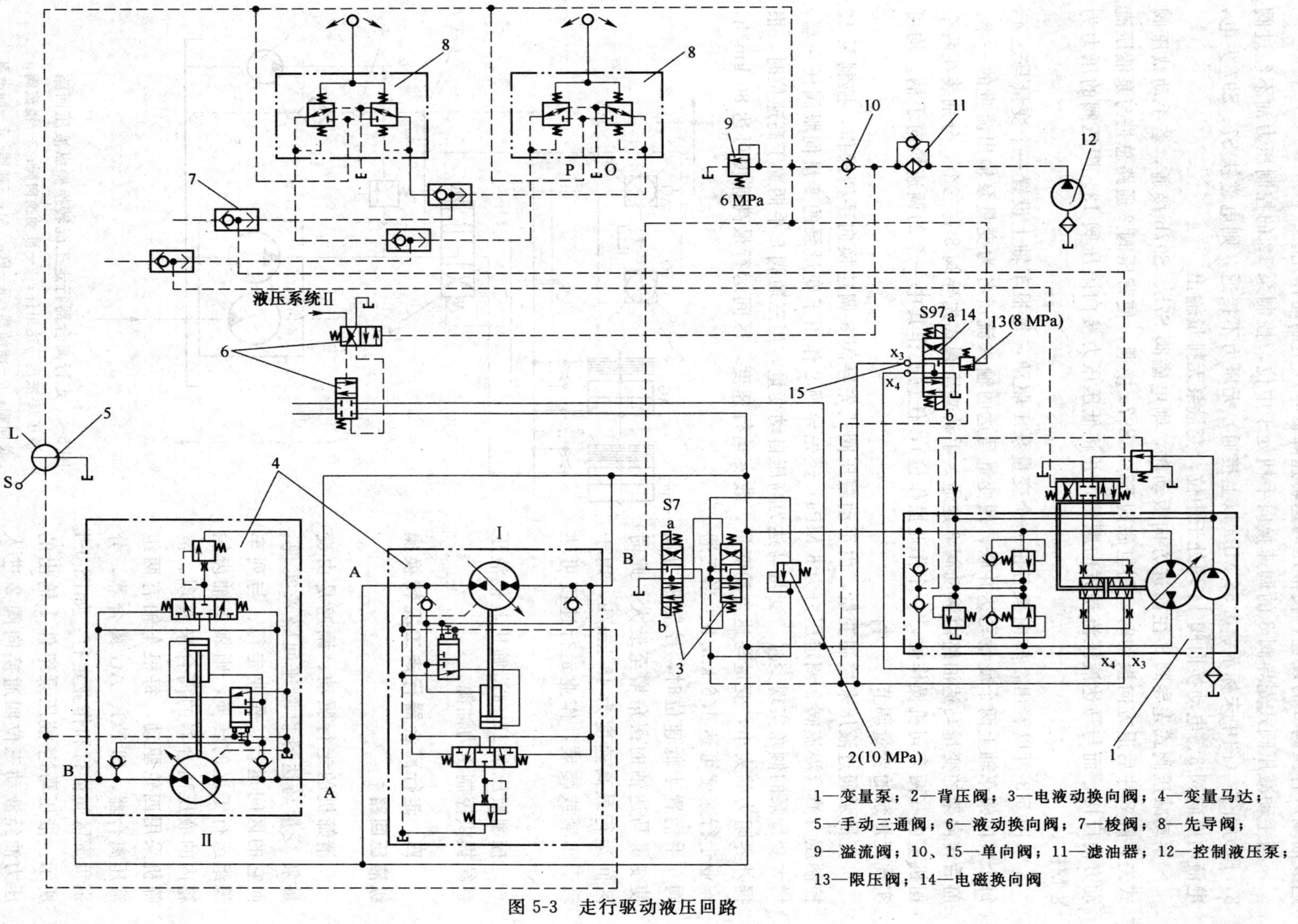

1—变量泵；2—背压阀；3—电液动换向阀；4—变量马达；5—手动三通阀；6—液动换向阀；7—梭阀；8—先导阀；9—溢流阀；10、15—单向阀；11—滤油器；12—控制液压泵；13—限压阀；14—电磁换向阀

图 5-3　走行驱动液压回路

达吸油端。背压阀 2 的设置，使液压马达转速降低，产生制动作用。

当手动减压阀式先导阀 8 的调速换向手柄处于中位，控制泵 12 的控制压力油不经过阀 8，压力开关（图中未标示、0.55 MPa 以上接通）无压力不接通，则电磁铁 S7、S97 失电，电液动换向阀 3、电动换向阀 14 均处于中位，变量泵无排量输出。

手动减压阀式先导阀 8 往前进方向扳动时，则电磁阀 S7b、S97b 接通，若手动减压阀式先导阀 8 往后退方向扳动时，则电磁阀 S7a、S97a 接通，使背压阀 2 通路总是与泵液压流动方向反接，而与马达液压流动方向顺接，并将低压压力接向限压阀 13。限压阀的压力为 8 MPa。

从图 5-3 可以看出，转向架各由一个变量泵 1 驱动，每根车轴上设置一个变量马达 4，每个转向架车轴上两个变量马达并联，两变量马达的输入流量各为变量泵输出流量的一半。前后转向架的变量马达油路由液动阀 6 连通。手动减压阀式先导阀 8 有三个，分别装在两个司机室内（两个司机操作位，一个作业操作位），任意操作其中一个的调速换向手柄，均可实现变量泵的变量调节。

变量泵通过液压来控制变量，由手动减压阀式先导阀 8 调速换向手柄操作，控制泵 12 控制压力油（溢流阀 9 调定压力为 6 MPa）经先导阀 8 作用于变量泵的变量伺服阀任一端，增大变量泵的倾角实现变量。变量马达为高压自动变量，当三通阀 5 手柄置于高速位时，根据外界阻力的大小，变量马达自动变量，改变运行速度，区间运行最高速度可达 80 km/h，作业走行速度可达 1.6 km/h。当三通阀 5 手柄置于低速位时，控制液力油使变量马达轴的摆角增至最大，此时区间运行最高速度为 45 km/h，用于牵引车辆或爬坡，作业走行速度可达 1 km/h。

控制液压泵 12 向清筛机其他液压系统提供控制压力油源。

四、走行离合器行走工况转换操纵液压回路

清筛机的走行驱动、调速是由变量泵-变量马达容积调速回路来实现，而它的区间运行、作业走行、与列车编组运行工况的转换，则靠车轴齿轮箱内的液压离合器的离合来实现。清筛机采用四轮驱动，每根车轴有两组液压离合器，即 FG、AG 离合器，分别负责区间运行和作业走行，如图 5-4 所示。液压马达-液压泵组件 1 输出的压力油经液动三位四通换向阀 2 进入 FG、AG 离合器。FG 为区间运行位置，转向架高速运行；AG 为工作位置，清筛机作业，转向架低速走行。每两组离合器由一

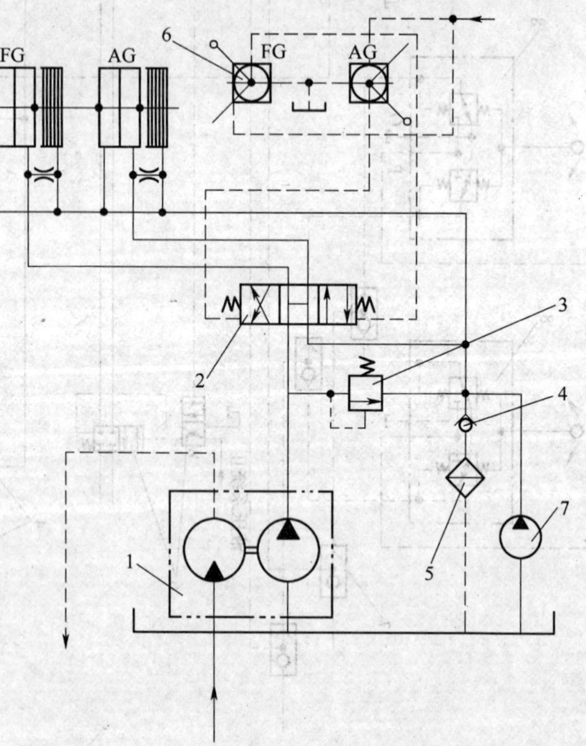

图 5-4 走行离合器行走工况转换操纵液压回路

1—液压泵-液压马达组件；2—液动换向阀；3—溢流阀；4—单向阀；5—滤油器；6—FG、AG 三通阀；7—润滑泵

个马达-泵组件驱动，构成一个离合器驱动机构，每根车轴有一个离合器驱动机构。手动三通阀 6 操纵液动换向阀 2 的位置以控制 FG、AG 离合器的通断。

1. 区间运行

扳动标示 FG 字样的三通阀 6，换挡手柄置打开位，控制压力油经 FG 三通阀 6 进入液动换向阀 2 右端使阀芯左移，工作在右位；液动换向阀 2 左端的控制压力油经 AG 三通阀 6 与油箱连通。系统油路为：

进油　液压泵 1→液动换向阀 2 右位→FG 离合器接合；

回油　AG 离合器→液动换向阀 2 右位→单向阀 4→滤油器 5→油箱。

2. 作业走行

把 AG 三通阀 6 换挡手柄板至打开位，控制压力油经 AG 三通阀 6 作用在液动换向阀 2 左端，换向阀芯右移，工作在左位。系统的油路为：

进油　液压泵 1→液动换向阀 2 左位→离合器 AG 接合；

回油　离合器 FG→液动换向阀 2 左位→单向阀 4→滤油器 5→油箱。

3. 与列车编组运行

AG、FG 三通阀 6 换挡手柄均处于关闭位时，液动阀 2 两端均与油箱相通，靠弹簧作用回到中位，离合器 AG、FG 经液动换向阀 2 中位接通油箱。实现长途运输中与列车编组运行，液压泵 1 卸荷。

各车轴的离合器驱动机构液压回路相同，此处仅以一个回路为例分析说明。

该液压回路中溢流阀 3 调定系统压力为 1.5 MPa，液压泵 7 由凸轮带动，为液压离合器提供润滑油液。该回路的回油管和液压泵的吸油管是不连通的，它们分别插在油箱内，这种回路称为开式回路。

五、走行离合器控制驱动液压回路

走行离合器控制驱动液压回路如图 5-5 所示，离合器驱动机构（液压马达-液压泵组件）2 是由齿轮泵 1 驱动，齿轮泵 1 的压力由溢流阀 3 调定为 12 MPa。四个离合器驱动机构，

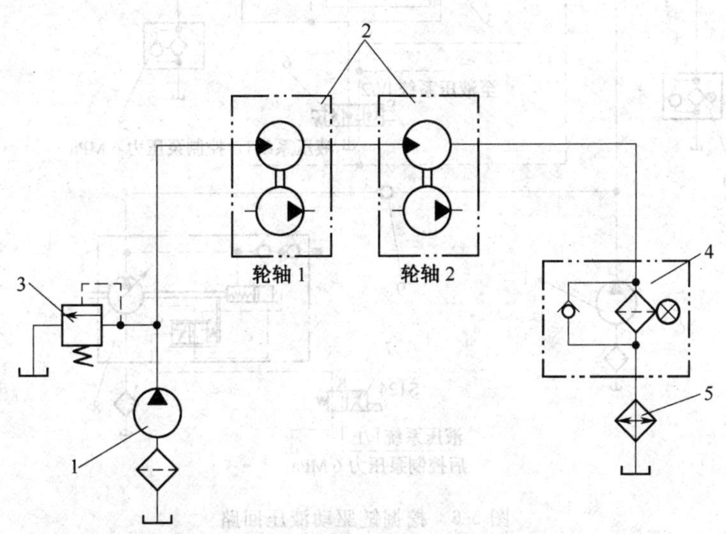

图 5-5　走行离合器控制驱动液压回路

1—离合器控制驱动液压泵；2—液压泵/液压马达组件；3—溢流阀；4—滤油器；5—冷却器

分别装在转向架四根车轴上，每一个转向架上离合器驱动机构由一个齿轮泵 1 驱动，同一个转向架上的离合器驱动机构为串联连接。

前转向架离合器驱动液压回路：

进油　液压泵 1→离合器驱动机构液压泵-液压马达组件 2（轮轴 1）→离合器驱动机构液压泵-液压马达组件 2（轮轴 2）；

回油　液压马达 2→滤油器 4→冷却器 5→油箱。

后转向架离合器驱动液压回路同上。

第三节　挖掘链控制液压系统

一、挖掘链驱动液压回路

清筛机挖掘链驱动液压回路如图 5-6 所示。变量马达 2 带动挖掘装置回转，变量马达 2 由定量泵 1、变量泵 8 驱动，实现挖掘链四种挖掘速度。其中变量马达 2 的型号为 A6VM250，最大排量为 250 ml/r，最小排量为 72.1 ml/r；额定压力及最高压力分别为 35 MPa、40 MPa。定量泵 1 型号为 A2FO250 型，排量为 250 ml/r。变量泵 8 型号为 A7V080 型，最大排量为 80 ml/r，最小排量为 23.1 ml/r。

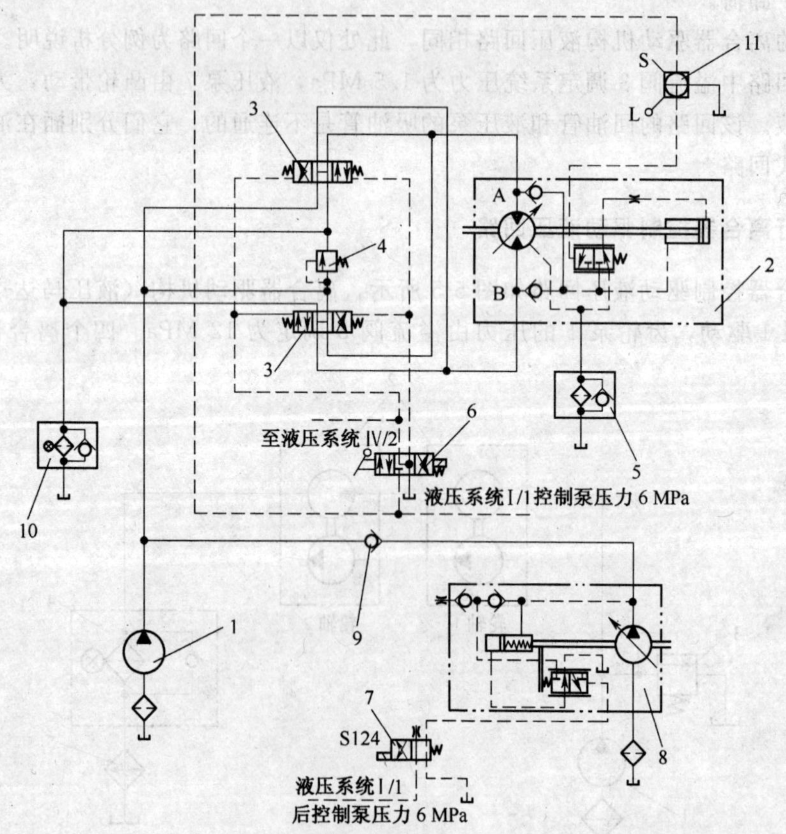

图 5-6　挖掘链驱动液压回路

1—定量泵；2—变量马达；3—液动换向阀；4—安全阀；5、10—滤油器；6—手动换向阀；7—电磁换向阀；8—变量泵；9—单向阀；11—手动三通阀第一种速度：定量泵 1 和驱动变量马达 2 最大排量时，即泵排量为（250＋23.1）ml/r、马达排量为 250 ml/r 时，为低速，链条线速度 2.0 m/s。

第二种速度：定量泵 1 加变量泵 8 最大排量，同时驱动变量马达 2 最大排量时，即泵 1 加泵 8 的排量为 250 ml/r＋80 ml/r、马达排量为 250 ml/r 时，为中低速，链条线速度 2.6 m/s。

第三种速度：定量泵 1 驱动变量马达 2 最小排量时，即泵排量为 250 ml/r＋23.1 ml/r、马达排量为 72.1 ml/r 时，为中高速，链条线速度 2.8 m/s。

第四种速度：定量泵 1 与变量泵 8 最大排量合流驱动变量马达 2 最小排量时，即泵 1 与泵 8 的排量为 250 ml/r＋80 ml/r、马达排量为 72.1 ml/r 时，为高速，链条线速度3.6 m/s。

变量马达 2 由手动三通阀 11 的手柄操作控制变量，三通阀 11 的手柄在关闭位（L 位）时，变量马达 2 的变量伺服阀左端通油箱，其轴的倾角最大，排量最大；三通阀 11 的手柄置于打开位（S 位）时，控制泵的控制压力油作用在变量马达 2 的变量伺服左端，排量减小。变量泵 8 由电磁换向阀 7 控制变量。电磁阀 7 得电，控制压力油作用于变量泵 8 变量机构的伺服阀右端，使变量泵 8 的排量增大。

换向手柄操纵换向阀 6，控制变量马达 2 正反旋转。手动换向阀 6 左位时，控制压力油经其左位作用于液动阀 3 左端，液动阀 3 处于左位。系统的主油路为：

进油　泵 1、泵 8→液动换向阀 3 左位→变量马达 2 油口 A；

回油　变量马达 2 油口 B→液动换向阀 3 左位→滤油器 10→油箱。

变量马达正向旋转，挖掘链向工作方向运转。手动换向阀 6 右位时，变量马达反转，挖掘链反向运转，便于安装扒链，同时遇障碍时，可反向倒退。

手动换向阀 6 中位时，液动换向阀 3 处于中位，其 H 型中位机能使液压泵卸荷。

二、挖掘链导槽调整液压回路

挖掘链安装于挖掘导槽内，挖掘导槽分下降导槽、提升导槽。下降导槽侧挖掘链下降到轨下准备挖掘工作；提升导槽侧挖掘链携带挖掘的污砟到振动筛上。图 5-7 为挖掘链提升导

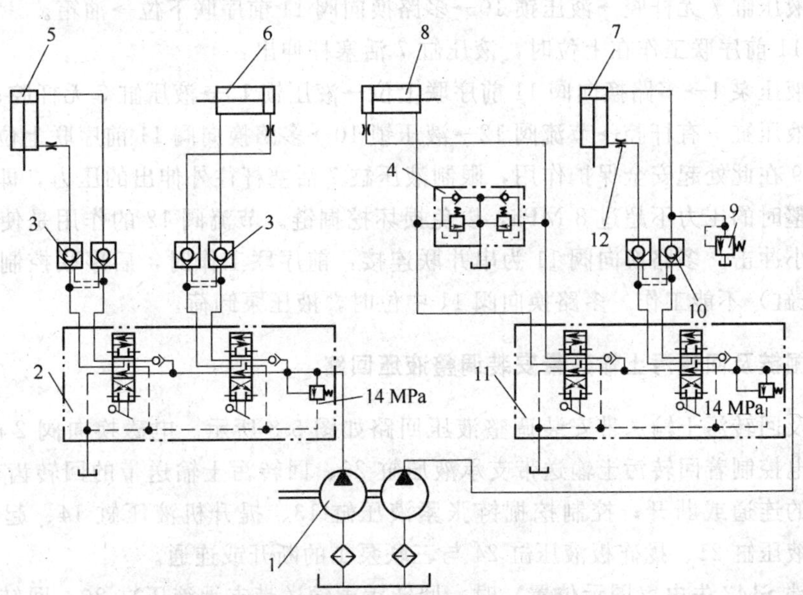

图 5-7　挖掘链提升导槽液压回路

1—双联泵；2、11—手动多路换向阀；3、10—液压锁；4—双单向安全阀；5、6、7、8—液压缸；9—溢流阀；12—固定节流阀

槽液压回路，图中液压缸 7、8 分别调整提升导槽挖掘链的水平位置、垂直深度，手动多路换向阀 11 用于操纵提升导槽垂直深度、水平位置的调整。

1. 提升导槽水平位置的调整

多路换向阀 11 的前序联控制挖掘链导槽的垂直深度调整，后序联控制导槽的水平位置调整。水平调整导槽时，扳动多路换向阀 11 后序联手柄到下位，液压缸 8 活塞杆收回，挖掘链向左移动：

进油　液压泵 1→多路换向阀 11 前序联中位→多路换向阀 11 后序联下位→水平调整液压缸 8 有杆腔；

回油　液压缸 8 无杆腔→节流阀 12→多路换向阀 11 后序联下位→油箱。

多路换向阀 11 后序联手柄工作在上位时，液压缸 8 的活塞杆伸出，挖掘链向右移动：

进油　液压泵 1→多路换向阀 11 前序联中位→多路换向阀 11 后序联上位→节流阀 12→液压缸 8 无杆腔；

回油　液压缸 8 有杆腔→多路换向阀 11 后序联上位→油箱。

提升导槽因带有载荷，挖掘链工作时，若外负载突然增大，提升导槽内挖掘链阻力增大，就有一力作用于液压缸 8 的活塞杆。当液压缸 8 活塞杆的负载拉力大于安全阀 4 的调定压力 10 MPa 时，有（无）杆腔端的安全阀打开溢流，无（有）杆腔端经过单向阀从油箱中吸油填充，防止液压缸 8 憋缸。所以在提升导槽水平调整液压缸 8 两端，安装双单向安全阀而不是液压锁。

2. 提升导槽垂直深度的调整

调整导槽垂直深度时，扳动多路换向阀 11 前序联手柄，使其工作在下位，垂直调整液压缸 7 的活塞杆收回。这时无论多路换向阀 11 后序联在哪一工作位，水平调整液压缸 8 均不能工作：

进油　液压泵 1→多路换向阀 11 前序联下位→液压锁 10→节流阀 12→液压缸 7 有杆腔；

回油　液压缸 7 无杆腔→液压锁 10→多路换向阀 11 前序联下位→油箱。

多路阀 11 前序联工作在上位时，液压缸 7 活塞杆伸出：

进油　液压泵 1→多路换向阀 11 前序联上位→液压锁 10→液压缸 7 无杆腔；

回油　液压缸 7 有杆腔→节流阀 12→液压锁 10→多路换向阀 11 前序联上位→油箱。

溢流阀 9 在此处起安全保护作用，限制液压缸 7 活塞杆往外伸出的压力，即限制右挖掘链向深处调整时的压力不超过 8 MPa，以免损坏挖掘链。节流阀 12 的作用是使液压缸的运动平稳，减小冲击。多路换向阀 11 为串并联连接，前序联工作时，后序联控制的执行元件（此处为液压缸）不能工作。多路换向阀 11 中位时，液压泵卸荷。

三、挖掘链及回转污土输送带安装调整液压回路

挖掘链及回转污土输送带安装调整液压回路如图 5-8 所示。电磁换向阀 2 电磁铁 S143 的得电或失电控制着回转污土输送带支承液压缸 26、回转污土输送带的回转齿轮液压缸 29 与三联泵 1 的连通或断开；控制挖掘链张紧液压缸 13、提升机液压缸 14、起吊机液压缸 17、举升器液压缸 21、拢砟板液压缸 24 与三联泵 1 的断开或连通。

当电磁铁 S143 失电（图示位置）时，回转污土输送带支承液压缸 26、回转装置齿轮液压缸 29，由于没有压力油输入而不能动作。操作各多路换向阀的手柄，就可使相应的液压缸动作。因多路换向阀为串并联连接，所以不能同时操作两个以上的多路换向阀手柄。

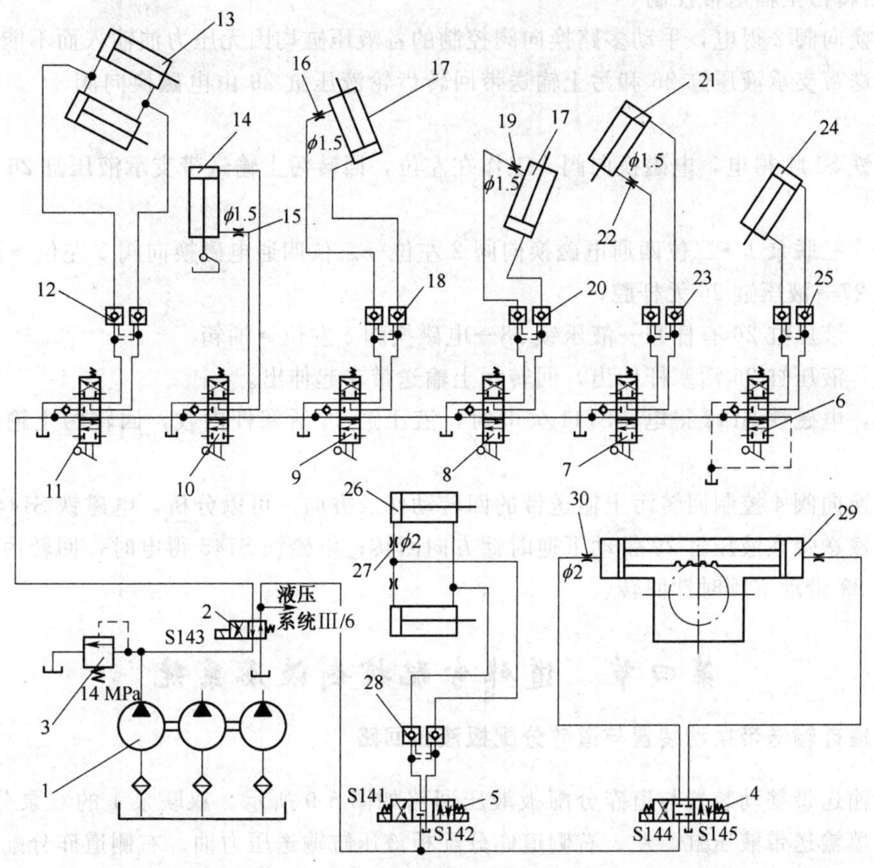

图 5-8　挖掘链及回转污土输送带安装调整液压回路

1—三联泵；2—二位四通电磁换向阀；3—溢流阀；4、5—三位四通电磁换向阀；6、7、8、9、10、11—手动多路换向阀；12、18、20、23、25、28—液压锁；13—挖掘链张紧液压缸；14—提升机液压缸；15、16、19、22、27、30—节流阀；17—左、右起吊机液压缸；21—举升器液压缸；24—拢砟板液压缸；26—回转污土输送带支承液压缸；29—回转污土输送带回转齿轮液压缸

1. 挖掘链控制

扳动多路换向阀 11 手柄，置上位，油路为：

进油　三联泵 1→电磁换向阀 2 右位→多路换向阀 11 上位→液压锁 12→挖掘链张紧液压缸 13 的无杆腔；

回油　挖掘链张紧液压缸 13 的有杆腔→液压锁 12→多路换向阀 11 上位→油箱。

此时，挖掘链张紧液压缸 13 的活塞杆伸出，挖掘链张紧。

多路换向阀 11 工作在下位时，油路为：

进油　三联泵 1→电磁换向阀 2 右位→多路换向阀 11 下位→液压锁 12→挖掘链张紧液压缸 13 有杆腔；

回油　液压缸 13 无杆腔→液压琐 12→多路阀 11 下位→油箱。

此时，液压缸 13 活塞杆收回，挖掘链松弛。

提升机液压缸 14、起吊机液压缸 17、举升器液压缸 21、拢砟板液压缸 24 的工作原理同上，不再赘述。

2. 回转污土输送带控制

电磁换向阀 2 得电，手动多路换向阀控制的各液压缸均因无压力油输入而不能动作。回转污土输送带支承液压缸 26 和污土输送带回转齿轮液压缸 29 由电磁换向阀 4、5 控制动作方向。

电磁铁 S141 得电，电磁换向阀 5 工作在左位，回转污土输送带支承液压缸 26 动作，油路为：

进油 三联泵 1→二位四通电磁换向阀 2 左位→三位四通电磁换向阀 5 左位→液压锁 28→节流阀 27→液压缸 26 无杆腔；

回油 液压缸 26 有杆腔→液压锁 28→电磁换阀 5 左位→油箱。

此时，液压缸 26 活塞杆伸出，回转污土输送带支起伸出。

同理，电磁铁 S142 得电、S141 失电时，液压缸 26 活塞杆内收，回转污土输送带放下收回。

电磁换向阀 4 控制回转污土输送带的回转动作及方向。可以分析，电磁铁 S144 得电时，回转污土输送带在液压缸 29 带动下逆时针方向回转；电磁铁 S145 得电时，回转污土输送带在液压缸 29 带动下顺时针回转。

第四节 道砟分配控制液压系统

一、道砟输送带摆动装置与道砟分配板液压回路

道砟输送带摆动装置与道砟分配板液压回路如图 5-9 所示。双联泵 1 的双泵分别向左、右道砟回填输送带液压缸，左、右侧道砟分配板液压缸输送压力油。右侧道砟分配板液压缸 6 与右侧道砟回填输送带液压缸 7，通过三位四通电磁换向阀 3、4 串联连接。它们既可同时

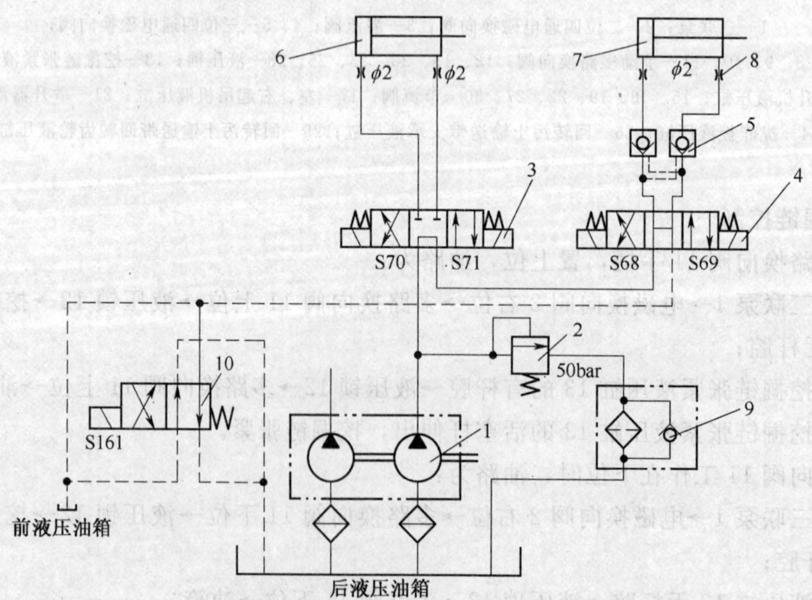

图 5-9 道砟输送带摆动装置、道砟分配板液压回路

1—双联泵；2—溢流阀；3、4—三位四通电磁换向阀；5—液压锁；6—右侧道砟分配板液压缸；7—右侧道砟回填输送带摆动装置液压缸；8—节流阀；9—滤油器；10—二位四通电磁换向阀

动作，又可分别单独工作。二位四通电磁换向阀 10 的作用是调节清筛机前、后液压油箱的回油量。当电磁铁 S161 失电（图示位置）时，该液压回路各液压缸的回油，一部分直接流向前液压油箱，另一部分经电磁换向阀 10 右位流入后液压油箱；电磁铁 S161 得电，各液压缸的回油全部进入前液压油箱。

道砟分配液压控制系统左右对称，下面仅以右部为例，分析其工作原理。

1. 道砟分配板控制

电磁换向阀 3 中位时，改变电磁换向阀 4 的工作位，驱动液压缸 7 的压力油由双联液压泵 1 提供。当电磁换向阀 3 处于工作位时（左、右位），液压缸 7 的工作压力油为液压缸 6 的回油。液压泵 1 的出口压力由溢流阀 2 调定。

电磁铁 S70 得电时，右侧道砟分配板液压缸 6 动作，油路为：

进油　双联泵 1→电磁换向阀 3 左位→液压缸 6 有杆腔；

回油　液压缸 6 无杆腔→电磁换向阀 3 左位→电磁阀 4 中位→油箱。

液压缸 6 活塞杆收回。

电磁铁 S71 得电、S70 失电时，电磁换向阀 3 右位，液压缸 6 活塞杆伸出，右侧道砟分配板打开。

电磁铁 S70、S71 均失电时，电磁换向阀 3 中位。由其中位机能 M 型、液压缸 6 保压，双联泵 1 通过电磁换向阀 3 中位，电磁换向阀 4 中位卸荷。

通过作业人员在司机室操作，使电磁换向阀 3 处于左、中、右三个位置，实现液压缸 6 的三个工作状态。

2. 道砟输送带摆动控制

道砟回填输送带的摆动由电磁换向阀 4 控制，电磁铁 S69 得电、S68 失电时，控制油路为：

进油　双联泵 1→电磁换向阀 3 中位→电磁换向阀 4 右位→液压锁 5→液压缸 7 无杆腔；

回油　液压缸 7 有杆腔→节流阀 8→液压锁 5→电磁换向阀 4 右位→油箱。

液压缸 7 活塞杆伸出，右道砟回填输送带向外摆动。

电磁铁 S68 得电、S69 失电时，液压缸 7 活塞杆内收，右道砟回填输送带向内摆动。

滤油器 9 并联有一单向阀，并装有报警装置，出现堵塞，可经单向阀回油并报警。

二、主污土输送带、回转污土输送带及左、右道砟回填输送带驱动液压回路

如图 5-10 所示，主污土输送带、回转污土输送带及左、右道砟回填输送带驱动液压回路采用的是变量泵-定量马达开式回路。双联变量泵 1 为恒压-流量变量泵，先导式溢流阀 2、3 的远程控制油口 K，通过手动三通阀 8、9 与油箱连通。输送带工作时，须将手动三通阀 8 或 9 的手柄放置工作位（EIN 位）。手动三通阀 8 或 9 关闭，先导式溢流阀的控制油口 K 关闭。先导式溢流阀 2 或 3 在系统中起安全保护作用，限制系统的最高压力。将手动三通阀 8 或 9 的手柄放于 AUS 位，控制油口 K 与油箱相通，系统卸荷，主污土输送带、左道砟回填输送带不工作。

三、振动筛驱动液压回路

振动筛驱动液压回路如图 5-11 所示。A7VO55HD 型斜轴式变量柱塞泵 1 向回路提供压力油，其最大排量为 54.8 ml/r，最小排量为 15.8 ml/r；振动筛驱动马达 2 为 A2FM63 型

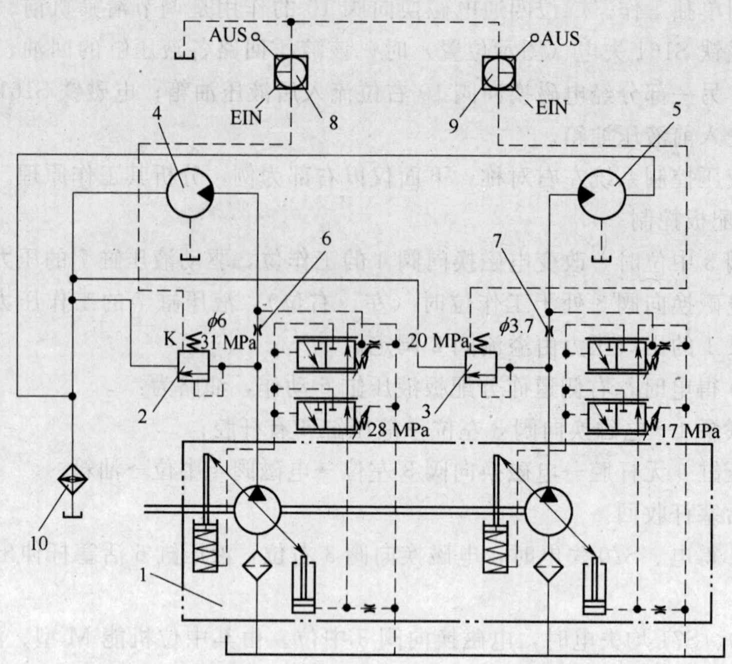

图 5-10　主污土输送带、左道砟回填输送带驱动液压回路

1—双联变量泵；2、3—先导式溢流阀；4—主污土输送带驱动马达；5—左道砟回填输送带驱动马达；6、7—节流阀；8、9—手动三通阀；10—冷却器

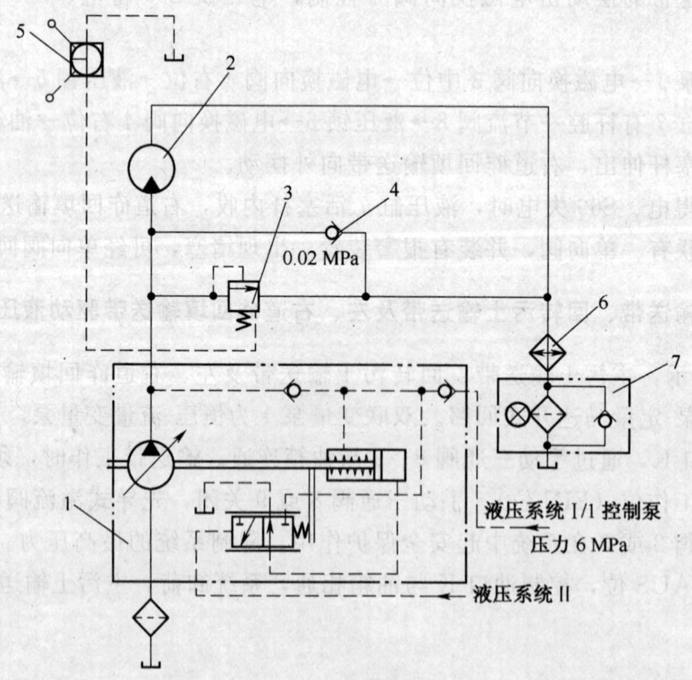

图 5-11　振动筛驱动液压回路

1—变量泵；2—振动筛驱动马达；3—溢流阀；4—单向阀；5—手动三通阀；6—冷却器；7—滤油器

斜轴式定量马达。

手动三通阀 5 控制着回路的工作与卸荷。手动三通阀 5 手柄置于上位（图示位置）时，先导式溢流阀 3 外控口经三通阀 5 与油箱连通，系统卸荷，振动筛不能工作。手动三通阀 5 手柄置于下位时，三通阀关闭，溢流阀 3 外控口不通，泵不卸荷，其输出的压力油驱动振动筛马达旋转。

振动筛的最大振动频率为 19 Hz，最小振动频率为 12 Hz。其振动频率的大小与挖掘链工作情况有关，挖掘链工作时，控制液压泵的控制压力油经"挖掘链驱动液压回路"作用在变量泵 1 的变量机构，使泵的倾角增大，排量增大，输送到振动筛马达 2 的排量随之增大，液压马达 2 的转速加块，振动筛的振动频率达 19 Hz；挖掘链不工作或反向时，变量泵 1 的变量机构无控制压力油输入，变量泵 1 的轴倾角减小，输出排量减小，输送到振动筛驱动马达 2 的排量减小，液压马达 2 的转速减慢，振动筛的振动频率下降为 12 Hz。

单向阀 4 的作用类似于补油泵。当变量泵 1 停止供油时，液压马达 2 由于惯性作用仍在旋转，此时液压马达 2 就相当于液压泵的工况，液压马达 2 的回油经单向阀 4，进入马达 2 形成一闭式回路，避免了液压马达 2 的吸空现象。

四、振动筛调平装置、道砟导向、护罩控制、后拨道装置液压回路

振动筛调平装置、道砟导向、护罩控制、后拨道装置液压回路如图 5-12 所示。在该回

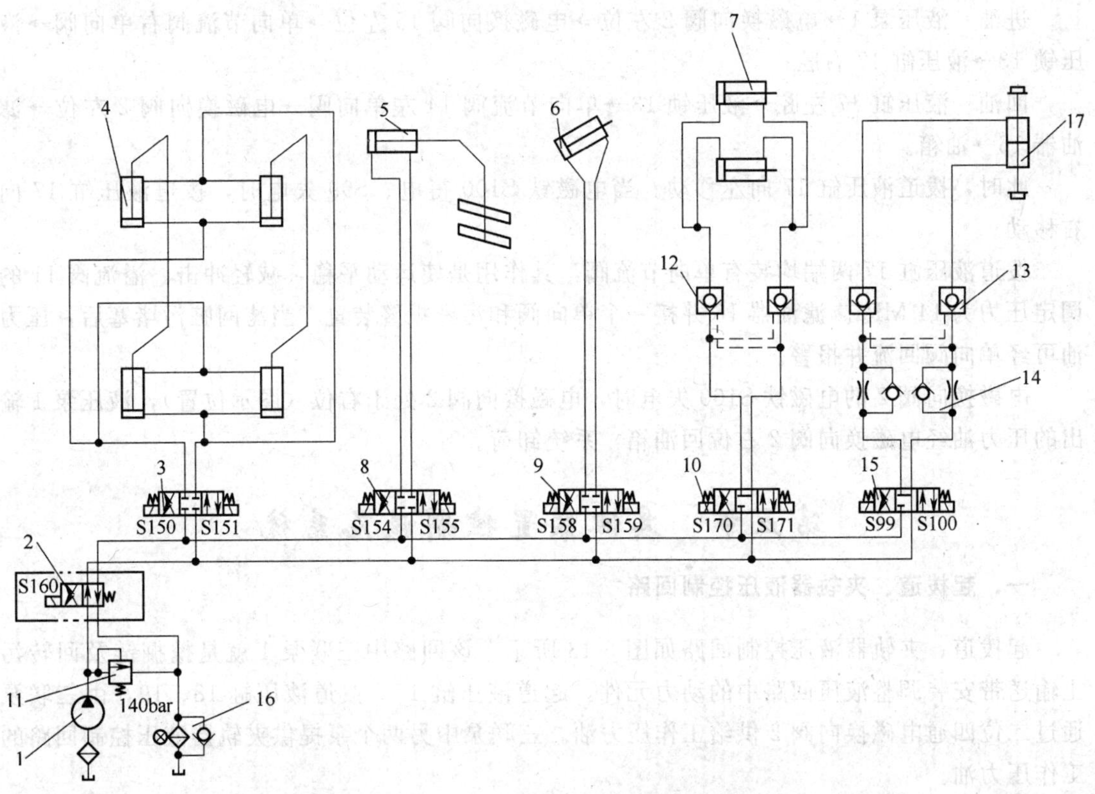

图 5-12　振动筛调平装置、道砟导向、护罩控制、后拨道装置液压回路

1—液压泵；2—二位四通电磁换向阀；3、8、9、10、15—三位四通电磁换向阀；4—振动筛水平调节液压缸；5—道砟导向板液压缸；6—道砟导流闸板液压缸；7—护罩控制液压缸；11—溢流阀；12、13—液压锁；14—双单向节流阀；16—滤油器；17—后拨道液压缸

路中，二位四通电磁换向阀 2 控制着回路的工作与卸荷。当电磁铁 S160 得电时，液压泵 1 输出的压力油通过三位四通电磁换向阀 3、8、9、10、15 的电磁铁控制进入各液压缸。

1. 振动筛调平

当电磁铁 S150 得电，电磁换向阀 3 工作在左位，振动筛调平液压缸 4 动作，控制油路为：

进油　液压泵 1→电磁换向阀 2 左位→电磁换向阀 3 左位→液压缸 4 上面两缸有杆腔，下面两缸无杆腔；

回油　液压缸 4 上面两缸无杆腔，下面两缸有杆腔→电磁换向阀 3 左位→电磁换向阀 2 左位→滤油器 16→油箱。

活塞杆伸出一方，振动筛升高；活塞杆缩回一方，振动筛下降。操纵电磁换向阀 3，就可以调节振动筛的水平位置。

由于电磁换向阀 3、8、9 的中位机能为“O”形，液压缸 4、5、6 的缩紧通过液压阀的中位机能实现，液压缸 7、17 的缩紧是通过液压锁 12、13 实现，后者的保压缩紧效果更可靠些。

2. 后拨道装置控制

电磁铁 S99 得电、S100 失电时，电磁换向阀 15 工作在左位，拨道液压缸 17 动作，控制油路为：

进油　液压泵 1→电磁换向阀 2 左位→电磁换向阀 15 左位→单向节流阀右单向阀→液压锁 13→液压缸 17 右腔；

回油　液压缸 17 左腔→液压锁 13→单向节流阀 14 左单向阀→电磁换向阀 2 左位→滤油器 16→油箱。

此时，拨道液压缸 17 向左移动。当电磁铁 S100 得电、S99 失电时，拨道液压缸 17 向右移动。

拨道液压缸 17 两端均装有单向节流阀，其作用是使运动平稳，减轻冲击。溢流阀 11 的调定压力为 14 MPa。滤油器 16 并接一个单向阀和污染报警装置，当滤网脏污堵塞后，压力油可经单向阀回流并报警。

电磁换向阀 2 的电磁铁 S160 失电时，电磁换向阀 2 处于右位（图示位置），液压泵 1 输出的压力油经电磁换向阀 2 右位回油箱，系统卸荷。

第五节　其他装置控制液压系统

一、起拨道、夹轨器液压控制回路

起拨道、夹轨器液压控制回路如图 5-13 所示。该回路中三联泵 1 就是挖掘链及回转污土输送带安装调整液压回路中的动力元件。起道液压缸 17、拨道液压缸 18、19，由三联泵通过二位四通电磁换向阀 2 供给工作压力油。三联泵中另两个泵提供夹轨器液压控制回路的工作压力油。

起拨道液压回路，可参照前面图 5-12 所示自行分析。

三联泵 1 右边的泵向夹钳调整液压缸 10、11 输送压力油，三联泵 1 中间的泵向夹钳夹紧液压缸 8、9 提供压力油。夹紧液压缸活塞伸出，左夹钳放松；夹紧液压缸活塞收回，左夹钳夹紧。电磁换向阀 4、5 控制压力油进入夹紧液压缸 8、9 的有杆腔或无杆腔，即操纵夹

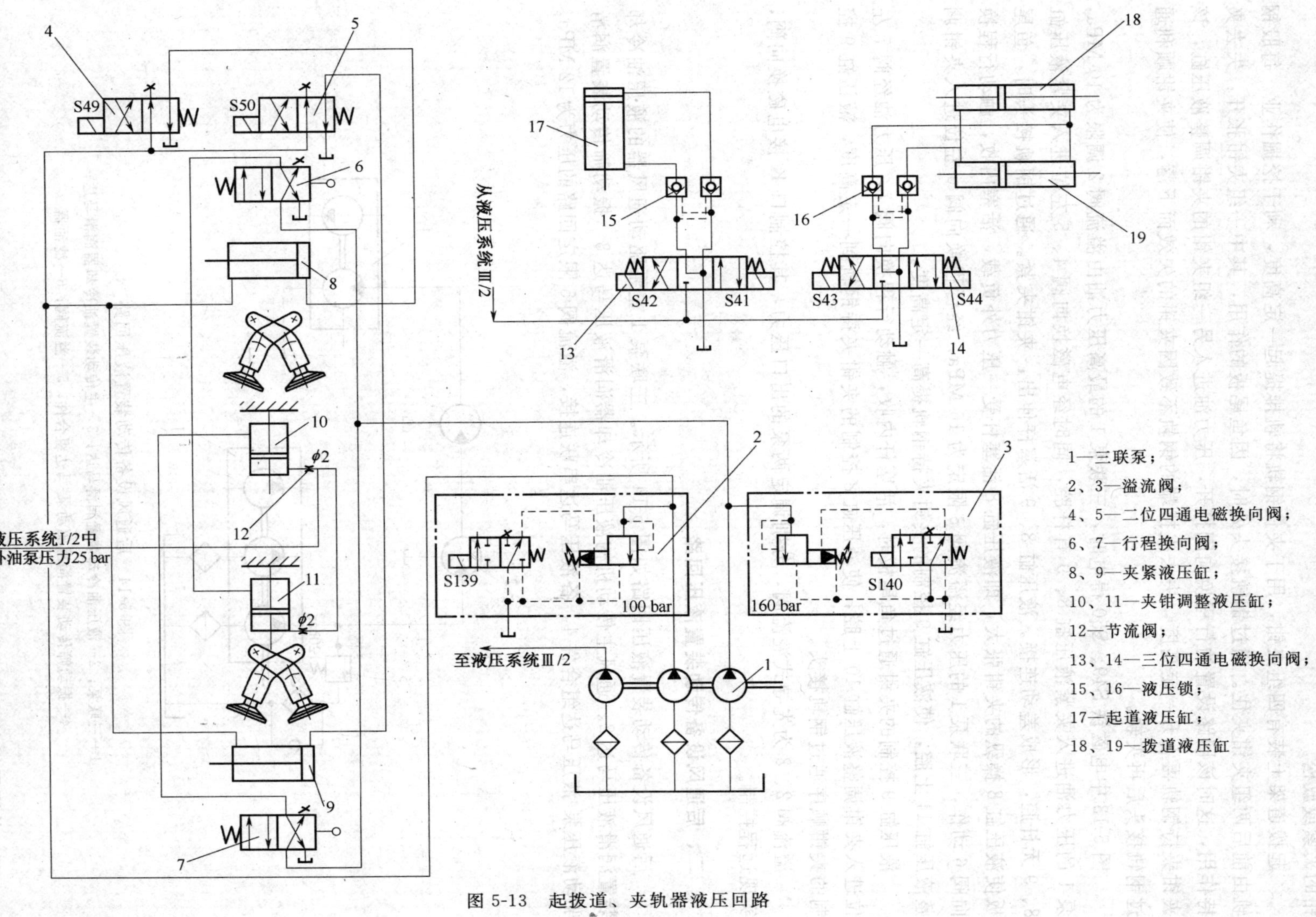

1—三联泵；
2、3—溢流阀；
4、5—二位四通电磁换向阀；
6、7—行程换向阀；
8、9—夹紧液压缸；
10、11—夹钳调整液压缸；
12—节流阀；
13、14—三位四通电磁换向阀；
15、16—液压锁；
17—起道液压缸；
18、19—拨道液压缸

图 5-13　起拨道、夹轨器液压回路

钳的夹紧或放松。

起拨道架上装有四组夹钳，用于夹住钢轨将轨排提起一定高度，利于挖掘作业。每股钢轨由前后两组夹钳夹住。通过钢轨接头处时，因鱼尾板的作用，其中一组夹钳张开，失去夹持作用，这时该回路设置的行程换向阀打开，压力油进入另一组夹钳的夹钳调整液压缸，该夹钳夹持钢轨再上升一定高度，失去夹持端的钢轨不致因夹钳的失效而下落，使夹钳顺利通过钢轨接头后再夹轨。

图 5-13 中电磁铁 S49、S50 得电时，三联泵 1 的最高压力油由溢流阀 2 调限为 10 MPa，泵 1 的压力油进入夹紧液压缸 8、9 有杆腔，同时经电磁换向阀 4、5 左位进入夹紧液压缸 8、9 无杆腔，形成差动连接。液压缸 8、9 活塞杆伸出，夹钳夹紧。通过钢轨接头时，鱼尾板使液压缸 8 操纵的夹钳张大，即液压缸 8 活塞杆受一压力外负载，活塞内收，触动行程换向阀 6 动作，三联泵 1 的压力经溢流阀 3 限定为 16 MPa，经行程换向阀 6 左位进入夹钳调整液压缸 11 上腔，使液压缸 9 控制的夹钳夹持钢轨提高一定高度。

液压缸 9 控制的夹钳通过鱼尾板时，活塞杆内收，触动行程换向阀 7，压力油经阀 7 左位进入夹钳调整液压缸 10 上腔，使液压缸 8 控制的夹钳夹持钢轨到一定高度，液压缸 9 控制的夹钳顺序通过钢轨接头。

溢流阀 2、3 为先导式溢流阀，分别调定两泵的出口压力，其控制口 K 接电磁换向阀，实现远程控制。

二、后通风设备传动装置液压回路

后通风设备传动装置液压回路如图 5-14 所示。三联泵 1 左泵驱动通风器的液压油冷却装置润滑液压马达 2、通风主传动机构液压油冷却器润滑液压马达 3、振动筛传动装置润滑驱动液压泵-液压马达组合件 4。各液压马达串联连接，溢流阀 5 限定回路的压力为 12 MPa。

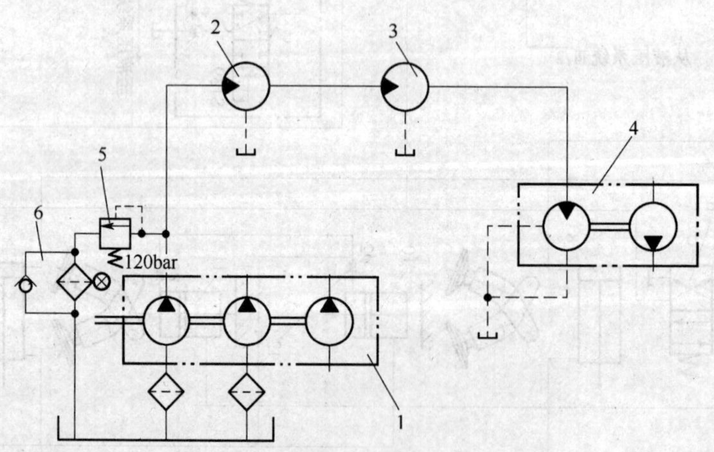

图 5-14　后通风设备传动装置液压回路

1—三联泵；2—液压油冷却装置润滑马达；3—主传动装置油冷却器润滑马达；4—振动筛传动装置润滑驱动泵-马达组合件；5—溢流阀；6—滤油器

三、前通风设备传动装置润滑及注油泵液压回路

前通风设备传动装置润滑及注油泵液压回路如图 5-15 所示。三联泵 5 驱动前通风器主

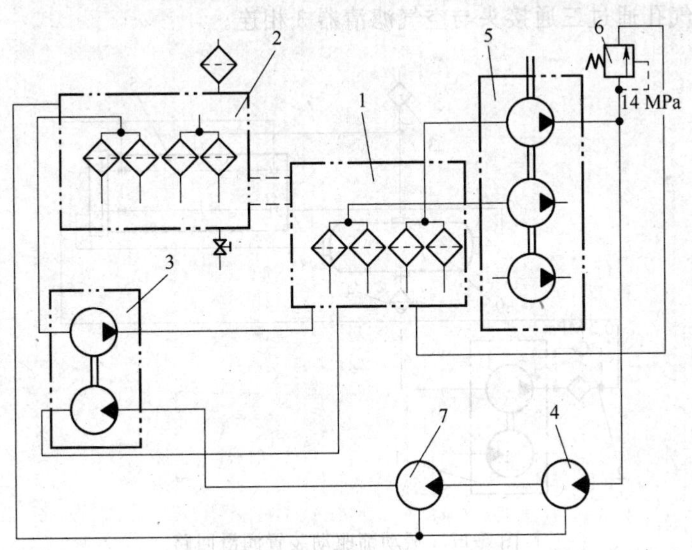

图 5-15 前通风设备传动装置润滑及注油泵液压回路

1—前液压油箱；2—后液压油箱；3—液压马达-注油液压泵组件；4—前通风设备主传动机构油冷却器润滑马达；5—三联泵；6—溢流阀；7—前通风设备液压油冷却装置润滑马达

传动机构油冷却器润滑马达 4、前通风器液压油冷却装置润滑马达 7、液压马达-注油泵组件 3。液压马达-注油泵组件 3 的液压马达带动注油液压泵旋转，把后液压油箱的液压油液注入前液压油箱。溢流阀 6 在回路中起限压作用。

四、空气调节设备液压回路

清筛机前、后司机室均安装有空气调节设备，即空调设备，其液压回路基本相同。我们仅对前空气调节设备液压回路进行分析。

前空气调节设备液压回路是一个开式回路，如图 5-16 所示，三联泵 1 的最高压力为 12 MPa 由溢流阀 2 调定。三联泵 1 输出的压力油驱动前空气调节设备液压马达 3 运转，带动前空气调节设备工作。

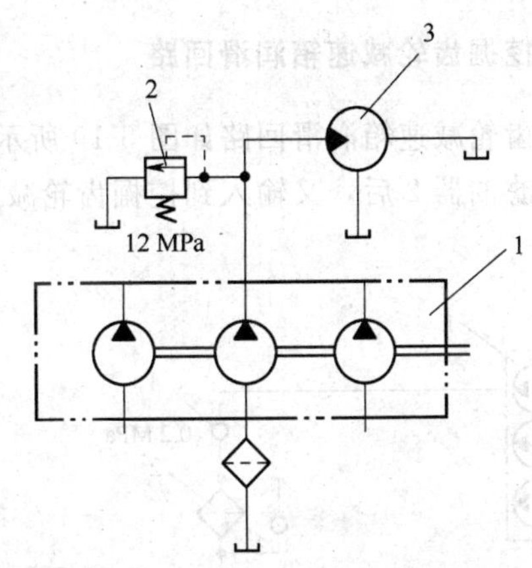

图 5-16 前空气调节设备液压回路

1—三联泵；2—溢流阀；3—液压马达

第六节 液压润滑系统

一、振动筛驱动装置润滑回路

振动筛驱动装置润滑回路如图 5-17 所示。该回路中液压马达-液压泵组件 1 经吸油滤油器 4，从油箱 6 中吸油，经滤油器 2 后，从两路管道向振动筛激振器 5 的轴承输油润滑。润滑用后的油，从振动筛激振器 5 两端下部油管流回油箱 6。油箱 6 顶部的通气孔与振动筛激振器 5 顶部的通气孔通过三通接头与空气滤清器 3 相连。

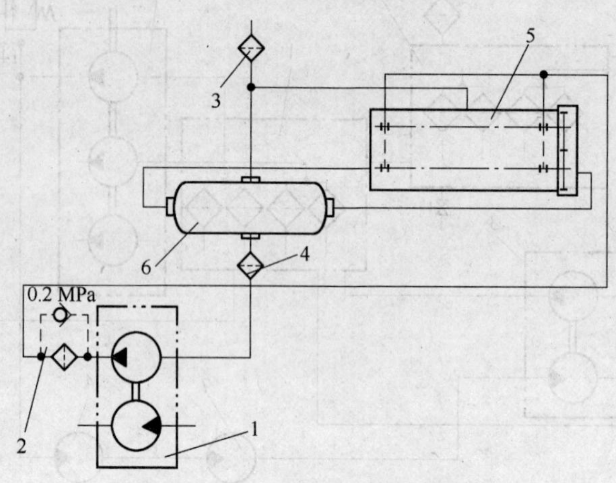

图 5-17 振动筛驱动装置润滑回路

1—液压马达-液压泵组件；2—滤油器；3—空气滤清器；4—吸油滤油器；5—振动筛筒式激振器；6—油箱

二、分动齿轮箱润滑回路

分动齿轮箱润滑回路如图 5-18 所示。冷却器 3 将分动齿轮箱 6 中润滑后的液压油冷却后，由三联泵 1 经单向阀 4、滤油器 2 又输入分动齿轮箱 6 中。

三、挖掘齿轮减速箱润滑回路

挖掘齿轮减速箱润滑回路如图 5-19 所示。液压泵 1 经滤油器 3，从挖掘齿轮减速箱 4 中吸油，经滤油器 2 后，又输入到挖掘齿轮减速箱 4 中，润滑齿轮、轴承等部件。

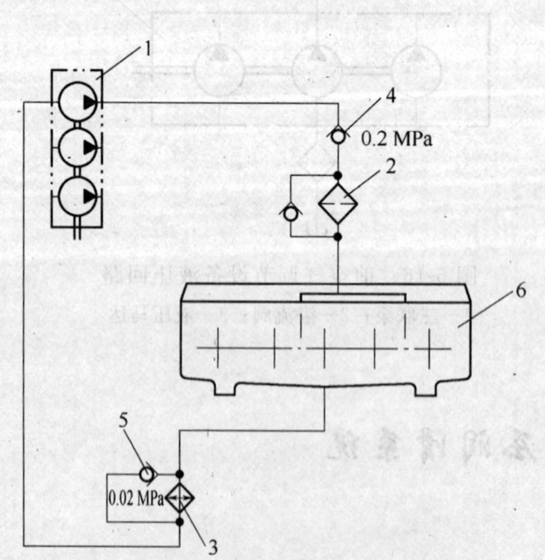

图 5-18 分动齿轮箱润滑回路

1—三联泵；2—滤油器；3—冷却器；4、5—单向阀；6—分动齿轮箱

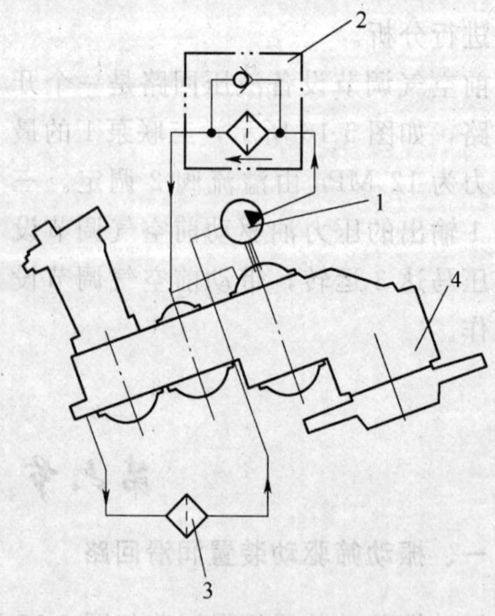

图 5-19 挖掘齿轮减速箱润滑回路

1—润滑液压泵；2、3—滤油器；4—挖掘齿轮减速箱

第七节　气动系统的组成与工作原理

一、气动系统的组成

QS-650 清筛机的气动系统由两部分组成：一部分是清筛机的后拨道装置和道砟清扫装置的提升气动系统；另一部分是主离合器操纵的助力气动系统。前者由转阀、道砟清扫装置提升气缸、后拨道装置提升气缸等组成；后者由助力气缸、助力气缸储气风缸、梭阀以及气动换向阀等组成，并设两套，分别控制前、后主离合器。气动系统的组成如图 5-20 所示。

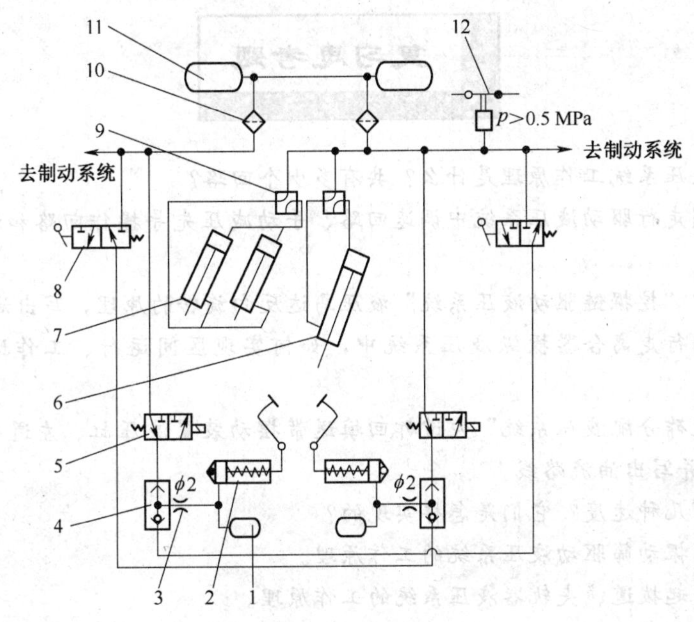

图 5-20　气动系统原理图

1—助力气缸储气风缸；2—助力气缸；3—节流阀；4—梭阀；5—电磁换向阀；6—道砟清扫装置提升气缸；7—后拨道装置提升气缸；8—脚踏换向阀；9—转阀；10—过滤器；11—空压机储气风缸；12—气压开关

二、气动系统工作原理

当转阀 9 位于图 5-20 所示位置时，提升气缸 6、7 的小腔进气，后拨道装置和道砟清扫装置处于提升状态，此时对应于区间运行。为保险起见，后拨道装置和道砟清扫装置还要用机械锁销锁住，以防气压不足而掉下。操纵转阀 9 使提升气缸 6、7 的大腔进气，可以下降后拨道装置和道砟清扫装置达到预定位置，此时对应于清筛机的工作状态。

QS-650 清筛机的动力装置是两台独立的风冷柴油发动机，动力传动系统中的主离合器是两个采用弹簧压紧、气液助力分离的常闭式离合器。在清筛机运行和工作时，助力气缸中始终保持一定的气压，保持在踩分离离合器踏板时比较轻便省力。图示位置时，压缩空气经电磁换向阀 5、梭阀 4、节流阀 3 进入助力气缸内，压缩弹簧推动活塞伸出，通过气液联动使主离合器的分离机构处于助力状态，此时踩下主离合器踏板可较轻便地分离主离合器，并使助力气缸中的弹簧继续压缩一部分，当抬起脚踏板时，该弹簧即恢复原状，回到先前的助力状态。但在弹簧的回位过程中，由于节流阀节流阻力作用，弹簧的回位比较缓慢，从而保证了主离合器的重新接合能够平稳进行。

操作人员还可以通过气动系统在一端司机室内完成对远端柴油发动机的启动。其作用原理如下：用脚踏下换向阀 8，接通气路，压缩空气通过管路进入另一端的梭阀 4，再进入远端柴油发动机主离合器助力气缸 2 的大腔内，通过气液联动使主离合器脱开，完成对远端柴油发动机的启动。松开脚踏换向阀，气路切断，助力气缸大腔排风，使柴油发动机主离合器平稳接合。

当气动系统气压小于或等于 0.5 MPa 时，气压开关 12 动作，切断走行马达的动力，使清筛机停止前进，以保证安全制动。

复习思考题

1. 清筛机液压系统工作原理是什么？共有多少个回路？

2. 分析说明走行驱动液压系统中调速回路、手动减压先导操作回路和液压制动回路的工作原理。

3. 分析书中“挖掘链驱动液压系统”液压马达反向旋转的原理，写出油流路线。

4. 分析说明行走离合器操纵液压系统中，如何实现区间运行、工作运行与列车编组运行？

5. 分析“道砟分配液压系统”左道砟回填送带摆动装置液压缸、左道砟分配溜槽液压缸的工作原理，并写出油流路线。

6. 挖掘链有几种速度？它们是怎样实现的？

7. 分析说明振动筛驱动液压系统的工作原理。

8. 分析说明起拨道、夹轨器液压系统的工作原理。

9. 试述清筛机气动系统的组成及工作原理。

第六章
电气系统

电气系统是清筛机运行及作业的控制中心，它既要保证清筛机在区间的正常运行，又要保证在作业时的对工作装置和作业走行的控制。

第一节　电气系统的组成

一、电气系统主要部件的布置

QS-650 全断面道砟清筛机的电气系统遍布整车，但主要部件都设置在控制箱和配线箱内，具体分布在整机如图 6-1 所示的各个位置上。

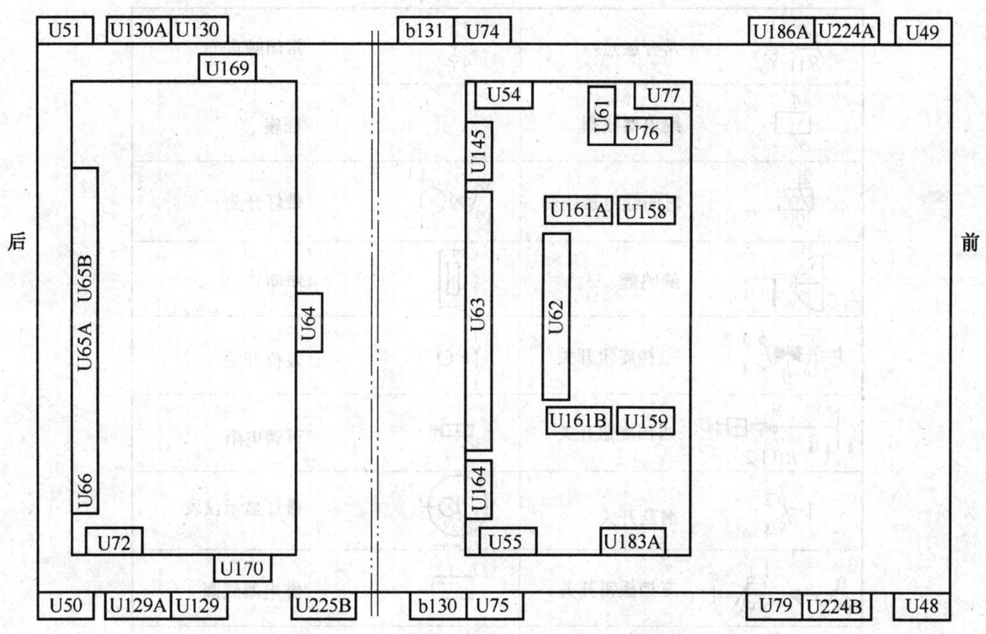

图 6-1　电气系统主要部件布置示意图

U48—前右侧开关箱；U49—前左侧开关箱；U50—后右外侧开关箱；U51—后左外侧开关箱；U54—左道砟回填输送带自动位开关；U55—右道砟回填输送带自动位开关；U61—前驾驶控制箱和仪表盘；U62—作业驾驶室熔断箱；U63—作业驾驶室操作配电箱；U64—紧急停车按钮箱；U65A—后司机室显示面板；U65B—后司机室熔断器板；U66—后驾驶控制箱和仪表盘；U72—后仪表箱；U74—左外控制箱；U75—右外控制箱；U76—通话装置箱；U77—前仪表箱；U79—前右侧配电箱；U129A—右布砟控制盒；U129—外侧右开关箱；U130—外侧左开关箱；U130A—左布砟控制盒；U145—作业驾驶室左开关箱；U146—作业驾驶室右开关箱；U158—回转污土输送带作业驾驶室左开关板；U159—回转污土输送带作业驾驶室右开关板；U161A—左加热装置配电箱；U161B—右加热装置配电箱；U169—后左上侧开关箱；U170—后右上侧开关箱；U183A—汽笛按钮箱；U186A—接线配电箱；U224A—插座箱；U224B—插座箱；U225B—电笛按钮箱

二、电气系统的组成

QS-650 清筛机电气系统按照控制功能分为以下七个部分：

(1) 电源；

(2) 柴油发动机启动和运转电路；

(3) 气压制动控制电路；

(4) 作业操作控制电路；

(5) 照明电路；

(6) 监视、仪表显示和信号、灯光报警电路；

(7) 辅助控制电路。

后面将对其中的气压制动控制电路、作业操作控制电路进行详细分析。

三、清筛机电路识读注意事项

1. 电气元件符号介绍

QS-650 清筛机是引进国外技术生产的，电气系统所采用的电气符号标准，与我国目前采用的电气图形符号新标准基本相同，也有部分与我国不同的电气表示符号，如图 6-2 所示。

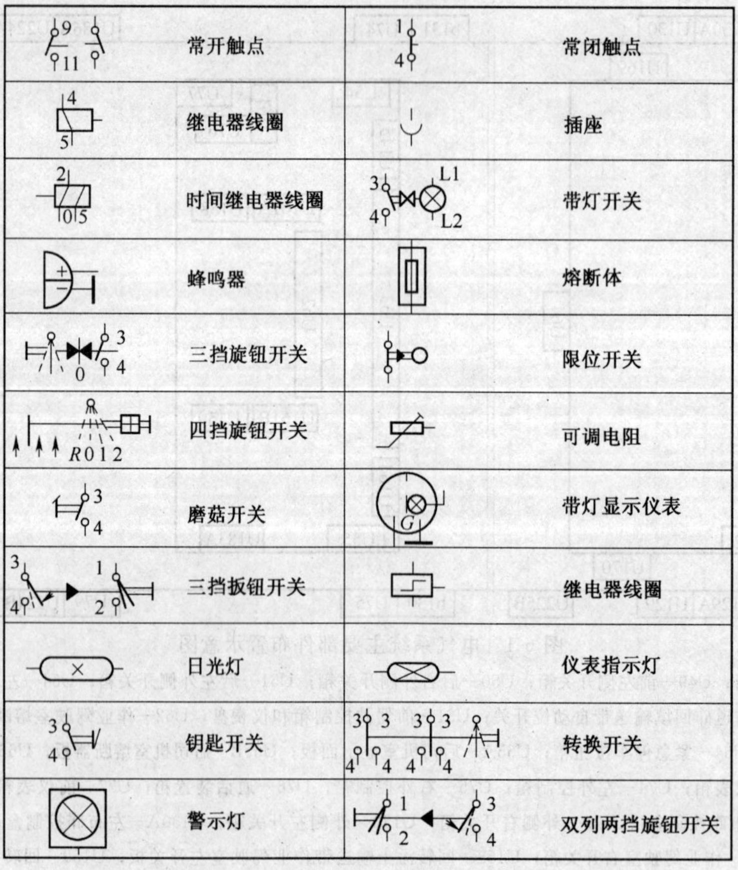

符号	名称	符号	名称
	常开触点		常闭触点
	继电器线圈		插座
	时间继电器线圈		带灯开关
	蜂鸣器		熔断体
	三挡旋钮开关		限位开关
	四挡旋钮开关		可调电阻
	磨菇开关		带灯显示仪表
	三挡扳钮开关		继电器线圈
	日光灯		仪表指示灯
	钥匙开关		转换开关
	警示灯		双列两挡旋钮开关

图 6-2 QS-650 清筛机采用德国部分电气符号图

2. 时间继电器的电路分析

时间继电器的电气图形符号及在电路中的接线如图 6-3 所示。

当 2 脚为正电位，10 脚 0 电位时，表示时间继电器触点保持在原始位置。2 脚、5 脚同为正电位，10 脚 0 电位时，表示时间继电器得电动作。这说明只有当 2 脚、5 脚都呈高电位时，时间继电器才动作。这一点与国产时间继电器通、断电情况不同。

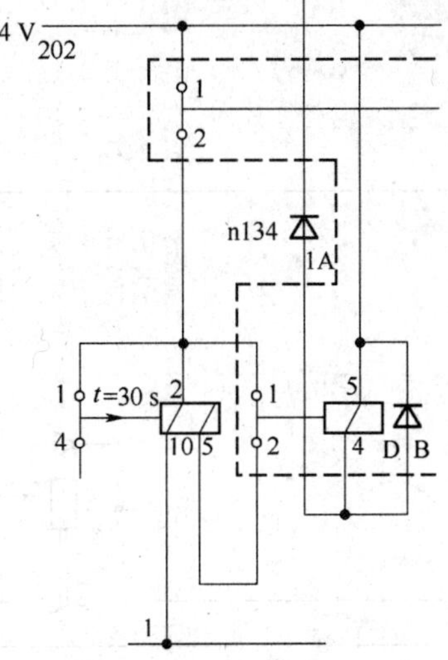

图 6-3 时间继电器接线图

3. 各时间继电器动作情况

QS-650 清筛机电气系统将要遇到的各时间继电器及动作情况说明如下：

（1）d264、d265 时间继电器通电，触点断开；断电延时 2 s，触点返回原始闭合位置。

（2）d279 时间继电器通电，触点闭合；断电延时 30 s，触点返回原始断开位置。

（3）d6、d25 时间继电器通电，触点断开；断电延时 30 s，触点返回原始闭合位置。

（4）d8、d55 时间继电器通电，触点断开；断电延时 20 s，触点返回原始闭合位置。

（5）d10、d56 时间继电器通电，触点断开；断电延时 4 min，触点返回原始闭合位置。

第二节 气压制动控制电路

QS-650 清筛机有独立的动力系统，在正常情况下可以依靠本身动力驶入现场和进行作业。控制电路分为向前走行、向后走行和作业走行三部分，走行速度由液压压力进行调节。从电路图上分析液压走行控制电路包含在气压制动电路之中，下面以介绍气压制动电路为主，在涉及液压走行控制电路时一并介绍。

一、空气制动电路

QS-650 清筛机采用空气制动。当柴油发动机启动后，空气压缩机开始运转，由压力调节器调节空气压力的大小，主风缸中最大压力为 720 kPa，最小工作压力为 660 kPa，列车管中的工作压力为 500 kPa。制动缸中的压力在制动时可达到 450 kPa 和 350 kPa。制动缓解后，制动缸的压力降为 0。

另外在 QS-650 清筛机的整体设计中，还考虑到，在制动缸内压力超过 150 kPa 时，液压驱动系统会进入“卸荷”状态；在空气制动缓解后，制动缸内的气压降为 0，这时，液压驱动会自动接通。气压制动和液压走行控制电路就是根据这一要求设计的，如图 6-4 所示。

1. 气压开关 b19

气压关开 b19 接在 ST 号和 116 号线路中，有常闭触点 1 和 2、常开触点 1 和 3。在气压低于 60 kPa 时，触点 1 和 2 闭合，这个气压值是指制动缸内的压力。当实施空气制动时，制动缸内的压力会超过 60 kPa，而当缓解制动时，制动缸压力会降到 0。下面分析气压开关 b19 这条线路中各个电气元件动作情况。

（1）未施气压制动时

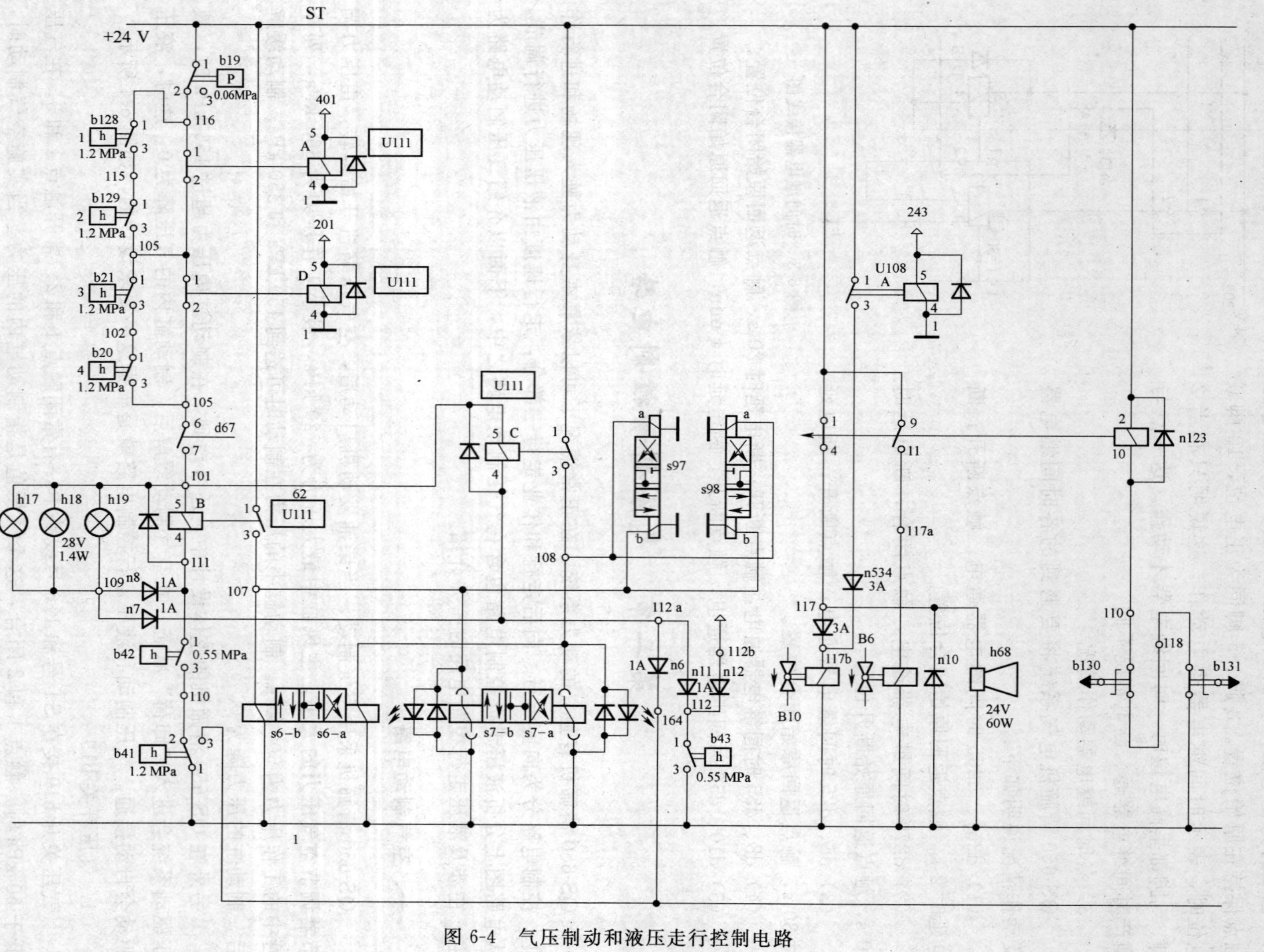

图 6-4 气压制动和液压走行控制电路

未施加空气制动，制动缸内压力为0，气压开关b19不动作，其触点1和2闭合。四个车轴齿轮箱油压力达到1.2 MPa以上时，四个压力开关b20、b21、b128、b129都动作，其触点全部闭合。这四个压力开关的设置是从机械运行的安全角度考虑的，请读者参照液压系统的有关说明。

继电器U111-A和U111-D的电源进线分别接在401号和201号线，这两条线由三相发电机m2、m8的"D+"接线端供给正电压。在发电机工作后，继电器U111-A和U111-D通电动作，其两对触点1和2断开。当某一车轴齿轮箱油压出现故障后，这两个继电器可以延时一段时间使清筛机运行一段距离。电气动作过程如下：116号线到105号线由压力开关b128、b129、b21、b20的触点闭合而接通。当某个车轴齿轮箱油压小于1.2 MPa时，这个车轴的压力开关触点断开，使116号线到105号线断开，作业系统或走行系统停止工作。将前、后发动机关闭，401号线、201号线无电压，继电器U111-A和U111-B断电，其触点1和2都闭合，使116号线和105号线重新接通。继电器U111-B和U111-CD通电动作，在液压系统无故障的情况下，走行电磁阀均可通电动作。这时，可用机车牵引清筛机移动。

d67是气压制动限位继电器，在限位开关b130和b131处于闭合状态时，保持通电并使触点6和7、9和11触点闭合，1和4触点断开。电磁阀B6通电动作，直接制动气压阀关闭。

在101号线处有向下和向右（按视图方向）的二条支路，先介绍向下支路电气动作过程。b42是清筛机向前走行的压力开关，这个压力开关由变量泵的压力控制。当液压驱动走行时，液压油压大于550 kPa，压力开关b42动作，其触点1和3闭合。压力开关b41有两对触点：1和2常闭触点，1和3常开触点。开关b41由液压操纵手柄"作业运行"挡来控制。液压操作手柄置于"运行"挡时，手柄所控制的三通阀将液压油的压力控制在1.2 MPa以内，b41不动作，触点1和2闭合；液压操作手柄置于"作业"挡时，手柄所控制的三通阀将液压油的压力调到1.2 MPa以上时，b41动作，其触点1和3闭合。这样，从ST号线→压力开关b19→压力开关b128、b129、b21、b20→105号线→继电器d67的触点6和7→继电器U111-B→压力开关b42→压力开关b41→1号线，构成通电回路。

继电器U111-B通电动作，其触点1和3闭合，向前走行电磁阀s6-b、s7-b和向前走行速度控制电磁阀s97-b、s98-b都通电动作。QS-650清筛机向前走行。绿色旁路信号灯h17、h18、h19会发光，这些信号灯显示走行系统工作情况。

再介绍101号线向右一条支路的电气动作过程。b43是清筛机向后走行的压力开关，这个压力开关由变量泵的压力控制，当液压驱动走行时，液压油压大于550 kPa，压力开关b43动作，其触点1和3闭合。这样，从101号线→继电器U111-C→112a号线→二极管n11→压力开关b43→1号线，构成通电回路。

继电器U111-C通电动作，其触点1和3闭合，向后走行电磁阀s6-a、s7-a和向后走行速度控制电磁阀s97-a、s98-a都通电动作，清筛机向后走行。操作者只要操纵调速换挡手柄便可使清筛机按照选定的运行方向和速度走行。

（2）实施气压制动后

当需要进行气压制动时，制动缸内的气压会超过60 kPa。压力开关b19动作，其触点1和2断开，所控制的那条线路断电，清筛机将停止行走，绿色旁路信号灯会熄灭。气压制动缓解后，制动缸内气压降为60 kPa以下，压力开关b19的触点1和2再次闭合。这时，液压驱动重新起作用，清筛机开始运行。

2. 气压制动电气动作过程

(1) 手动制动

按下紧急制动限位开关 b130 和 b131，继电器 d67 断电，其触点 6 和 7、9 和 11 断开；继电器 U111-B 断电，清筛机停止走行，电磁阀 B6 断电，气压制动阀打开；继电器 d67 的触点 1 和 4 闭合，电磁阀 B10 通电动作，对清筛机实行直接气压制动。

(2) 停机制动

当按下任何一个停机按钮，继电器 U107-B 和继电器 U110-C 同时断电。U107-B 的触点 1 和 2 闭合，时间继电器 d6 的 2、5 脚是正电位通电动作，其触点 1 和 4 断开，继电器 d5 断电。马达离合器 s73 和停机阀 s1 断电，柴油发动机停止运转。U110-C 断电后，其触点 1 和 2 闭合，时间继电器 d279 的 2、5 脚呈正电位通电动作，其触点 1 和 3 闭合，信号灯 h393 发光。继电器 U108-A 也同时通电，其触点 1 和 3 闭合。制动电磁阀 B10 通电动作，对清筛机实施间接制动。

二、气压制动显示电路

在实施气压制动时，除了开关继电器和电磁阀动作外，还必须通过灯光将有关动作显示给操作者和机组人员，使他们能明白清筛机的工作状况。为此，设计了气压制动显示电路，如图 6-5 所示。

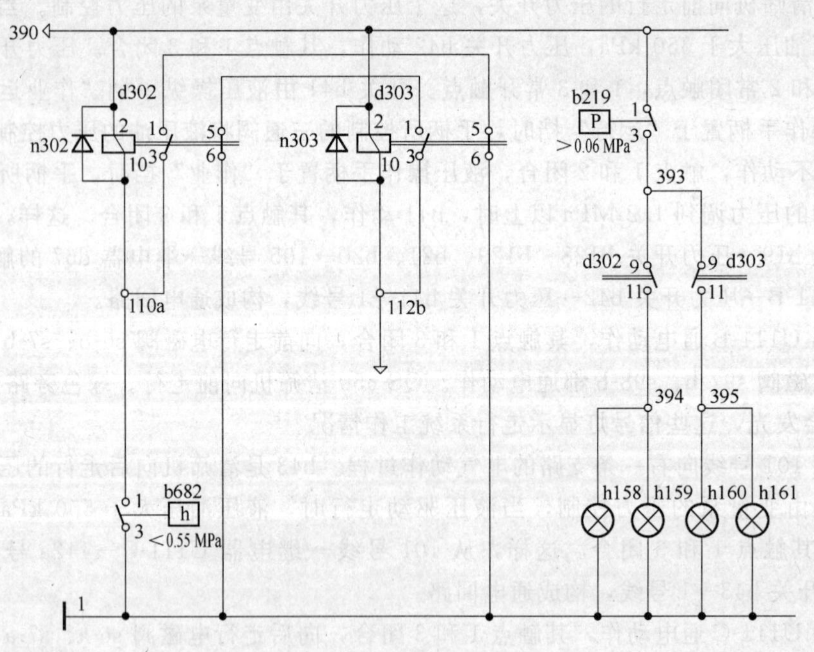

图 6-5　气压制动显示电路

1. 制动信号电路

红色制动信号灯 h158、h159、h160、h161 的安装位置：h158 安装在车尾、左标记灯 h25 中；h159 安装在车尾、右标记灯 h26 中；h160 安装在车头、左标记灯 h23 中；h161 安装在车头、右标记灯 h24 中。

其控制电路由继电器 d302、d303 和气压开关 b129、油压开关 b682 组成。

气压开关 b219 在实施气压制动中，制动缸内的气压大于 60 kPa 时动作，其触点 1 和 3 闭合。油压开关 b682 由变量泵控制，油压超过 550 kPa 后，其触点 1 和 3 闭合。继电器 d302 和 d303 组成电气互锁电路，分为向前走行和向后走行两个动作过程。

2. 向前走行制动信号电气动作过程

将调速换挡手柄置于清筛机向前走行挡时，向前走行压力开关 b42 在正常工作油压下（550 kPa 以上）触点 1 和 3 闭合。电磁阀 s6-b、s7-b、s97-b、s98-b 都通电动作，清筛机向前走行。

油压开关 b682 动作，触点 1 和 3 闭合，继电器 d302 通电动作，其触点 1 和 3、9 和 11 闭合，5 和 6 断开，因继电器 d303 未动作，其触点 5 和 6 闭合。继电器 d302 有两条通电回路：一条是 390 号线→d302 线圈→682 触点 1 和 3→1 号线；另一条是 390 号线→d302 线圈→d302 触点 1 和 3→d303 触点 5 和 6→1 号线。在气压制动后，制动缸内的气压超过 60 kPa 后，压力开关 b219 的触点 1 和 3 闭合，设在车尾部的信号灯 h158、h159 发光。气压制动时，液压驱动自动停止工作，变量泵的电磁阀断电，使液压压力减小，在小于 550 kPa 后，压力开关 b682 断开，继电器 d302 由上述第二条回路保持通电。气压制动缓解后，制动缸压力下降到 60 kPa 后，压力开关 b219 的触点断开，h158、h159 停止发光，表示制动过程结束。

3. 后退走行制动信号电气动作过程

当调速换挡手柄置于清筛机向后走行挡时，压力开关 b43 在油压正常时（550 kPa 以上），触点 1 和 3 闭合，使后退走行电磁阀 s6-a、s7-a、s97-a、s98-a 都通电动作。继电器 d303 通电动作，其触点 1 和 3、9 和 11 闭合，触点 5 和 6 断开。继电器 d302 因继电器 d303 的 5 和 6 触点断开，失去通电回路而断电（压力开关 b682 接在向前走行油路中，在后退走行时不动作），其触点 5 和 6 闭合，构成继电器 d303 的两条通电回路：一条是 390 号线→d303 线圈→n12→b43 触点 1 和 3→1 号线；另一条是 390 号线→d303 线圈→d303 触点 1 和 3→d302 触点 5 和 6→1 号线。

装在车头的红色信号灯 h160、h161 因 d303 触点闭合和压力开关 b219 在实施制动时触点 1 和 3 闭合而发光。气压制动时，液压驱动自动转到卸荷状态，b43 因油压减小到 0.5 MPa以下而触点 1 和 3 断开，液压走行电磁阀均断电，不动作，车辆停止走行。气压缓解降为 0 后，信号灯 h160、h161 因压力开关 b219 触点断开而熄灭。继电器 d303 由第二条回路通电。

三、作业走行电气动作过程

QS-650 清筛机的挖掘链位于前面，在作业时，操作人员位于中部的作业驾驶室内。机械的走行方向是向后走行的，电路是根据这一要求设计的。将作业运行挡手柄置于“作业”挡，在作业时，油压高于 1.2 MPa，压力开关 b41 的触点 1 和 2 断开，1 和 3 闭合，使控制向前走行继电器 U111-B 所在线路断电。保证在作业时，清筛机不会向前走行，如图 6-4 所示。

作业时，走行液压压力使向后走行压力开关 b43 动作，其触点 1 和 3 闭合，继电器 U111-C 通电动作，其触点 1 和 3 闭合。后退走行电磁阀 s6-a、s7-a 和后退走行调速电磁阀 s97-a、s98-a 均通电动作，通电回路为：ST 号线→b19→b128→b129→b21→b20→d67 的触点→101 号线→U111-c 线圈→112a 号线→n11→b43→1 号线（同时 112a 号线→n6→b41→1 号线）。

旁路指示灯 h17、h18、h19 通电发光，其通电回路：ST 号线→b19→b128→b129→b21→b20→d67 的触点→h17、h18、h19→n7→112a 号线→n11→b43→1 号线（同时 112a 号线→n6→b41→1 号线）。

操作者可手动调节作业运行速度。

第三节　作业操作控制电路

液压作业控制电路由起拨道装置电路、起道夹钳装置电路、道砟回填装置电路、回转污土输送带装置电路、振动筛装置电路、辅助装置电路组成，共有 36 个电磁阀。下面对这些电路进行详细分析。

一、起拨道装置电路

起拨道装置电路由前起道、后拨道电磁阀和开关组成。

1. 前起道电磁阀动作过程

前起道调整油缸的作用是将钢轨提升并作上下左右调整，调整控制由两个三位四通电磁阀 s41、s42 和 s43、s44 来完成。开关 b567、b568、b569/578 是三挡位双列开关，分别安装在开关箱 U74、U75、U45、U146 中，它们的控制过程完全一样。下面以 b567 为例说明动作过程。

如图 6-6 所示，当开关 b567 置于中间“0”挡时，电磁阀 s41、s42、s43、s44 均不动作。

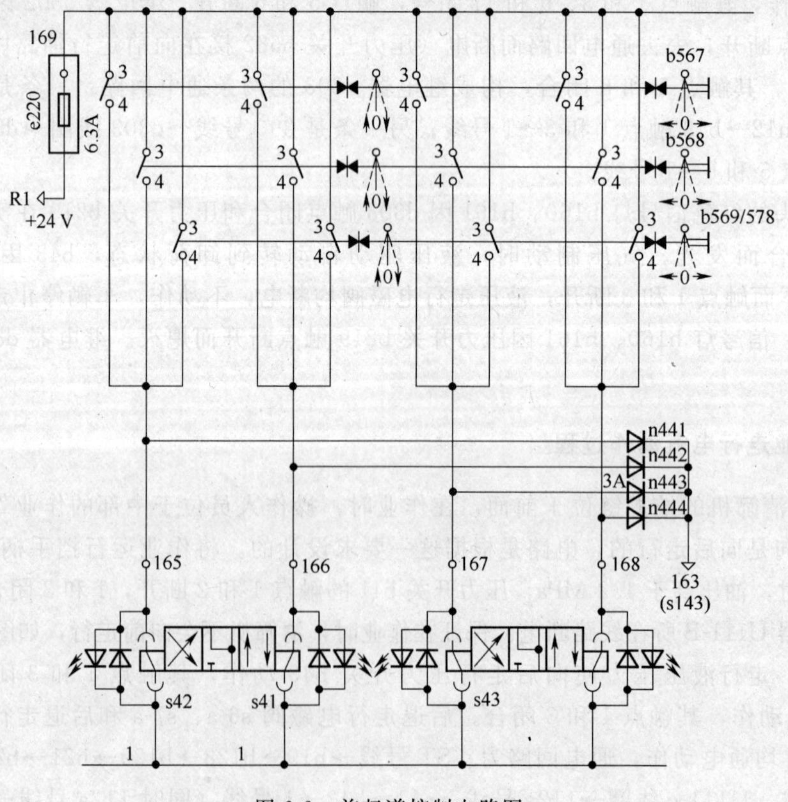

图 6-6　前起道控制电路图

当开关 b567 置于左边“←”挡（按视图方向）其中间位的两对触点 3 和 4（在 166 号和 167 号线上）闭合，电磁阀 s41、s43 通电动作，通过二极管 n442、n443，电磁阀 s143 通电动作，使起拨道装置向左和向下调整钢轨。s143 是安装在液压油路上的控制电磁阀。

当开关 b567 置于右边“→”挡时，其两侧边的两对触点 3 和 4（在 165 号和 168 号线上）闭合，而中间位的两对触点 3 和 4 断开，电磁阀 s42、s44 通电动作，通过二极管 n441、n444，电磁阀 s143 通电动作，电磁阀 s41、s43 断电，这样起拨道装置向右和向上调整钢轨。

2. 后拨道电磁阀动作过程

后拨道油缸的作用是对提升的钢轨进行左、右方向的调整，调整控制由三位四通电磁阀 s99、s100 来完成，其动作过程如图 6-7 所示。

开关 b515 是三挡扳钮开关，当开关 b515 置于中间“0”挡位时，电磁阀 s99 和 s100 均不通电。

当置于左边“←”挡（按视图方向），左边的触点 3 和 4 断开，右边的触点 3 和 4 闭合，电磁阀 s100 通电动作，通过二极管 n532，电磁阀 s160 通电动作，s160 是接在液压油路上的控制阀。这时后起拨道装置将钢轨向左调整。

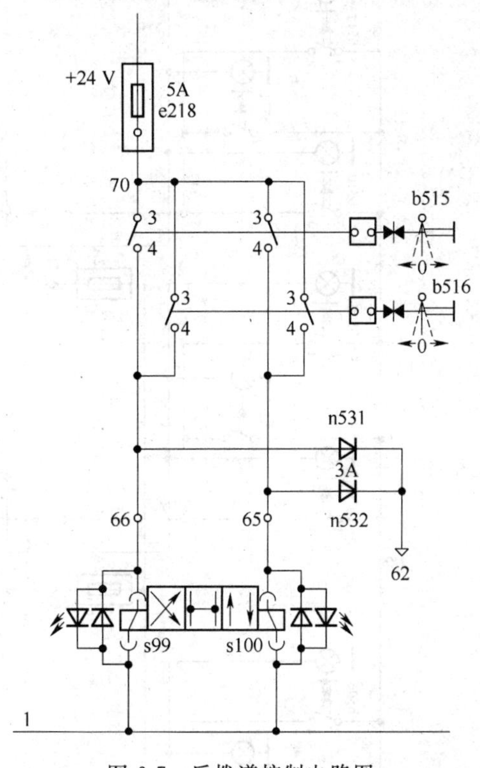

图 6-7　后拨道控制电路图

当置于右边“→”挡时，左边的触点 3 和 4 闭合，右边的触点 3 和 4 断开，电磁阀 s100 断电，s99 通电动作。通过二极管 n531，电磁阀 s160 通电动作，使后拨道装置将钢轨向右调整。

二、起道夹钳装置控制电路

起道夹钳装置控制电路由前部左、右侧和后部左、右侧起道夹钳夹紧、松开，调整电磁阀和开关组成。

1. 起道夹钳夹紧、松开电磁阀动作过程

起道夹钳夹紧、松开油缸的作用是夹紧、松开钢轨，调整控制由电磁阀 s49、s50、s51、s52 来完成。动作过程分析如图 6-8 所示。

继电器 U115-Rel、U115-Re2、U115-Re3、U115-Re4 是一种特殊动作的继电器，动作过程为：第一次继电器通电动作，触点闭合，断电后触点仍闭合；第二次通电，继电器动作，触点断开，断电后触点仍断开。继电器 U115-Rel 由开关 b410、b411、b412 并联控制，这些开关分别安装在开关箱 U145、U74、U75 上；U115-Re2 又由开关 b413、b414、b506 并联控制，这些开关分别安装在开关箱 U145、U74、U75 上；继电器 U115-Re3 由开关 b507、b508、b509 并联控制，这些开关分别安装在开关箱 U146、U74、U75 上，继电器 U115-Re4 由开关 b510、b511、b512 并联控制，这些开关分别安装在开关箱 U146、74、U75 上。

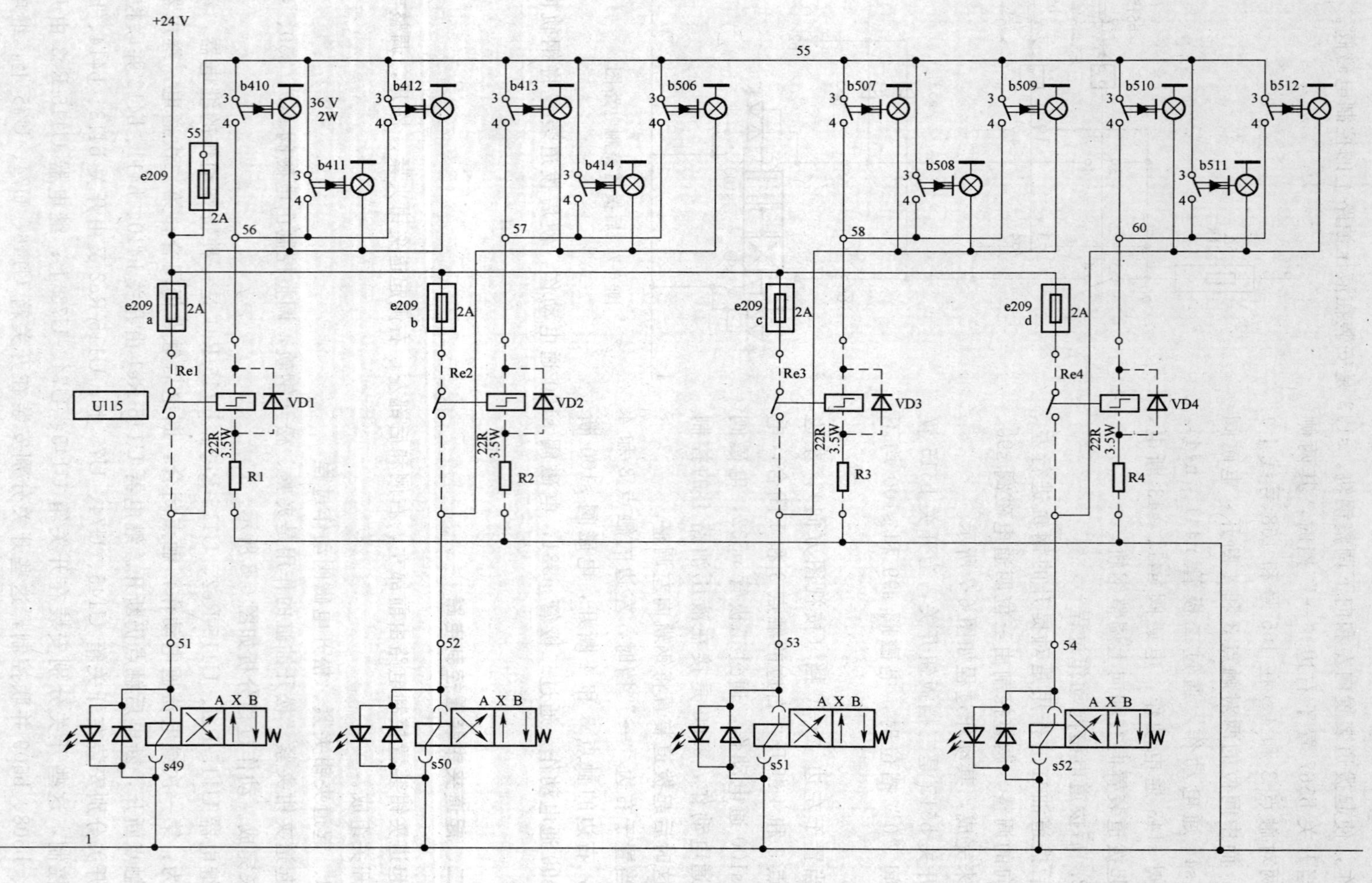

图 6-8 起道夹钳控制电路图

开关箱 U145、U146 在作业驾驶室，其余两个开关箱分别安装在作业驾驶室外的左右两侧，可方便操纵者下车在轨道旁进行操纵。其运作过程如下：

按下开关 b410 继电器 U115-Re1 通电动作，触点闭合，电磁阀 s49 通电动作，前右起道夹钳夹紧，松开开关 b410，继电器 U115-Re1 触点仍闭合，再次按下开关 b410，继电器 U115-Re1 通电，其触点断开，电磁阀 s49 断电，起道夹钳松开。继电器 U115-Re2、U115-Re3、U115-Re4 和电磁阀 s50、s51、s52 动作与此相同。

2. 起道夹钳调整电磁阀动作过程

起道夹钳调整油缸的作用是控制夹钳夹持压力，调整控制由电磁阀 s139、s140 来完成。旋钮开关 b594、b595 安装在开关箱 U146 上，如图 6-9 所示。

旋钮开关 b595 闭合后，电磁阀 s140 通电动作，控制夹钳压力。

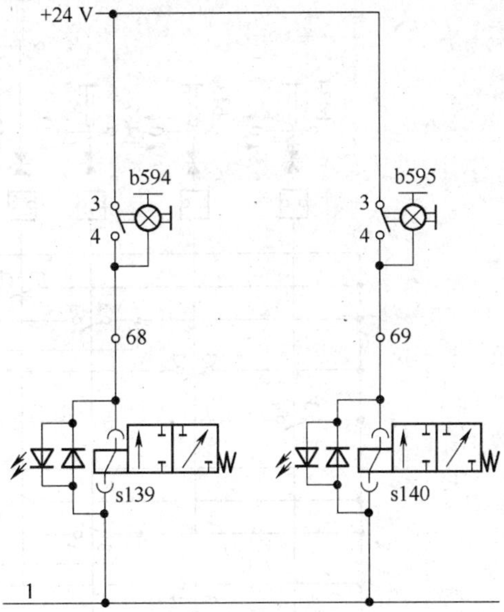

+24 V
b594
b595
3
4
3
4
68
69
s139
s140
1

图 6-9　起、拨道夹钳调整控制电路

三、道砟回填装置电路

道砟回填装置电路由左、右道砟回填输送带调整油缸电磁阀，左、右道砟分配调整油缸电磁阀和自动摆动开关组成。

1. 左、右道砟回填电磁阀动作过程

左、右道砟回填输送带调整油缸和左右道砟分配板调整油缸的作用是控制道砟回填位置、方向、数量，左、右道砟回填输送带和左、右道砟分配板的控制电路完全一样，现以左道砟回填输送带和左道砟分配板的控制电路为例说明动作过程。左道砟回填输送带和分配板控制电路如图 6-10 所示。

开关 b434、b435、b487、b513、b570 是三挡位双列扳钮开关，动作情况相同。以 b434 为例说明动作情况。

开关 b434 置于中间“0”挡时，电磁铁均不通电动作。当开关置于左边“↑”挡时，开关中部两对触点 3 和 4 闭合（在 32a 号和 35 号线上），电磁阀 s65、s66 通电动作，左道砟回填输送带向外摆动，使左道砟分配板向前伸出。通过二极管 n408 使继电器 U120-A、U120-B 通电动作，其两对触点 1 和 2 断开，切断道砟回填输送带自动摆动每个开关电路，通过液压操作手柄可调整摆动范围。

当开关置于右边“↓”挡时，开关两侧两对触点 3 和 4 闭合（在 31b 号和 36 号线上）电磁阀 s64、s67 通电动作，使左道砟回填输送带向内摆动，而左道砟分配板向返回。通过二极管 n409 使继电器 U120-A、U120-B 通电动作，其两对触点 1 和 2 断开，切断道砟回填输送塞自动摆动开关电路，通过液压操作手柄可调整摆动范围。

开关 b680 的作用是在左道砟输送带不摆动的情况下，调整左道砟分配板伸出和返回的位置。当开关置于中间“0”挡时，电磁阀均不通电，不动作。当开关置于左边“←”挡时，左边的触点 3 和 4 闭合（在 35 号线上）电磁阀 s66 通电动作，左道砟分配向前伸出。当开关

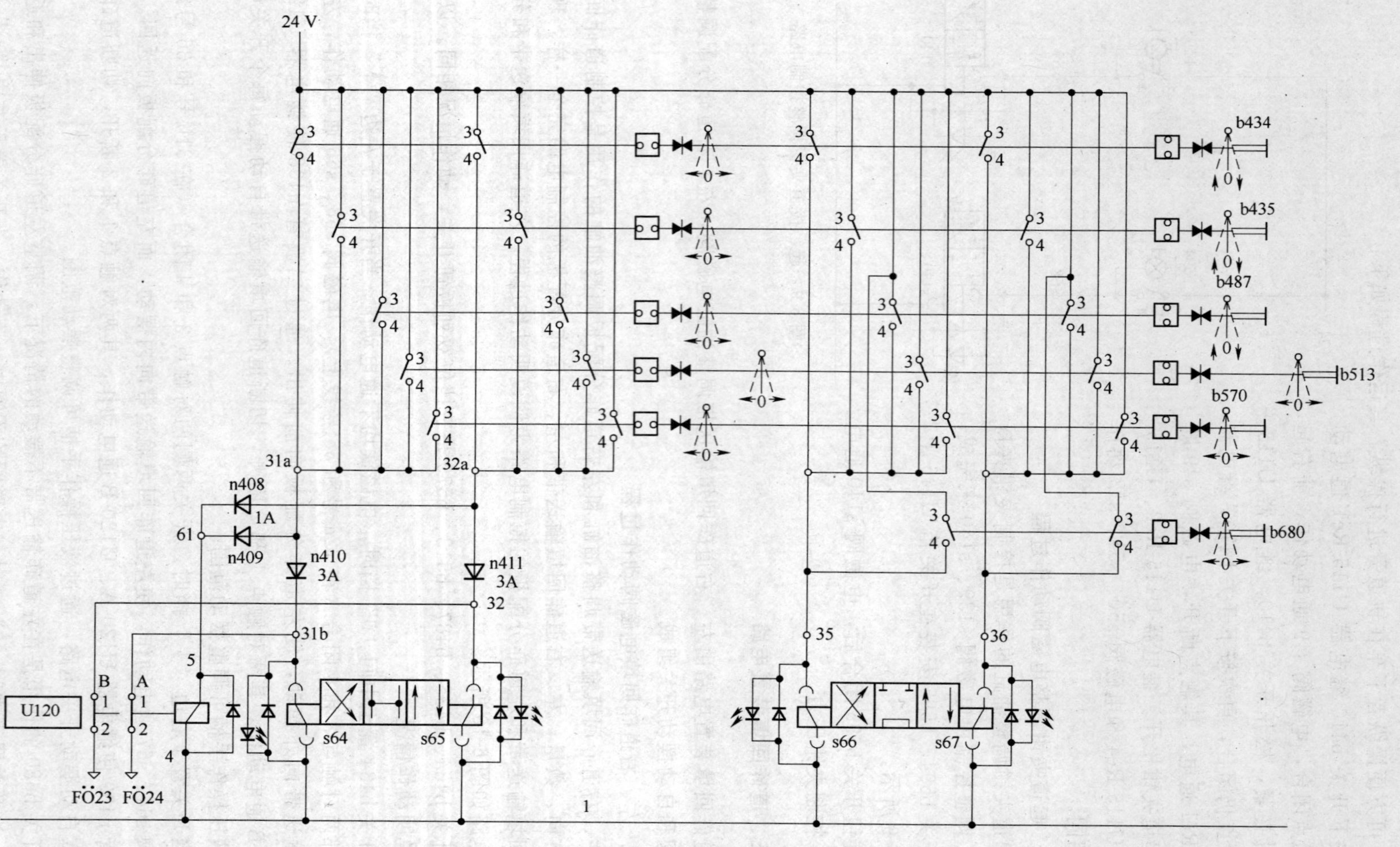

图 6-10 左道砟回填输送带和分配板控制电路图

置于右边“→”挡时，右边的触点 3 和 4 闭合（在 36 号线上），电磁阀 s67 通电动作，左道砟分配板向后退返回。

2. 自动摆动开关

自动摆动开关的作用是在道砟回填时，输送带向外、向内的摆动由手动变为自动摆动。自动摆动开关由接近感应开关和连接杆上的叉形螺丝组成，控制电路分为手动调整和自动摆动两个部分。

（1）接近感应开关

U5、U6、U7、U8 为接近感应开关。接近感应开关由感应部分和开关部分（即执行机构）组成，如图 6-11 所示。

感应部分是由电子元件和线圈 L、电容器 C 组成的 LC 振荡电路。当连接杆上的叉形螺丝靠近时，振荡停止，开关部分的继电器断电不动作，外接电器元件的通电回路断开。

QS-650 全断面道砟清筛机上所用的感应开关与连接杆上的叉形螺丝的最大感应距离为 8.1～10 mm，应根据《操作说明》进行调整。

时间继电器 d21、d23、d25、d27 工作时间由可调电阻 r9、r10、r11、r12 来调整，可调电阻的规格为 1 MΩ、25 W。调整时间为 0.1 s～10 min。

（2）手动调整

为了检查道砟回填输送带摆动的范围是否过界限，必须手动调整来观察输送带摆动的工作范围。

感应 U5、U6 与 U7、U8 所组成的电路相同，以 U5、U6 为例说明开关 b580（在配电箱 U55 上）从“0”挡位转向“1”挡，FO 线到 FÖ19 的线被接通，合上自动开关 e35，FÖ20 端呈正电位，按下按钮 b45（在配电箱 U54 上），其两对触点 3 和 4 均闭合。通电回路为：FÖ20→d22 的触点 5 和 8→FÖ30→d20 的线圈→FÖ30→d20 的线圈→FÖ31→d20 的触点 1 和 3→号线 1。继电器 d20 的触点 6 和 8 闭合后，时间继电器 d21 通电动作，其触点 1 和 3 闭合，FÖ13 端呈正电位，在左道砟回填输送带电路中开关 b434、b435、b487、b513、b570 都处于“0”挡位，继电器 U120-A、U120-B 断电时，其两对触点 1 和 2 闭合，电磁阀 s65 通电，左道砟回填输送带向外摆，如图 6-10 所示。

当需要改变左道砟回填输送带的摆动方向时，按下按钮 b46（在配电箱 U54 上），其两对触点 3 和 4 闭合，继电器 d22 通电，通电回路为：FÖ20→b46 的触点 3 和 4→FÖ35→d22 线圈→FÖ39→号线 1。继电器 d22 通电动作后，其触点 1 和 3、6 和 8 闭合，触点 5 和 8 断开，使继电器 d20 断电，其触点 1 和 3、6 和 8 断开。触点 5 和 8 闭合。时间继电器 d21 断电，d21 按所选择的时间延时后，触点 1 和 3 断开，电磁阀 s65 断电，左道砟回填输送带停止向外摆。松开按钮 b46 后，继电器 d22 的通路为：FÖ20→d20 触点 5 和 8 →FÖ35→d22 线圈→FÖ39→d22 的触点 1 和 3→号线 1。继电器 d22 的触点 6 和 8 闭合，时间继电器 d23 的通电动作，其触点 1 和 3 闭合，FÖ24 断呈正电位。同前所述通过继电器 U120-A 和 U120-B 的两对触点，电磁阀 s64 通电动作，左道砟回填输送带向内摆动。在手动调整中可通过调节电位器 r9 和 r10 的电阻值来调节时间继电器 d21、d23 断电后触点 1 和 4 延时闭合的时间。

3. 自动过程

手动调整后，操作者确认输送带摆动的范围符合要求，方可使用自动摆动装置来操作输送带的摆动。

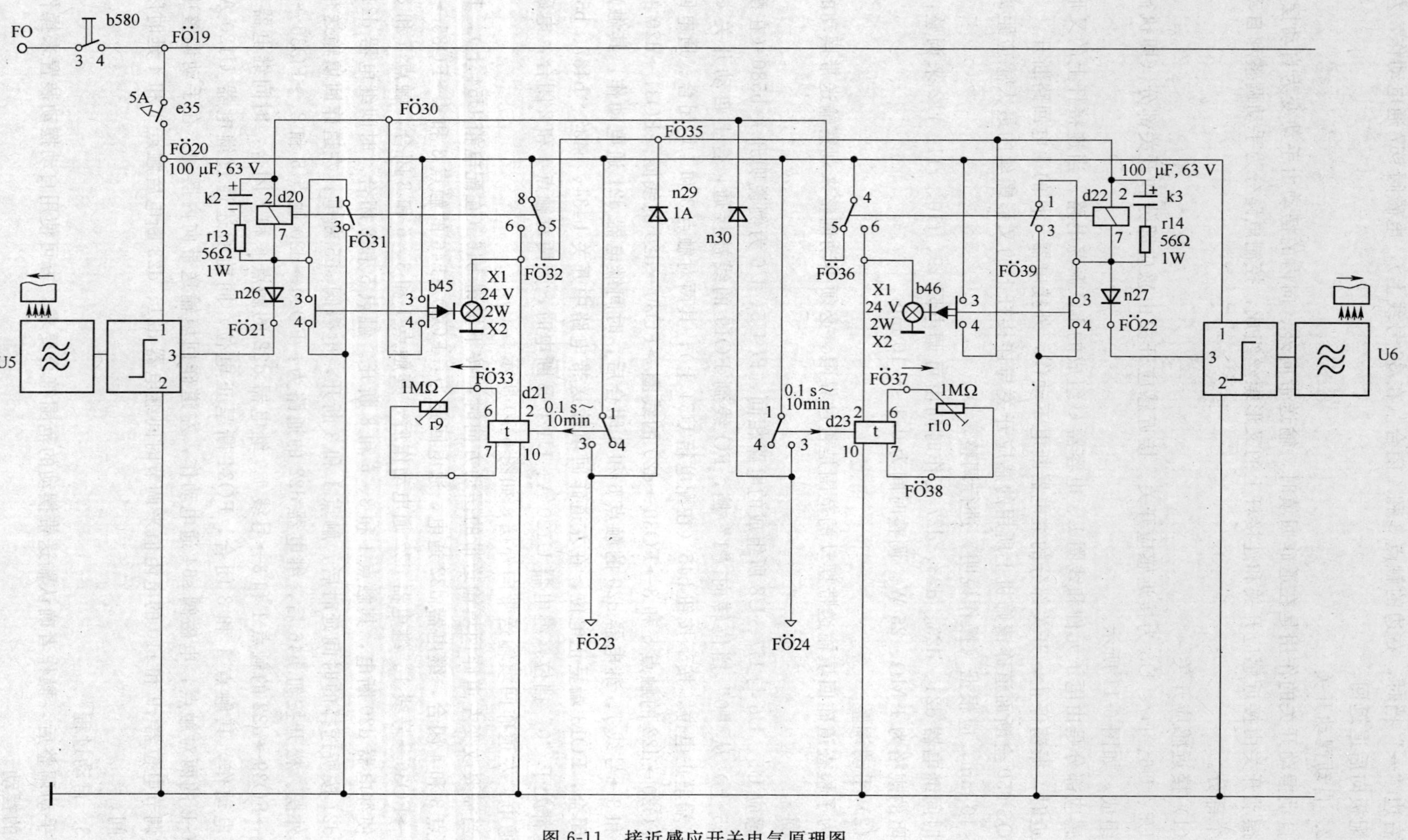

图 6-11 接近感应开关电气原理图

断开开关 b580，将连接杆的叉形螺丝“1”调整在 U5 的正上方，如图 6-12 所示，使其与感应开关 U5 的间距小于或等于 8.1 mm。在 QS-650 清筛机电路图 64.07.1000.205 中，开关 b434、b435、b436、b437、b487、b513、b514、b570、b572 均处于“0”挡位时，合上开关 b580、e35 后，左道砟回填输送带便开始进入自动循环过程。

在连接杆叉杆螺丝处于“1”位时，U5 感应开关内的继电器动作，接通 FÖ21 到 1 号电路。d20 通电动作，通电回路：FÖ20→d22 的触点 5 和 8→FÖ30→d20、FÖ35 的线圈→n26→FÖ21→U5→号线 1。d20 的触点 1 和 3、6 和 8 闭合，5 和 8 断开，时间继电器 d21 通电工作，其触点 1 和 3 闭合，向 FÖ23 输出正电位，使 s65 电磁阀动作，左道砟回填继电器断电，切断 FÖ21 到 1 号电路，d20 继续维持通电状态，其通电回路为：FÖ20→d22 的触点 5 和 8→d2 线圈→FÖ30→d20 的线圈→FÖ31→d20 的触点 1 和 3→号线 1。道砟回填输送带继续向外摆动。当连接杆叉杆螺丝“2”转到感应开关 U6 上方后，继电器 d22 通电动作，通电回路为：FÖ20→d21 的触点 1 和 3→n29→FÖ35→d22 的线圈→n27→FÖ22→U6→号线 1。d22 通电动作后，其触点 1 和 3、6 和 8 闭合，5 和 8 断开时间继电器 d23 通电，其触点 1 和 3 闭合，FÖ24 呈正电位，电磁阀 s64 通电，但不动作（因此时电磁阀 s65 断电）。继电器 d20 因 d22 的触点 5 和 8 断开而断电，其触点 1 和 3、6 和 8 断开，5 和 8 闭合，使时间继电器 d21 断电，在预定的延时时间到后，其触点 1 和 3 断开，FÖ23 断电，电磁阀 s65 断电，电磁阀 s64 这时才动作，左道砟回填输送开始向内摆，时间继电器 d21、d23 的延时时间作用是使道砟回填输送带在换向摆动时，有一个停顿时刻，避免在换向时有很大的振动。这就是左道砟回填输送带的自动摆动循环过程。右道砟回填输送带自动摆动循环过程与此一样，读者可自行分析。

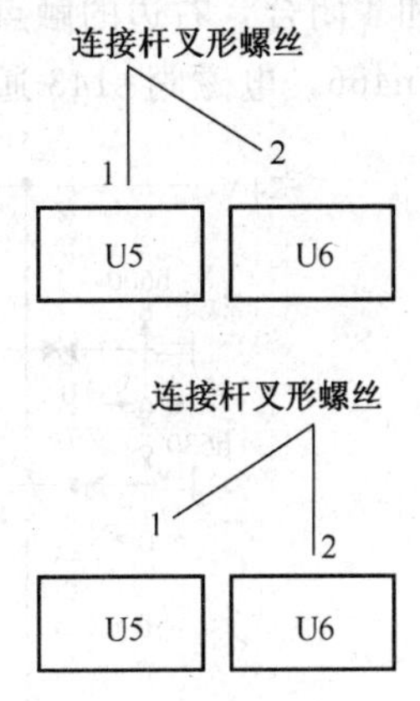

图 6-12 连接杆叉形螺丝动作示意图

四、回转污土输送带装置控制电路

回转污土输送带装置控制电路由回转污土输送带水平调整电磁阀、回转污土输送带垂直调整电磁阀和开关组成，如图 6-13 所示。

回转污土输送带调整油缸由 5 个电磁阀控制，s144、s145、s141、s142 是三位四通电磁阀，s143 是二位三通电磁阀。这些电磁阀的作用是：s144 和 s145 是回转污土输送带水平调整电磁阀，s144 向左调整，s145 向右调整；s141 和 s142 是回转污土输送带垂直调整电磁阀，s141 是向上调整，s142 是向下调整；s143 是液压油箱油控制电磁阀。

开关 b600、b601 在配电箱 U158 上，开关 b630、b631 在配电箱 U159 上。

开关 b600、b630 控制作用相同。b600 是三挡扳钮开关，当开关置于中间“0”挡时，其触点均不闭合，电磁阀 s144、s145 均不通电。在左边“←”挡时（按视图方向）其右边触点 3 和 4 闭合，左边触点 3 和 4 断开，电磁阀 s145 通电动作，经由二极管 n454，电磁阀 s143 通电动作。这时，回转污土输送带沿水平方向向右调整。

在右边“→”挡时，其左边触点 3 和 4 闭合，右边触点 3 和 4 断开。电磁阀 s144 通电动作，s145 断电。经过二极管 n453，电磁阀 s143 得电，这时回转污土输送带沿水平方向向左调整。

扳钮开关 b601、b631 控制作用相同。当开关 b601 置于中间“0”挡时，电磁阀 s141、

s142 均不通电，电磁阀不动作。当开关置于左边“↓”挡时（按视图方向），右边的触点 3 和 4 闭合，左边的触点 3 和 4 断开，电磁阀 s142 通电动作，通过二极管 n455 电磁阀 s143 通电动作，回转污土输送带沿垂直方向向下调整。当开关置于右边“↑”挡时，左边的触点 3 和 4 闭合，右边的触点 3 和 4 断开，电磁阀 s142 断电，电磁阀 s141 通电动作，通过二极管 n456，电磁阀 s143 通电动作。回转污土输送带沿垂直方向向上调整。

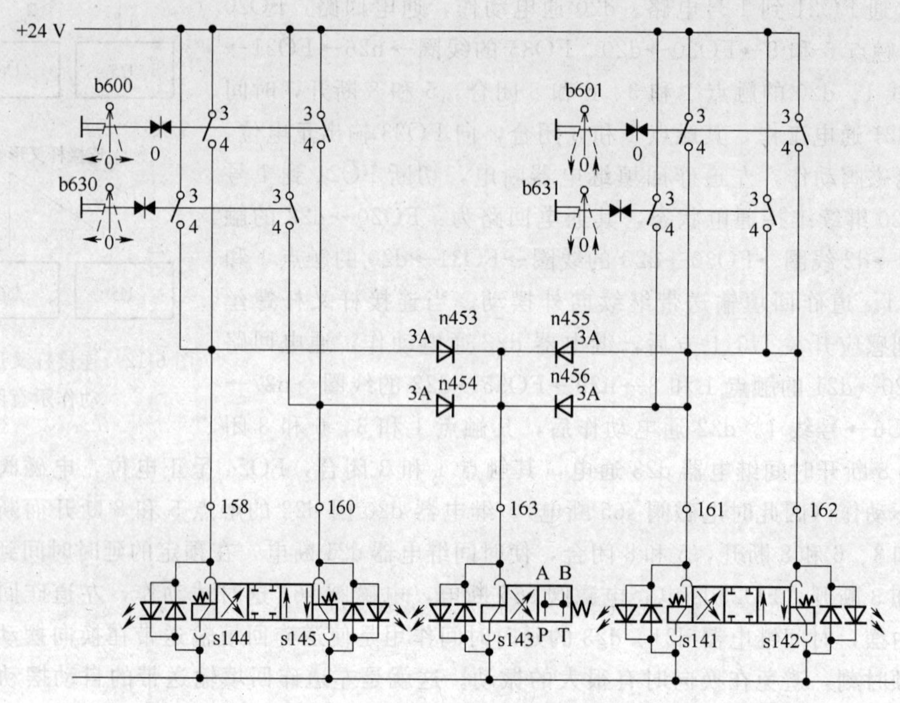

图 6-13 回转污土输送带控制电路

五、振动筛装置控制电路

振动筛装置控制电路由振动筛水平调整电磁阀、振动筛道砟导向板调整电磁阀和开关组成。

1. 振动筛水平调整电磁阀动作过程

电磁阀 s150 和 s151 是三位四通阀，是调整振动筛水平位置的。开关 b613、b614、b615、b619、b620 分别安装在开关配电箱 U74、U75、U169、U130、U129 内，如图 6-14 所示。

以 b613 为例说明其控制作用（其余开关作用相同）。

开关 b613 为三挡位的旋钮开关。当开关置于中间“0”挡时，电磁阀 s150、s151 都不动作。开关置于左边“↑”挡时（按视图方向），右边的触点 3 和 4 闭合（在 48 号线上）。电磁阀 s151 通电动作，通过二极管 n461，使电磁阀 s160 通电动作，振动筛向上调整水平位置。当开关置于右边“↓”挡时，左边触点 3 和 4 闭合（在 47 号线上），电磁阀 s150 通电动作，通过二极管 n460，使电磁阀 s160 得电动作，振动筛向下调整水平位置。

2. 振动筛道砟导向板电磁阀动作过程

电磁阀 s154、s155 是三位四通阀，是使振动筛在回填道砟时，导向板向左右调整位置的。开关 b616 安装在开关配电箱 U169 内，如图 6-15 所示。当开关 b161 置于中间“0”挡时，其触点均不闭合，电磁阀 s154、s155 不通电。当开关置于左边“←”挡时，右边的触点 3 和 4 闭合（在 46 号线上），电磁阀 s155 通电动作，通过二极管 n463，电磁阀 s160 通电动作，使导向板向左调整。当开关置于右边“→”挡时，左边的触点 3 和 4 闭合（在 45 号线上）。电磁阀 s154 通电动作，通过二极管 n462，电磁阀 s160 通电动作，使导向板向左调整。

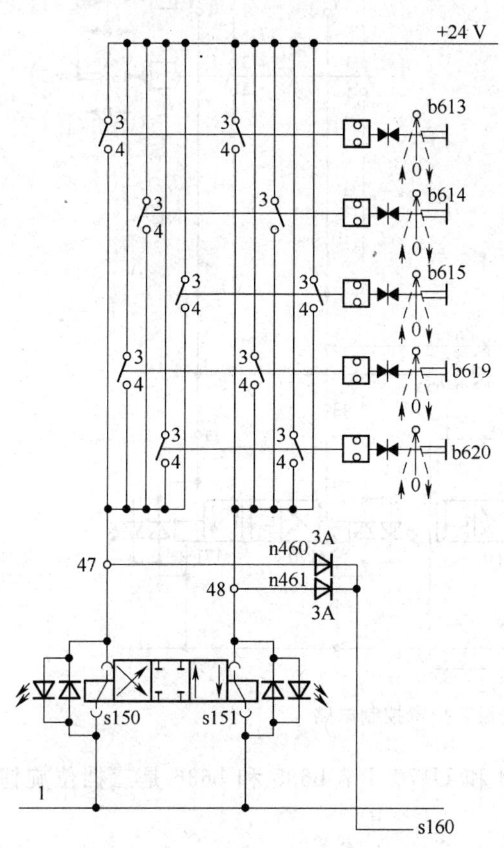

图 6-14 振动筛水平调整控制电路

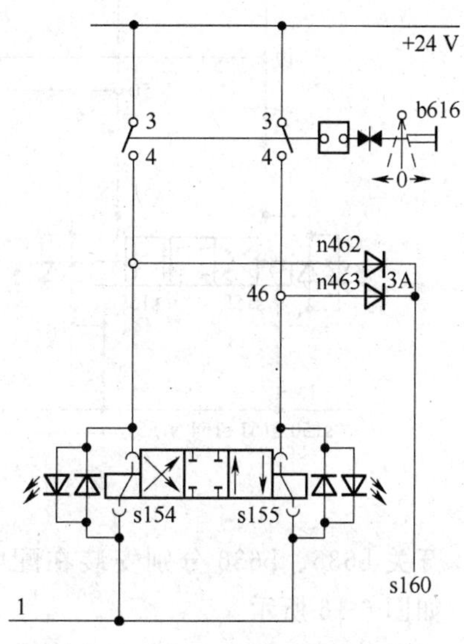

图 6-15 振动筛道砟导向板控制电路

六、辅助装置控制电路

辅助装置控制电路由道砟导流闸板调整电磁阀、护罩控制电磁阀、变量泵控制电磁阀、回油分配控制电磁阀和开关组成。

1. 道砟导流闸板电磁阀动作过程

电磁阀 s158、s159 是二位四通阀，是调整道砟导流闸板向上打开和向下关闭位置用的。开关 b617、b621、b622、b632、b633 分别安装在配电箱 U169、U130、U129、U74、U75 中，如图 6-16 所示。

b617 是三挡位旋钮开关，当开关置于中间“0”挡时，其触点都不闭合，电磁阀 s158、s159 不动作。当开关置于左边“↓”挡时，右边的触点 3 和 4 闭合（在 50 号线上），电磁阀 s159 通电动作。通过二极管 n467，电磁阀 s160 通电动作，道砟导流闸板向下调整动作。当开关置于右边“↑”挡时，其左边的触点 3 和 4 闭合，电磁阀 s158 通电动作，通过二极管 n466，使电磁阀 s160 通电动作，道砟导流闸板向上调整。其余开关的作用与 b617 相同。

2. 护罩控制电磁阀动作过程

b170、s171 是三位四通通电电磁阀，是调整护罩位置用的。

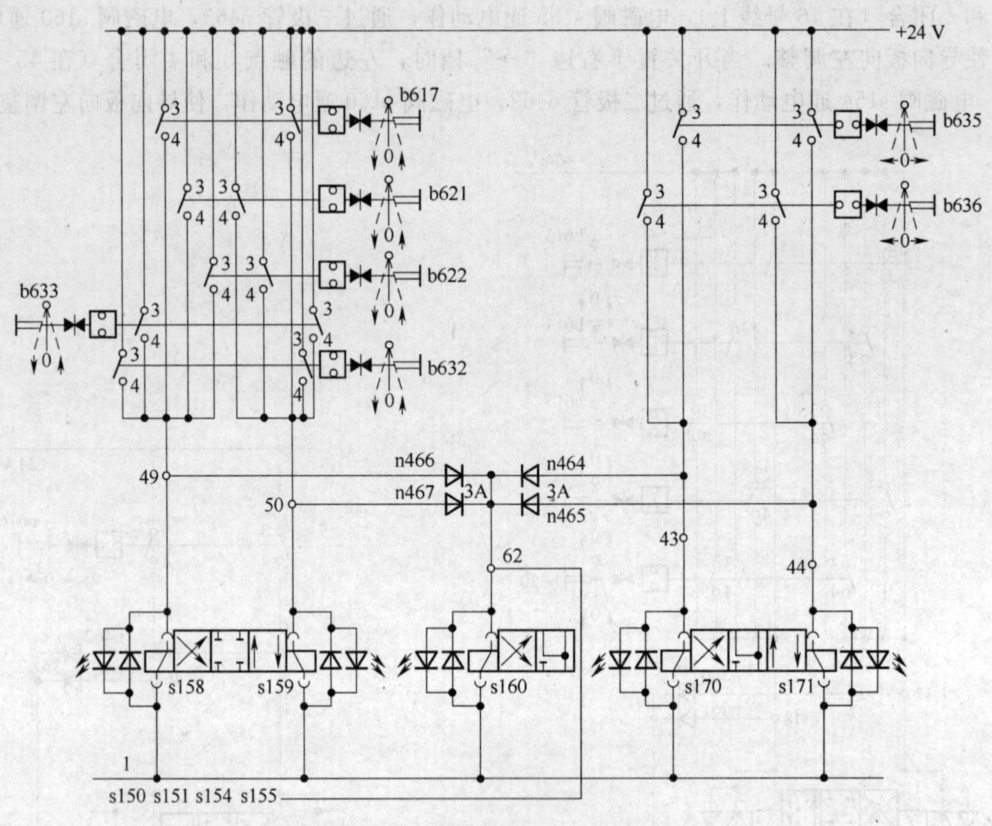

图 6-16　道砟导流闸板和护罩控制电路

开关 b635、b636 分别安装在配电箱 U169 和 U170 上，b635 和 b636 是三挡位旋钮开关，如图 6-16 所示。

当开关 b635 置于中间“0”挡时，其触点均不闭合，电磁阀 s170、s171 不通电。当开关置于左边“←”挡时，右边的触点 3 和 4 闭合（在 44 号线上），电磁阀 s171 通电，通过二极管 n465，电磁阀 s160 通电动作，使护罩向左边调整。当开关置于右边“→”挡时，左边的触点 3 和 4 闭合（在 43 号线上），电磁阀 s170 通电动作，通过二极管 n464，电磁阀 s160 通电动作，使护罩翻转挡板向右边调整。

3. 回油电磁阀和变量泵电磁阀动作过程

QS-650 清筛机有前后两个液压油油箱，回油箱电磁阀 s161 控制液压油回到那个油箱去。回油电磁阀 s161 由继电器 U108-C 和 U108-D 来控制，它们的电源接在 201 号、401 号线上，由柴油发动机发电机供电。下面按前、后柴油机工作的三种情况给予介绍。图 6-17 为回油和变量泵控制电路图。

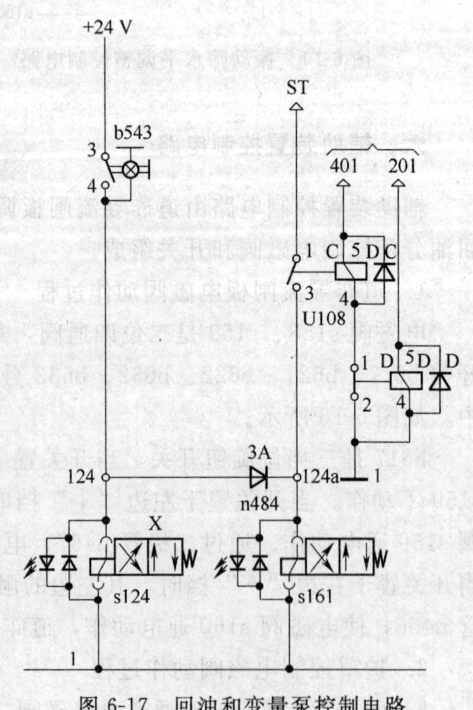

图 6-17　回油和变量泵控制电路

后柴油机运转，前柴油机停机：

201 号线有电，U108-D 通电动作，其触点 1 和 2 断开，U108-C 不动作，电磁阀 s161 不动作，同时向前、后液压油油箱回油。

前柴油机运转、后柴油机停机：

401 号线有电，U108-D 不动作，其触点 1 和 2 闭合，U108-C 通电动作，其触点 1 和 3 闭合，电磁阀 s161 通电动作，向前液压油油箱回油。

前、后柴油机同时运转：

201 号线和 401 号线同时有电，U108-D 通电动作，其触点 1 和 2 断开，U108-C 不动作，电磁阀 s161 不动作，同时向前、后液压油油箱回油。由于二极管 n484 的单向导电性，电磁阀 s124 在上述三种情况下不动作。

s124 是变量泵供油控制电磁阀，供油量的大小由操纵手柄控制，动作过程如下：

按下开关 b543，电磁阀 s124 通电动作，操纵者通过手动控制供油量。由于二极管 n484 的单向导电性，电磁阀 s161 通电动作，回油电磁阀 s161 打开，向前液压油油箱回油。

第四节 照明电路和辅助电路

一、照明电路

QS-650 清筛机电气照明系统分为走行照明、作业照明、工作照明、仪表显示和指示灯等电路。在柴油发动机不工作时，整车的一些必须要的照明灯、指示灯由蓄电池供电，但蓄电池的容量有限，因此在停车期间应尽量减少照明灯的开灯盏数。柴油发动机启动时启动机要耗掉大量电能，必须保证蓄电池有足够的电能才能顺利启动柴油发动机。

停车时，由蓄电池供电，供电范围为检修、清理作业环境、照明、仪表显示所必需的灯光；在柴油发动机启动运转后，三相发电机在向蓄电池充电和通过 2 号线向全车供电的同时，通过启动开关“1”挡来控制一部分工作灯、照明灯、仪表显示和指示灯等，具体电路在此不再分析。

二、辅助电路

为了保证清筛机作业和运转的顺利进行，还设置了各种辅助电路。

(1) 闸瓦磨损电路。闸瓦是易损件，除了人工定期检查外，在电路上也设有了显示电路。在闸瓦磨损后，其厚度小于 12 mm 时，红色信号灯（在前后驾驶仪表盘）发光，提醒操作者去检查闸瓦磨损的情况，给予更换。

(2) 前后挡风玻璃设有雨刮器和冲水电机。

(3) 为了保证驾驶室内空气的清洁，在前后驾驶室内都安装了换气扇，有进风和排风两种作用。

(4) 撒砂装置。为了防止机车在坡道上打滑，QS-650 清筛机设置了撒砂装置，撒砂装置由开关和电磁阀组成控制电路。

(5) 燃油加热和空调装置控制电路。

(6) 在 QS-650 清筛机设有三种警笛提示装置：

①蜂鸣器：可以提示驾驶室内的有关人员注意，表示操纵即将开始。

②电喇叭：提示在 QS-650 清筛机周围的行人和作业者注意开始作业。

③气喇叭：由于功率较大，可以提醒较远距离的人员注意清筛机行驶方向。

(7) 为了便于驾驶室之间互相联系，在 QS-650 清筛机上安装了有线通信装置。每个驾驶室内有话筒和扬声器，当需要讲话时，按下开关即可以与其他驾驶室通话；松开开关，可以听到其他驾驶室的回话。

复习思考题

1. QS-650 清筛机电气包含哪些部分？试述电气箱整机分布情况。
2. 分析气压制动控制电路原理。
3. 分析气压制动显示控制电路原理。
4. 分析起拨道装置控制电路原理。
5. 分析起道夹钳装置控制电路原理。
6. 分析道砟回填装置控制电路原理。
7. 分析回转污土输送带装置控制电路原理。
8. 分析振动筛装置控制电路原理。
9. 分析道砟导流闸板和护罩控制电路原理。
10. 分析回油和变量泵控制电路原理。
11. QS-650 清筛机有哪些辅助电路？各起什么作用？

第七章

制动系统

大型养路机械的制动系统往往由三大部分组成，一是空气制动机，二是手动制机，三是基础制动装置。空气制动机和手制动机的作用都是产生制动原力，最终需通过基础制动装置将制动原力经杠杆传递给闸瓦，产生制动和缓解作用。

第一节　YZ-1 型制动机的组成与作用原理

一、YZ-1 型制动机组成

QS-650 全断面道砟清筛机制动系统采用的是 YZ-1 型空气制动机。YZ-1 型制动机的组成如图 7-1 所示。

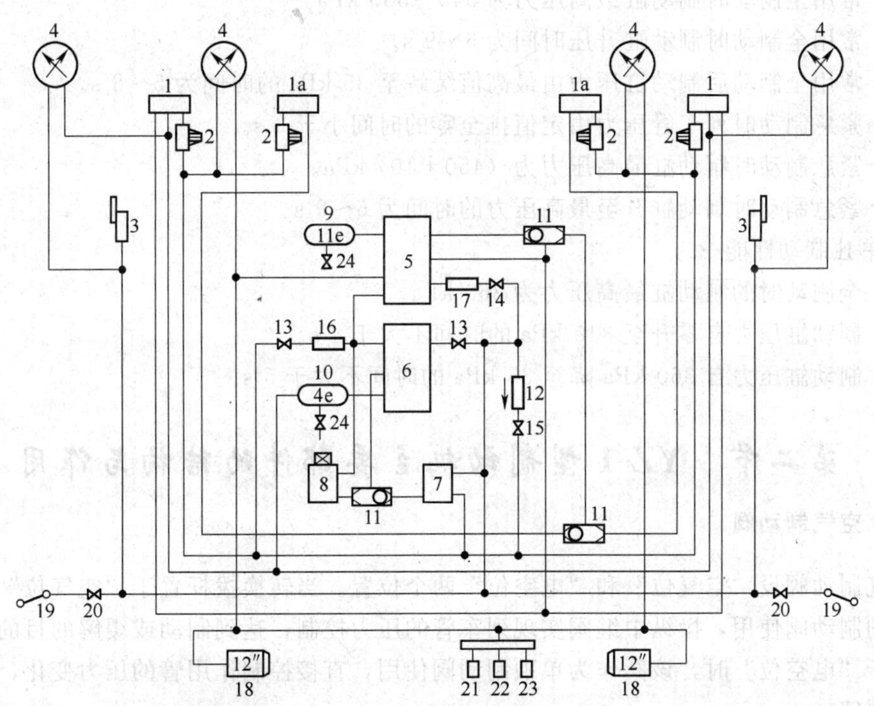

图 7-1　YZ-1 型制动机组成

1—自动制动阀；1a—单独制动阀；2—调压阀；3—紧急制动阀；4—双针压力表；5—109 分配阀；6—中继阀；7—列车管紧急放风阀；8—电磁阀；9—工作风缸；10—均衡风缸；11—梭阀；12—滤尘止回阀；13、14、15—截断塞门；16、17—滤清器；18—BG 型 12 英寸制动缸；19—制动软管连接器；20—列车管折角塞门；21、22、23—压力开关；24—排水塞门

二、YZ-1 型制动机的作用原理

YZ-1 型制动机在自动制动作用时，自动制动阀实施均衡风缸的压力控制；中继阀根据均衡风缸的压力变化，使列车管的压力产生相应变化；分配阀响应列车管的压力变化，产生制动和缓解的控制。其制动控制路线如图 7-2 所示。

自动制动阀 2→均衡风缸 3→中继阀 7→列车管 4→分配阀 6→制动缸 5。

YZ-1 型制动机在单独制动作用时，单独制动阀直接控制制动缸的压力。即：

单独制动阀 1→分配阀 6 均衡部膜板下侧→制动缸 5。

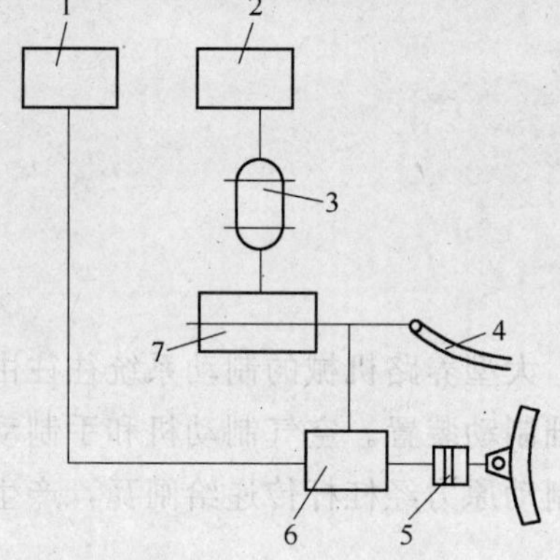

图 7-2　YZ-1 型制动机控制过程示意图
1—单独制动阀；2—自动制动阀；3—均衡风缸；4—列车管；5—制动缸；6—分配阀；7—中继阀

三、YZ-1 型制动机主要技术性能

1. 自动制动性能（列车管压力 500 kPa）

（1）均衡风缸压力自零充至 480 kPa 的时间为 5～7 s。

（2）均衡风缸压力自 500 kPa 减压至 360 kPa 的时间为 5～8 s。

（3）常用全制动时制动缸最高压力为 340～380 kPa。

（4）常用全制动时制动缸升压时间为 6～9 s。

（5）常用全制动后制动缸压力由最高值缓解至 35 kPa 的时间为 5～8 s。

（6）紧急制动时列车管压力由定值排至零的时间小于 3 s。

（7）紧急制动时制动缸最高压力为（450±10）kPa。

（8）紧急制动时制动缸升至最高压力的时间为 6～9 s。

2. 单独制动性能

（1）全制动时的制动缸最高压力为 360 kPa。

（2）制动缸压力自零升至 340 kPa 的时间不大于 4 s。

（3）制动缸压力自 360 kPa 降至 35 kPa 的时间不大于 5 s。

第二节　YZ-1 型制动机主要部件的结构与作用

一、空气制动阀

空气制动阀设“空气位”和“电空位”两个位置。当转换拨杆置于“空气位”时，该阀作为自动制动阀使用，操纵中继阀实现列车管的压力控制，达到制动或缓解的目的；当转换拨杆置于“电空位”时，该阀作为单独制动阀使用，直接控制作用管的压力变化，产生单独制动或缓解。

空气制动阀共有 4 个工作位置，按逆时针排列顺序为：缓解、运转、中立和制动。

1. 空气制动阀的结构

空气制动阀的结构如图 7-3 所示，主要由手把、转轴、作用凸轮、定位凸轮、作用柱塞、转换柱塞、排气阀、电联锁及管座等组成。

(1) 手把、转轴和凸轮

手把 1、转轴 13 和定位凸轮 3、作用凸轮 4 组成动作机构，实现不同工作位置的气路和电路通断，保证动作的准确可靠。手把只能在运转位取出。转轴 13 为空心方轴结构，外套定位凸轮 3 和作用凸轮 4，转轴中装有顶杆 14，顶杆上顶手把，下与排气阀 6 相连。由于工作位置范围小于 180°，所以定位凸轮有两个作用：与定位柱塞 9 组成定位机构，确保工作位置的准确无误；与联锁开关组 2 构成电路的控制。作用凸轮根据各工作位置的行程变化来控制作用柱塞 8 的左右移动，实现气路的连通或切断。

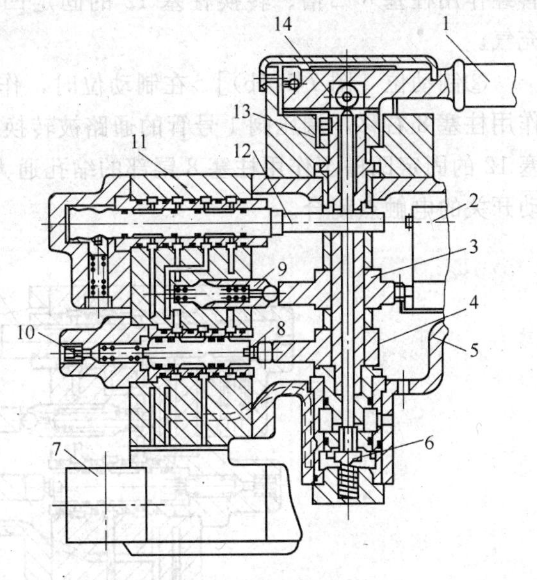

图 7-3　空气制动阀

1—手把；2—联锁开关组；3—定位凸轮；4—作用凸轮；5—凸轮盒；6—排气阀；7—管座；8—作用柱塞；9—定位柱塞；10—空气位排气堵；11—阀体；12—转换柱塞；13—转轴；14—顶杆

(2) 柱塞阀与联锁开关组

该制动阀共装有两个柱塞阀，上部为转换柱塞 12，它不随手把转动而动作，而是通过阀左侧的电-空转换拨杆的扳动作左右移动，通过定位装置使该转换柱塞只有两个工作位："电空位"和"空气位"。柱塞的移动不仅切换了气路的连通，同时使开关座上方的电联锁开关的通、断也发生改变。下部为作用柱塞 8，它随手把转动而动作，由凸轮与弹簧使作用柱塞左右移动，改变气路的连通。

制动阀上装有联锁开关组 2，它有两个微动开关。上微动开关受转换柱塞 12 的控制；下微动开关受定位凸轮 3 的控制，并通过接线端子与外电路相连。在 YZ-1 制动系统中，只有在"空气位"时才使用下微动开关的电联锁。

(3) 排气阀与管座

排气阀亦称单独缓解阀，它为橡胶平面密封结构。当手把下压时，通过顶杆 14 使排气阀 6 离开阀座，实现单独缓解作用。

管座 7 既是空气制动阀的安装座也是管路的连接座。管座上接三根管子，接管根据空气制动阀的作用位置的不同而不同。

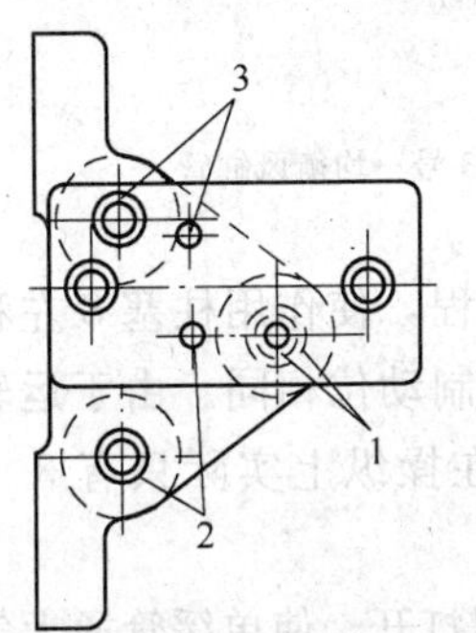

图 7-4　空气制动阀管座接管图

1—1 号管；2—2 号管；3—3 号管

空气制动阀管座接管如图 7-4 所示。

空气位（自动制动阀）：1 号管是调压阀管，2 号管是单独缓解管，3 号管是均衡风缸管。

电空位（单独制动阀）：1 号管是调压阀管，2 号管是作用管，3 号管空缺。

2. 空气制动阀的作用

(1) 空气位

当转换柱塞拨在"空气位"后，该空气制动阀作为自动制动阀使用。转换柱塞将单缓管至作用柱塞通路切断，而沟通均衡风缸至作用柱塞的通路，从而使该制动阀能控制均衡风缸的排风和充风。此时有 3 个工作位置：缓解、中立和制动。其作用原理如图 7-5 所示（同时参见图 7-3）。

①缓解位［图 7-5（a）］。在缓解位时，作用凸轮 4 推动作用柱塞 8 左移，使调压阀 1 号管经作用柱塞 8 凹槽、转换柱塞 12 的固定凹槽与均衡风缸 3 号管连通，实现均衡风缸的充气。

②制动位［图 7-5（b）］。在制动位时，作用凸轮 4 有一个降程，在弹簧反力作用下使作用柱塞 8 右移，调压阀 1 号管的通路被转换柱塞 12 切断，同时均衡风缸 3 号管经转换柱塞 12 的固定凹槽至作用柱塞 8 尾部的缩孔通大气，使均衡风缸减压。定位凸轮 3 也使下微动开关的电触点闭合。

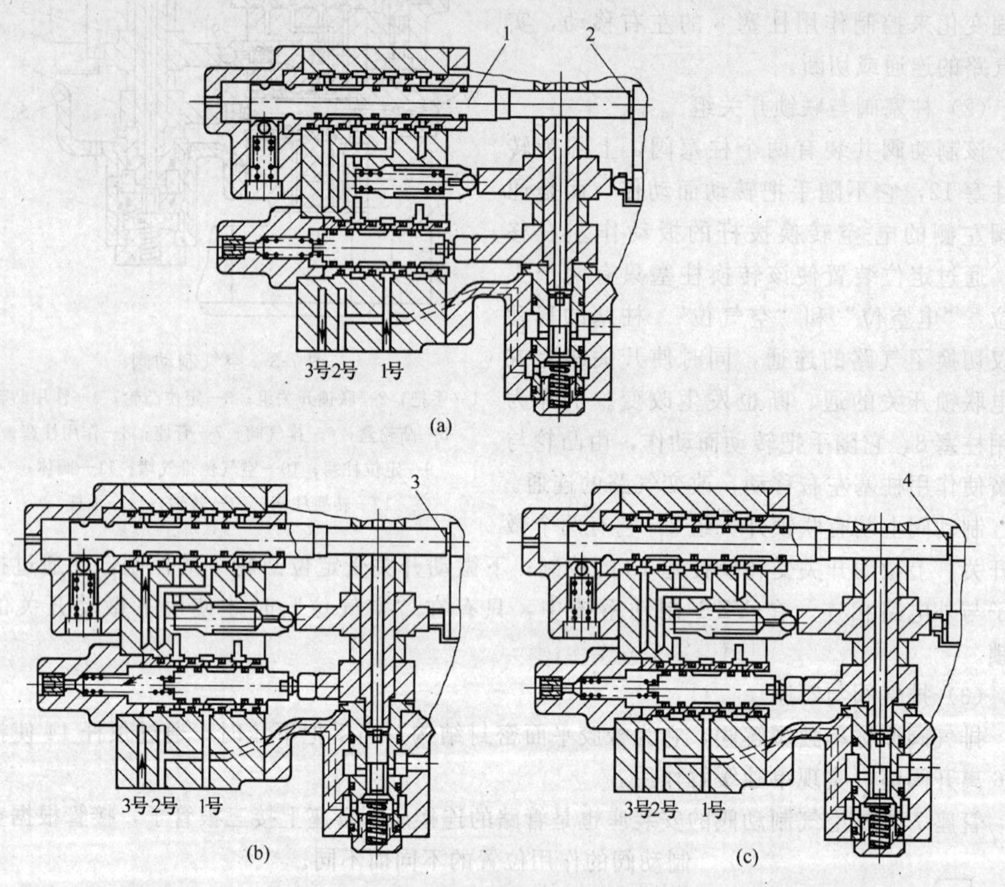

图 7-5　空气制动阀作用原理图——空气位

1—转换柱塞；2、3、4—已压缩开关；1 号—调压阀管；2 号—作用管；3 号—均衡风缸管

③中立位［图 7-5（c）］。在中立位时，作用凸轮 4 有较小的升程，使作用柱塞 8 左移至中间位，切断各管的通路。同时定位凸轮 3 与下微动开关的位置与制动位相同。由于运转位与中立位在气路上是相同的，而电联锁在相位上正好相反。所以在操纵上实际只有 3 个位置，中立位与运转位都具有保压作用。

为了在制动保压时实施单独缓解，必须通过下压手把，将排气阀打开，使单缓管通大气。

(2) 电空位

转换柱塞 12 拨在“电空位”后，空气制动阀就作为单独制动阀使用。转换柱塞 12 将均衡风缸通路3号管阻断，仅沟通作用管2号管至作用柱塞8的通路，从而使制动阀能够控制作用管2号管的排风和充风。此时有4个工作位置：缓解、运转、中立和制动，其作用原理如图7-6所示。

①缓解位［图7-6（a）］。在缓解位时，作用凸轮4与作用柱塞8的位置同空气位的缓解位相同，只是参与作用的不是均衡风缸管，而是作用管。作用管2号管经转换柱塞12固定凹槽与大气相通，实施了单独缓解。

②制动位［图7-6（b）］。在制动位时，作用柱塞8右移，使作用管2号管通大气的通路被切断，同时使调压阀1号管经作用柱塞8凹槽、转换柱塞12凹槽通作用管2号管，实施了单独制动。

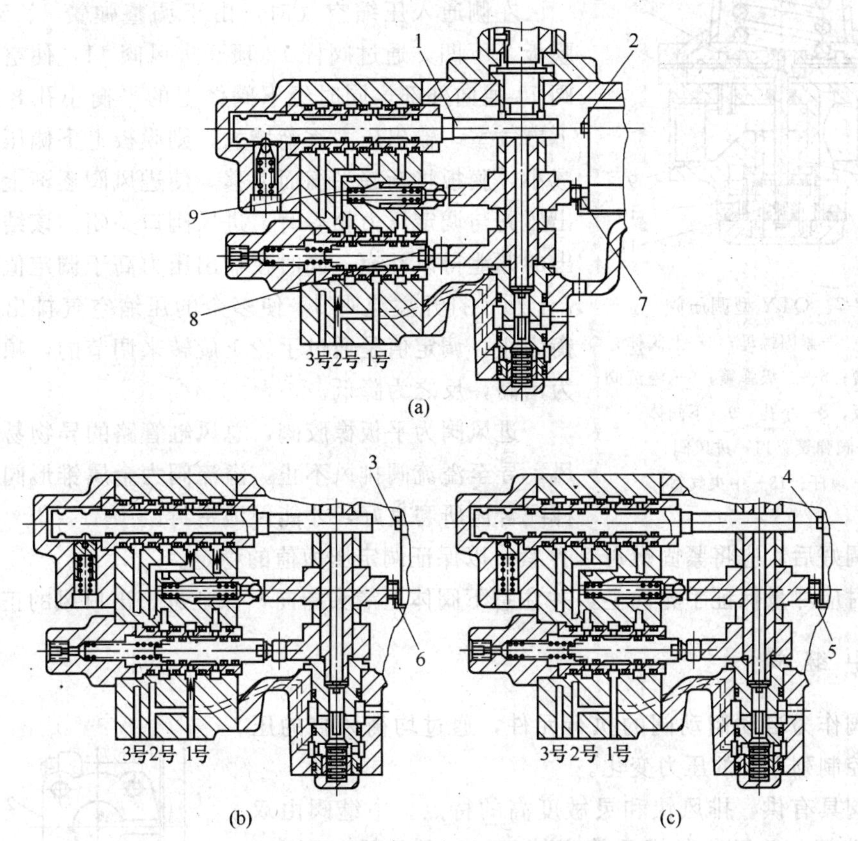

图7-6 空气控制阀作用原理图——电空位

1—转换柱塞；2、3、4、7—未压缩开关；5、6—已压缩开关；8—作用柱塞；9—定位柱塞；
1号—调压阀管；2号—作用管；3号—均衡风缸管

③中立位［图7-6（c）］。在中立位时，同空气位一样，切断各管的通路，保持作用管的压力，实施了制动后的保压。

④运转位。在运转位时，作用凸轮4与作用柱塞8位置与中立位相同，其气路的状态与中立位也相同。

二、调压阀

调压阀是为满足系统中气路的不同的调定压力，并保证稳定的供风而设置的。其调定压力及供风能力是根据不同要求进行选择的。本系统中只选用相同规格的调压阀，满足了各气路的要求。因列车管的定压充风是间接通过中继阀来实现的；单独制动时向制动缸的充风是通过分配阀的均衡部来间接实现的，它们均不必用大流量的调压阀就能满足要求。全车共用4个型号为QTY-10的调压阀，其中自动制动阀和单独制动阀下部各装有两个调压阀。

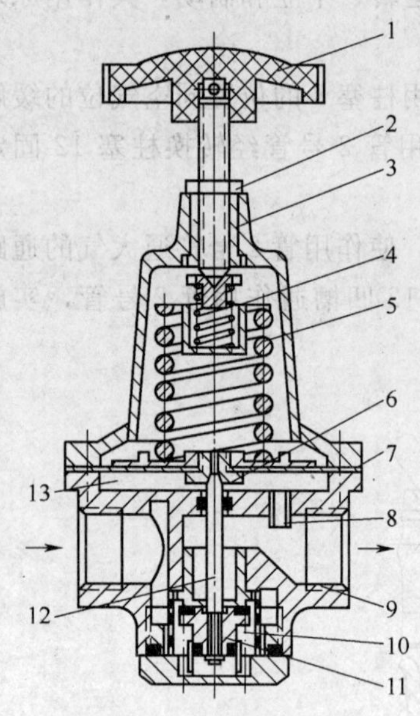

图7-7　QTY型调压阀
1—手轮；2—紧固螺母；3—上阀体；4—一级弹簧；5—二级弹簧；6—溢流阀；7—膜板；8—小孔；9—下阀体；10—阀弹簧；11—进风阀；12—阀杆；13—中央气室

该调压阀为气压传动的通用件，主要由调压弹簧、膜板、调整手轮、进风阀、阀座及溢流阀等组成，其结构如图7-7所示。

左侧通入压缩空气时，由于调整弹簧4、5的作用，膜板7下凹，通过阀杆12顶开进风阀11，使空气经进风阀11通向外部，同时经下阀体上的平衡小孔8进入膜板下方气室。输出压力逐渐增大，则膜板上下侧压力差逐渐减小，膜板将渐趋平衡而上移，使进风阀逐渐上移。在输出压力与调定压力相等时，进风阀口关闭。该结构能使输出的漏泄得以补充，同时在输出压力高于调定值时，膜板7上凸，打开溢流阀6，使多余的压缩空气排出，直至平衡为止。调定值是通过手轮1旋转来调节的，顺时针旋转为增高，反之为降低。

进风阀为平板橡胶阀，总风缸管路的异物易使阀口漏风，导至溢流阀排风不止。溢流阀为金属锥形阀口，与阀杆配合需研磨良好，才能保证密封。

压力调好后，应将紧固螺母2拧紧，以保证调定压力值的稳定。

安装时应尽量保证手轮向上，并注意下阀体上箭头指向，保证进、出口风的正确接管。

三、中 继 阀

中继阀作为自动制动阀的执行元件，通过均衡风缸的压力变化来控制列车管的压力变化。

中继阀具有供、排风快和灵敏度高的特点。中继阀由双阀口式中继阀、总风遮断阀及管座等组成，其组成如图7-8所示。

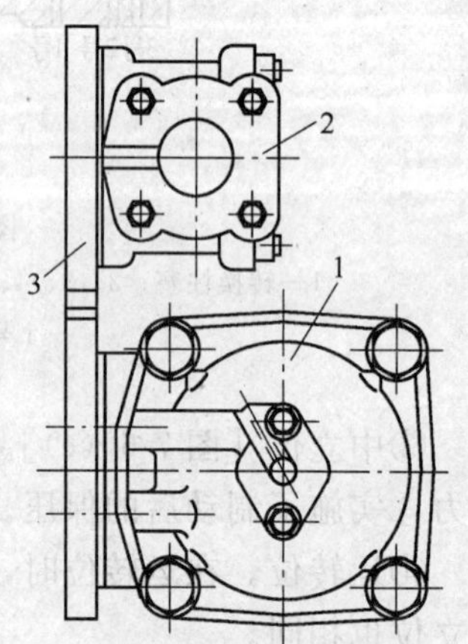

图7-8　中继阀组成
1—双阀口式中继阀；2—总风遮断阀；3—管座

1. 双阀口式中继阀

如图7-9所示，双阀口式中继阀由主活塞、膜板、排风阀、供风阀、阀套及阀体等组成。

过充阀是为提高列车管的充风速度而设置的。因在YZ-1型制动系统中，不利用中继阀的过充特点，故从略。

中继阀主要作用是控制列车管的充风和排风。主活塞19的左侧与均衡风缸管连通，其右侧与列车管相通。主活塞通过顶杆20与排风阀10、供风阀4联动，排风阀室与大气相通，供风阀室通总风管。

根据均衡风缸的压力变化，该阀共有 3 个作用位置，如图 7-10 所示。

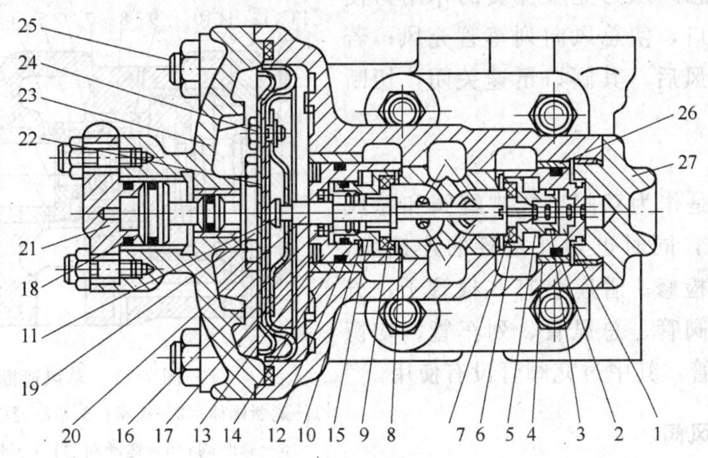

图 7-9　双阀口式中继阀

1—供风阀套；2、3、11、12、14—O 形圈；4—供风阀；5—供风阀弹簧；6、15—胶垫螺帽；7—供风阀套挡圈；8—排风阀挡圈；9—排风阀胶垫；10—排风阀；13—定位挡圈；16—排风阀套；17—排风阀弹簧；18—过充柱塞；19—主活塞；20—顶杆；21—过充盖；22—膜板；23—中继阀盖；24—螺钉；25—螺栓；26—供风阀胶垫；27—螺盖

(1) 充气缓解位［图 7-10 (a)］

主活塞 3 左侧均衡风缸压力增加，膜板活塞向右侧移动，通过顶杆将供风阀口 1 开启，总风管 6 压力空气经供风阀口 1 向列车管 5 充风，同时经 1 mm 的缩孔 8 使列车管与主活塞右侧连通，列车管压力的增加，逐渐平衡主活塞左侧压力，活塞左移逐渐缩小供风阀口，直至关闭。

(2) 保压位［图 7-10 (b)］

当主活塞 3 两侧压力接近一致时，主活塞处于平衡状态。供风阀口 1 与排风阀口 2 均在其弹簧作用下关闭。主活塞任何一侧压力降低或增高时，主活塞就向低压侧移动，从而相应的打开供风阀口或排风阀口，直至达到新的平衡，即保压位的主活塞最终处于平衡状态。

(3) 制动位［图 7-10 (c)］

当主活塞左侧的均衡风缸压力降低，右侧列车管压力推动主活塞左移，主活塞使顶杆带动排风阀离开阀座，开启排风阀，此时列车管的压力空气经排风口 7 排向大气，同时活塞右侧室压力空气经缩孔随列车管一同降压。

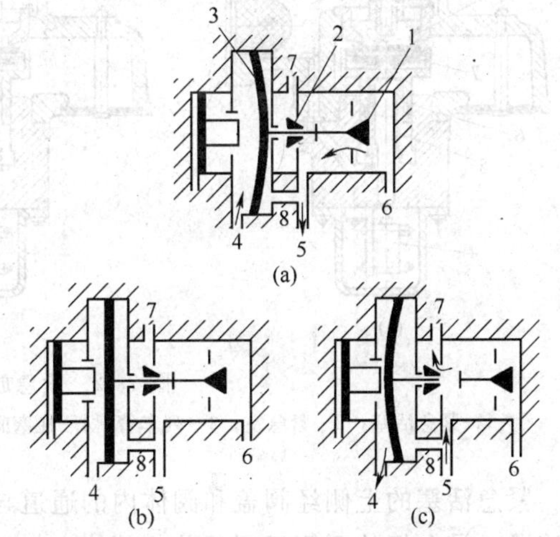

图 7-10　中继阀各作用位置示意图

1—供风阀口；2—排风阀口；3—主活塞；4—均衡风缸管；5—列车管；6—总风管；7—排风口；8—缩孔

2. 总风遮断阀

如图 7-11 所示，总风遮断阀由阀体、遮断阀、阀座、弹簧等组成。总风遮断阀中的遮

断阀与中继阀中的排风阀通用。该阀作为控制总风向列车管充风的一道关口，当遮断阀左侧无压缩空气时，总风压力克服弹簧的作用力使阀左移，打开阀口，使总风向列车管充风；若在其左侧通入总风后，其阀口迅速关闭，切断列车管风源。

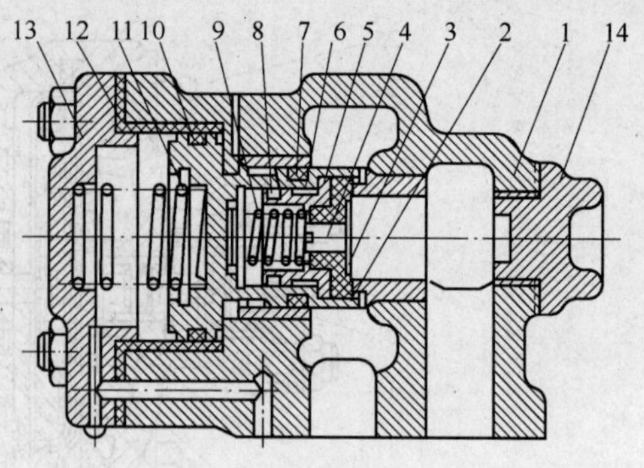

图 7-11　总风遮断阀

1—遮断阀体；2—阀座；3、12—胶垫；4—胶垫螺帽；5—遮断阀；6—遮断阀套；7、8、10—O 形圈；9—遮断阀弹簧；11—弹簧；13—遮断阀盖；14—螺盖

3. 管座

中继阀管座是作为双阀口式中继阀和总风遮断阀的安装座，同时也是外接管的连接座，这样便于组装和检修。管座上有 5 根管子，分别为：总风遮断阀管、总风管、列车管、均衡风缸管和过充阀管，其中过充阀管没有使用。

四、紧急放风阀

紧急放风阀的作用是在紧急制动时加快列车管的排风，使紧急制动的作用可靠，提高紧急制动灵敏度和紧急制动速率。

紧急放风阀主要由阀和安装座组成，安装座内有容积为 1.5 L 的紧急室，列车管通阀安装座，将阀安装在安装座上。该阀的结构如图 7-12 所示，由紧急活塞、夹芯阀、放风阀、导向杆、传递杆和柱塞阀等组成。紧急活塞由橡胶膜板密封，导向杆和传递杆由 O 形橡胶密封圈密封。

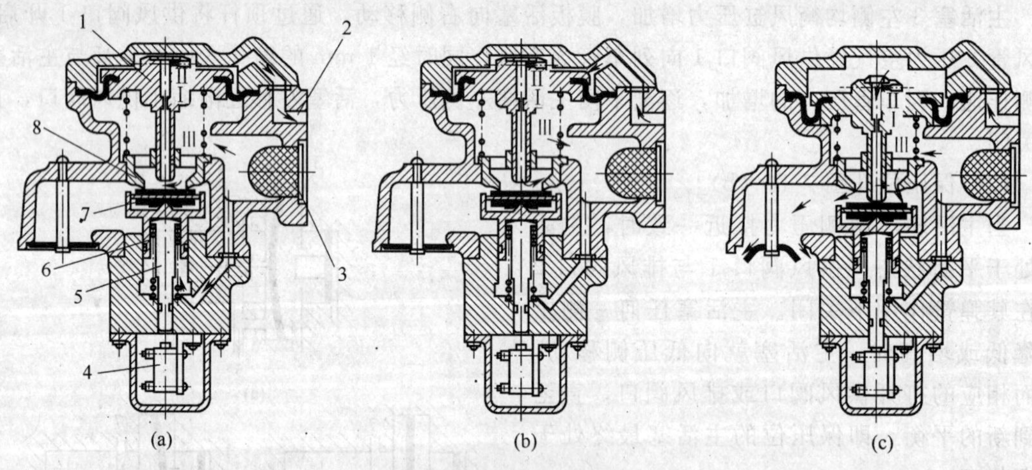

图 7-12　紧急放风阀结构原理图

1—紧急活塞；2—紧急室；3—列车管；4—柱塞阀；5—传递杆；6—导向杆；7—夹芯阀；8—放风阀

紧急活塞的上侧经阀盖和阀体内的通道与阀座内紧急室连通，下侧经阀座内通孔与列车管连通；导向杆的下侧经阀下盖、阀体也与列车管连通。

该阀有 3 个作用位置：充气位、常用制动位和紧急制动位。

1. 充气位［图 7-12（a）］

当列车管充风时，紧急放风阀处于充气位。从列车管来的压力空气，经滤尘网进入紧急活塞下方，并推紧急活塞上移，直至活塞与上盖接触，并通过一个 $\phi 16$ mm 的密封圈与上盖密贴。这时进入活塞下方的列车管压力空气，经活塞尾部与夹芯阀的间隙，通过活塞中心的

空心杆和 $\phi1.7$ mm 的缩孔Ⅰ，再经上部横向 $\phi0.5$ mm 的缩孔Ⅱ向紧急室充风，直到紧急室压力与列车管压力相等为止。缩孔Ⅱ的通径最小，它起到了限制向紧急室充风的作用，使紧急室的压力不能与列车管压力同步上升，防止了列车管充风时因列车管压力的波动而引起的意外紧急放风。

由列车管进入紧急放风阀的空气除一路进入紧急室外，还有一路从 A 孔进入导向杆的下方，与导向杆 6 内的弹簧作用力共同使夹芯阀 7 密贴在阀座上，关闭了列车管的排风通路。

在充气位时，位于尾端的柱塞阀 4 处在复原状态。

2. 常用制动位［图 7-12（b）］

当列车管按常用制动速率排风时，紧急活塞下方的列车管压力也随之下降。但是紧急室的压力空气因受缩孔Ⅱ、Ⅰ的限制，来不及同步向列车管逆流，造成活塞上方的压力稍高于下方，使活塞缓缓下降，上方的密封圈与上盖分开，这就使缩孔Ⅰ成为紧急室向列车管逆流的限制孔。这个缩孔能保证在常用制动减压速率下，紧急室的逆流速率与列车管压力下降速率保持一致，使紧急活塞处于悬空状态。当列车管保压时，活塞在弹簧力作用下又恢复至充风位。但紧急室的压力与列车管压力均为制动保压后的压力。可见缩孔Ⅰ的大小直接影响该阀的性能，过大则会降低阀的紧急制动灵敏度，过小又会降低阀的常用制动的稳定性。

3. 紧急制动位［图 7-12（c）］

紧急制动时列车管压力以紧急速率快速排向大气，但紧急室的逆流速率远低于列车管的减压速率，使活塞上方的紧急室压力远高于活塞下方的列车管压力，活塞继续下移，压下夹芯阀，开放排风阀口，产生紧急制动。

因活塞 1 杆尾部已紧贴夹芯阀 7，紧急室压力已无法经活塞杆中心孔道排出，它只能经横向 $\phi1.2$ mm 的缩孔Ⅲ向外排出。可见缩孔Ⅲ的设计是为了限制紧急室在紧急制动时的排风速度，使其慢于列车管的排风速度，保证了排风阀口有足够的开放时间。

另外，放风阀下部的柱塞阀 4 也被压缩，使中继阀的遮断阀管充以总风，从而切断了中继阀向列车管充风的供风源。

紧急室压力排空后，在活塞弹簧的作用下，紧急活塞回复至充气位。此时，放风阀关闭，柱塞阀复原，列车管才能恢复充风。

五、分配阀

YZ-1 型制动系统采用的是电力机车 DK-1 制动系统中的 109 型分配阀，但也进行了部分改进，如安装座内的容积室由 3.8L 改为 1.85L，取消局减阀与充气部；将安全阀设置在双室风缸上等。

1. 109 型分配阀的构造

如图 7-13 所示为 DK-1 制动系统中的 109 型分配阀，它由主阀、安装座及安全阀三大部分组成。主阀用 M16 的双头螺栓和螺母安装在安装座垂直面上，安装面用橡胶垫密封，安装座坐式安装在支架上。将阀与接管通过安装座分离，使拆检极为便利。

(1) 主阀

主阀控制不同通路的充风、缓解、制动和保压，是分配阀最主要部分。它由主阀部、均衡部和增压阀等三部分组成。

①主阀部（参见图 7-18）。主阀部系利用列车管与工作风缸的压力差来产生充风、局

减、制动、保压和缓解等作用的。它由主活塞4和橡胶膜板、滑阀3、滑阀弹簧、节制阀7、节制阀弹簧、稳定杆、稳定弹簧及挡圈等组成。主活塞的膜板上、下两侧互相密封，膜板上侧通列车管L孔，下侧通工作风缸G孔，主阀部就是利用膜板上下压力差，即列车管与工作风缸的压力差，带动节制阀7和滑阀3上下移动，形成各个不同的作用位置。稳定杆、稳定弹簧和挡圈等零件安装在主活塞杆尾部的套筒内。它在一定程度上阻碍了主活塞向上移动，可以防止列车在运行中因列车管轻微漏泄或压力波动而引起的意外自然制动，从而加强制动机在缓解状态时的稳定性。

节制阀、滑阀、滑阀座上的孔和槽布置如图7-14所示。

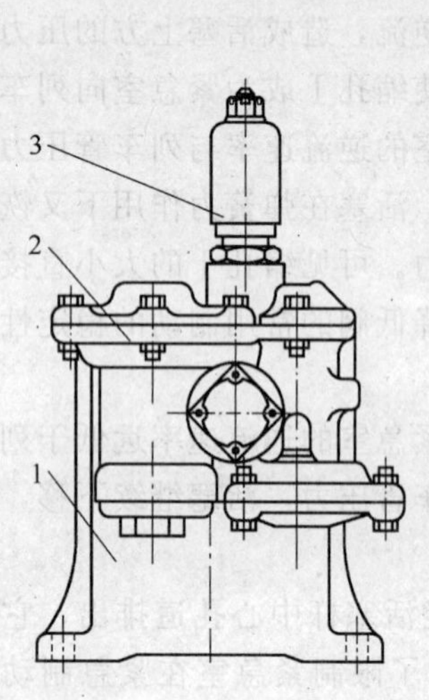

图7-13　109型分配阀

1—主阀；2—安装座；3—安全阀

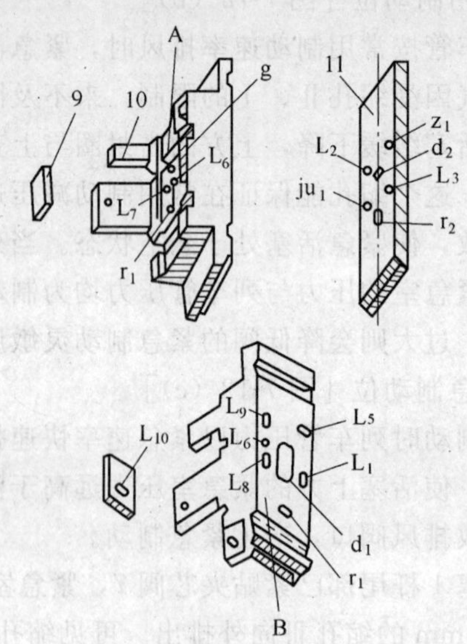

图7-14　节制阀、滑阀、滑阀座孔、槽布置图

A—背面（滑阀）；B—底面（滑阀）

当主活塞两侧压力差引起上下移动时，它带动节制阀相对于滑阀以及带动滑阀相对于滑阀座移动，分别使对应通路连通或切断，从而产生充风、缓解、局减、制动和保压等作用。

②均衡部（参见图7-19）。均衡部位于主阀部右侧，它由下部的均衡活塞部、上部的均衡阀部等组成。

均衡活塞部包括均衡活塞9、橡胶膜板10、密封圈等零部件。均衡阀7与均衡阀杆用销8连接，这样即使阀座与阀杆中心稍有偏斜，也不影响阀的气密性。橡胶膜板上侧通制动缸，下侧通容积室。均衡活塞杆上的轴向中心孔径杆上的四个径向孔通大气，并装有密封圈，以防止制动缸的漏泄。均衡阀上侧通总风管，下侧通制动缸。另在阀体上装有ϕ0.8 mm的缩孔堵，以适应不同缸径的制动缸容量，使制动缸压力保持稳定。

主阀部可控制容积室的压力变化，使均衡活塞按其上下两侧压力关系而上下移动或停留，从而使均衡阀顶开或关闭，并使均衡活塞杆上端中心孔关闭或开启，以控制制动缸的充风、保压和排风，实现制动、保压和缓解作用。单独制动阀作用时，直接接受作用管的压力变化，达到单独制动或缓解的目的。

③增压阀（参见图7-19）。为提高紧急制动时制动缸压力，在主阀体中下部设有增压阀。

增压阀由增压阀杆 11、增压阀弹簧 12 和增压阀套等组成。增压阀杆的上侧通列车管，其轴向中心孔经下部径向小孔通容积室。增压阀套压在主阀体内，沿径向有 8 个 ϕ1 mm 的小孔，小孔通总风管。

自动制动阀在缓解或制动位时，增压阀杆由于增压阀弹簧和列车管压力的作用而处于下部位置，即关闭位。此时总风缸与容积室不通。只有在紧急制动时，由于列车管压力的骤降，下侧容积室的压力快速增长，增压阀杆向上移动，当容积室压力增大到一定值时，到上部位置，即开放位。此时总风管与容积室连通，即 C_3 与 r_3 相通，形成容积室的增压作用，经均衡部均衡阀开启，f_4 与 z_3 相通使制动缸压力也获得增压。

④主阀体。主阀体用铸铁铸成，内部有用来安装主阀部、均衡部和增压阀的空腔，并压装有与各部件相配的铜套，还有许多通道作为内部气路。主阀安装面上的通孔如图 7-15 所示。其中有一个孔径为 ϕ0.8 mm 的缩孔堵，在施行制动的第一阶段局减时，流入安装座内局减室的压力空气，经该缩孔沿胶垫槽路缓慢排入大气，实现列车管的局减。在主阀体上左侧中部有主阀部排风口 d_3（排容积室的风），其右侧中部为均衡部排风口（排制动缸的风）。

（2）安全阀

安全阀主要由阀、阀杆、调整弹簧、阀体等组成，如图 7-16 所示。安全阀的功用是限制容积室的压力，从而控制制动缸的压力，防止紧急制动作用后制动缸压力过高，使其在规定的范围内（调定压力为 450 kPa，无动力回送时定为 180～220 kPa）。

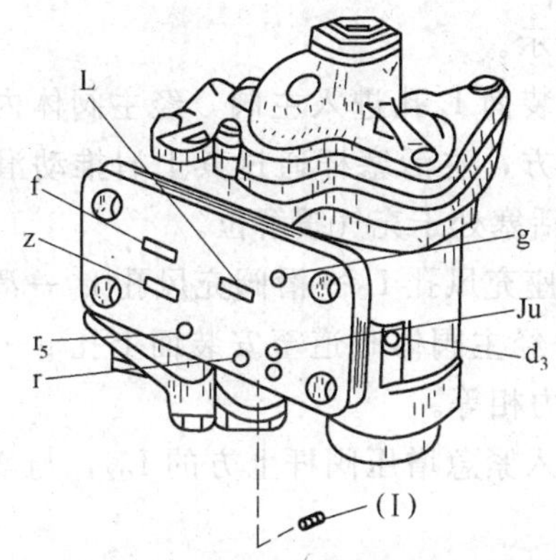

图 7-15　主阀安装面通孔

L—列车管；f—副风缸；z—制动缸；g—工作风缸；r—容积室；Ju—局减室；d_3—主阀部排风口；（Ⅰ）—局减室排风缩堵孔（ϕ0.8 mm）；r_5—均衡活塞下方室

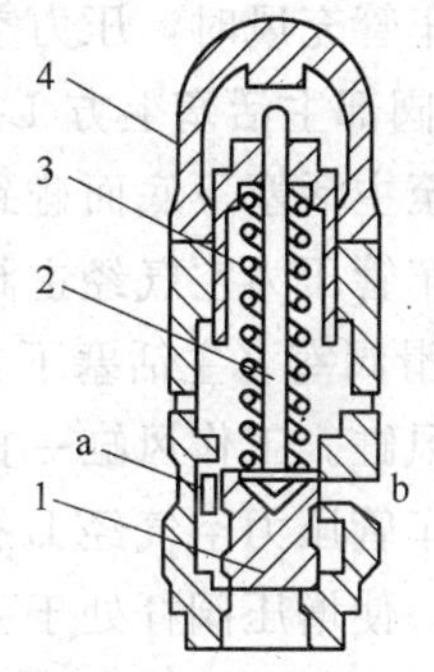

图 7-16　安全阀

1—阀；2—阀杆；3—调整弹簧；4—阀体；a—直孔；b—排风口

当容积室压力超过调整弹簧压力时，阀口稍微离开阀座，压力空气进入较大的阀面上，使阀快速上升，阀杆上移，将通往阀上部的左侧直孔 a 通道关闭，同时开放排风口 b，使容积室压力降低。一旦容积室压力降低，调整弹簧又将阀稍微压下，此时左侧直孔 a 开放；压力空气进入阀的上部，使阀的上部受力增大，迅速将阀压下，关闭排风口 b。当容积室压力再度增加时，又重复上述过程。由于该过程很快，所以安全阀的动作是跳跃式的。

（3）安装座

安装座用灰铁铸成，座内铸有 1.85 L 的容积室空腔和 0.6 L 的局减室空腔。安装座背面和右侧面为接管面。背面接总风管（F）、制动缸管（Z）、作用管（R）、列车管（L）及工作风缸管（G）5 根管子。右侧面接单独缓解管（H），它经主阀安装面上的 r_5 孔，通分配阀均衡活塞的下侧。正面则为主阀安装面。顶面装有安全阀，与座内的容积室相通。安装座如图 7-17 所示。

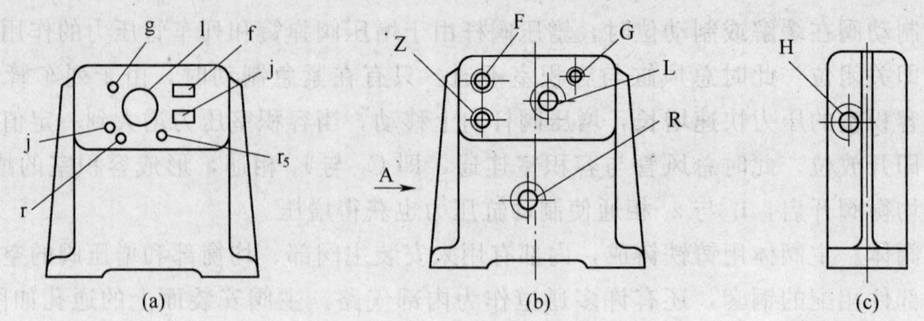

图 7-17　分配阀安装座

Z—制动缸；F—总风管；G—工作风缸；L—列车管；R—作用管；H—单缓管；
g—通工作风缸；l—通列车管；f—通总风管；z—通制动缸；r—通容积室；
r_5—通均衡活塞下侧和单缓管；j—通局减室

2. 109 型分配阀的作用

分配阀具有充气缓解位、常用制动位、保压位和紧急制动位 4 个作用位置。

(1) 充气缓解位

分配阀充气缓解位的作用原理如图 7-18 所示。

列车管充风时，压力空气经安装座主阀安装面 L 孔进入主阀，经主阀体内暗道及通路 L_1 到主阀部主活塞上方 L_{11}，将主活塞推向下方，主活塞杆通过其上肩推动滑阀一起向下移，直至主活塞下底面碰到主阀体时为止。主活塞处于充气缓解位。

列车管压力空气经主阀安装面 L 孔→滑阀座充风孔 L_2→滑阀充风孔 L_5→滑阀充风限制孔 g_1→滑阀室（主活塞下方）→滑阀室孔 g_2→经主阀体暗道至安装面上孔 g→安装座 G 孔→工作风缸。工作风缸一直充气至与列车管压力相等。

列车管压力空气经 L 孔和主阀体内暗道进入紧急增压阀杆上方的 L_{12}，与增压弹簧的共同作用，使增压阀杆处于下部关闭位。

容积室的压力空气经安装面上的 r 孔→增压阀杆下部周围空间 r_3→滑阀座孔 r_2→滑阀底部的缓解联络槽 d_1→滑阀座孔 d_2→主阀部排风口 d_3→大气。均衡活塞下方的压力空气经主阀体内暗道 r_4→安装座侧面 H 孔→通过外接的单缓管→安装座 R 管→容积室，再经上述通路通大气。

由于容积室的缓解，均衡活塞上下失去了平衡，制动缸压力使活塞下移，造成活塞杆顶端的排风阀口离开均衡阀，制动缸压力空气经安装座→主阀安装面上的 L 孔→均衡活塞上部外围 Z_3→活塞杆轴向中心孔和径向孔 d_5→均衡部排气口 O→大气。

(2) 常用制动位

分配阀制动位的作用原理如图 7-19 所示。

当列车管 L 减压后，主阀部的主活塞两侧形成一定的压差，主活塞尾部首先压缩稳定弹簧 14，带动节制阀上移。此时由于滑阀与滑阀座间的最大静摩擦力大于压缩稳定弹簧所需的张力，故滑阀暂时未动。节制阀上移时，先关闭滑阀背面的充风孔 g_1，以切断列车管与工作风缸的通路。同时又开放滑阀背面上的制动孔 r_1，以备下一阶段工作风缸向容积室充

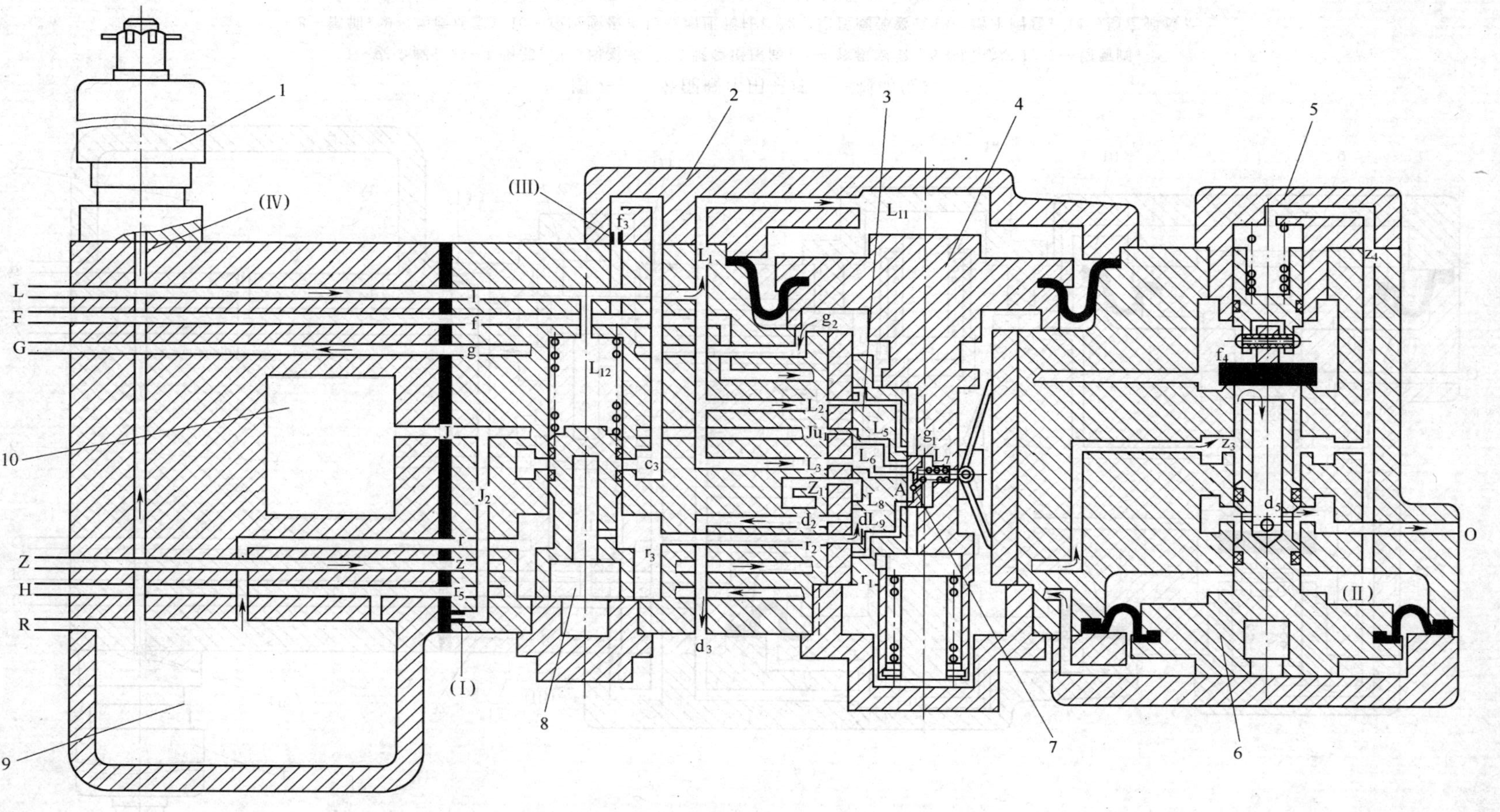

图 7-18 分配阀作用原理——充气缓解位

1—安全阀；2—主阀部；3—滑阀；4—主活塞；5—均衡部；6—均衡活塞；7—节制阀；8—紧急增压阀；9—容积室 R；10—局减室 J；L—列车管；F—总风管；G—工作风缸；Z—制动缸；H—单缓管；R—作用管

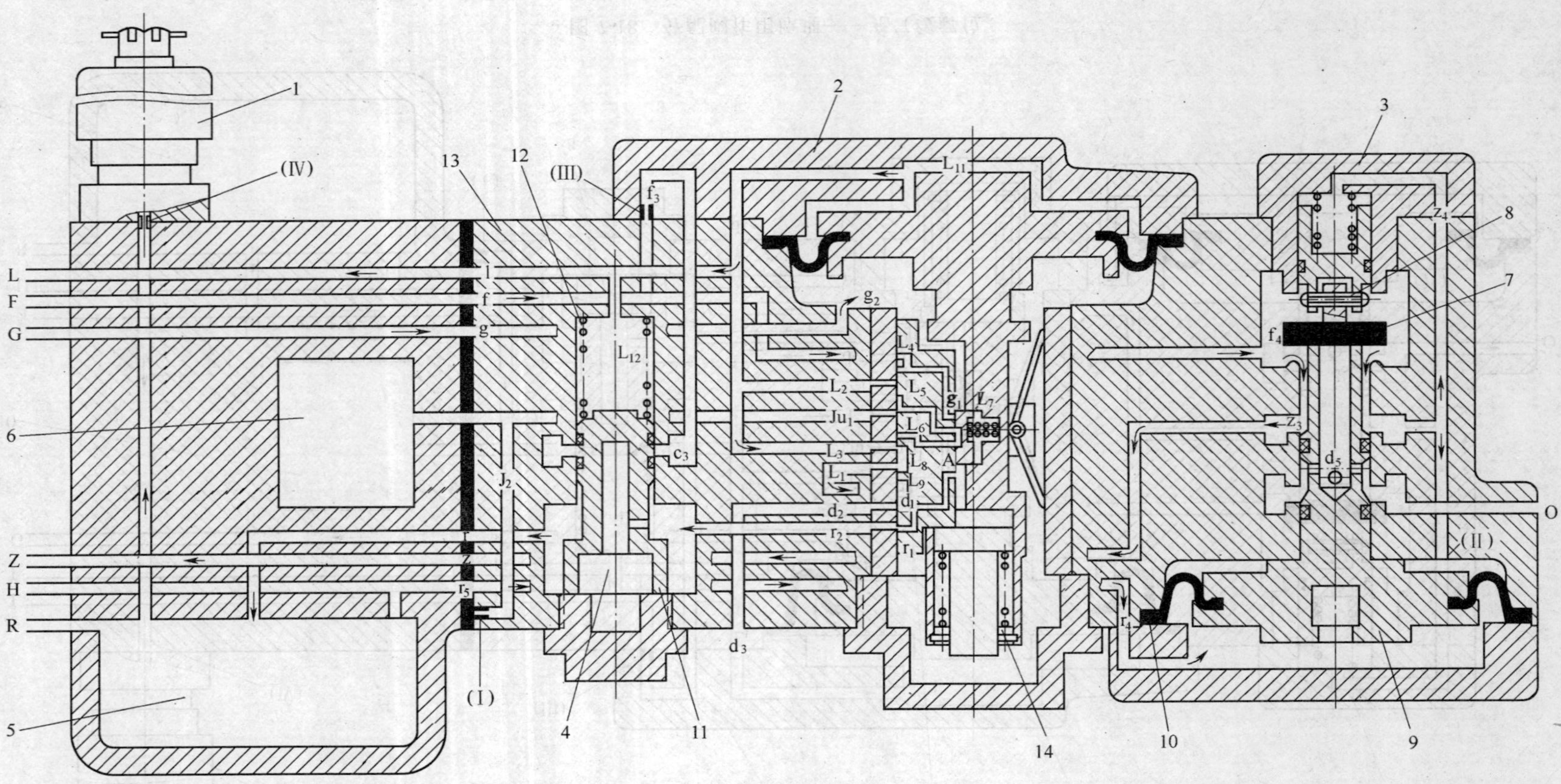

图 7-19　分配阀作用原理——制动位

1—安全阀；2—主阀部；3—均衡部；4—紧急增压阀；5—容积室 R；6—局减室 J；7—均衡阀；

8—销轴；9—均衡活塞；10—橡胶膜板；11—增压阀杆；12—增压阀弹簧；13—增压阀套；14—稳定弹簧；

L—列车管；F—总风管；G—工作风缸；Z—制动缸；H—单缓管；R—作用管

气。节制阀上的局减连络槽 A 连通滑阀背面的 L_6 与 L_7 孔，就使列车管 L→滑阀座孔 L_3→滑阀贯通孔 L_6→节制阀联络槽 A→滑阀贯通孔 L_7→滑阀座局减室孔 ju_1→局减室 J 连通，空气经 J_2 到主阀安装面上的 ϕ0.8 mm 缩孔（Ⅰ）沿胶垫上槽路排入大气。这就形成了分配阀的初制动位。

初制动位是不稳定的。列车管的局减作用加大了主活塞两侧的压差，主活塞继续上移，由初制动位移至制动位。滑阀也随之上移，与滑阀座的相对位置发生变化，即滑阀上的 L_6 孔与滑阀座上的 L_3 孔错开，切断列车管的局减通路；同时沟通滑阀底面上的 r_1 孔与滑阀座上的 r_2 孔，使容积室和制动缸充风，产生制动作用。

①容积室充风路线为：工作风缸→滑阀室→滑阀上的制动孔 r_1→滑阀座上的容积室孔 r_2→增压阀杆下部周围通道 r_3→主阀安装面的 r 孔→容积室 R。

②制动缸充风路线为：容积室压力→安装座背面 R 管→外接单缓管→安装座侧面接管 H 管→主阀安装面上 r_5→主阀体暗道和主阀体底面孔 r_4→均衡活塞下侧，推动均衡活塞上移顶开均衡阀；同时由总风管经体内暗道至均衡阀气室上方 f_4→开启的均衡阀口→均衡活塞杆上端外围空间 z_3→主阀安装面上的 Z 孔→安装座→制动缸 Z，制动缸压力增加。另一路经 z_3 至均衡阀上方，使均衡阀成为无压差阀，提高了均衡阀的动作灵敏度；再一路经缩孔（Ⅱ）进入均衡活塞上侧，参与均衡活塞的压力平衡。

在该位时，由于增压阀杆上部的列车管剩余压力与弹簧力之和仍大于其容积室的压力，增压阀仍处关闭位，不参与作用。

(3) 制动保压位

分配阀保压位的作用原理如图 7-20 所示。

列车管 L 停止减压，则分配阀处于保压位置，使制动缸压力保持一定。

在列车管刚停止减压时，由于主阀部的主活塞和滑阀、节制阀都还在制动位，工作风缸仍在向容积室充风，因而工作风缸压力仍继续降低，直到主活塞两侧的列车管与工作风缸压力相接近时，在主活塞尾部原被压缩的稳定弹簧的反力及主活塞自重的作用下，主活塞带动节制阀向下移动，节制阀遮盖住滑阀背面的制动孔 r_1，切断工作风缸与容积室的通路，工作风缸停止向容积室充风。此时主阀部处于保压位。

在均衡部，容积室压力停止上升时，由于均衡阀仍在开放状态，总风管仍在向制动缸充风，当通过缩孔（Ⅱ）流到均衡活塞上侧的制动缸压力空气的压力增大到与均衡活塞下部容积室压力相近时，在均衡阀、均衡活塞自重及均衡阀弹簧的作用下，均衡阀压着均衡活塞杆一起下移，关闭阀口，切断总风管与制动缸的通路，停止制动缸的充风，制动缸压力停止上升，使分配阀处于制动保压位。

(4) 紧急制动位

分配阀紧急制动位的作用原理如图 7-21 所示。

紧急制动时，主阀各部分的作用，除增压阀外，均与常用制动位相同，只是动作更加迅速，通路变大。

由于列车管压力空气急速排出，在增压阀上部的列车管压力急剧下降，同时其下部的容积室压力迅速上升。当容积室的压力达到能克服增压阀弹簧的作用力和列车管较小的剩余压力时，增压阀上移，于是增压阀套径向小孔 C_3 开放，增压阀处于开放位。这时，总风从 F→f_3→径向小孔 C_3 迅速流向容积室。容积室的压力由安全阀控制，按规定要求，紧急制动时的制动缸压力为 450 kPa。当容积室压力达到此值时，安全阀即动作，以保证容积室压力

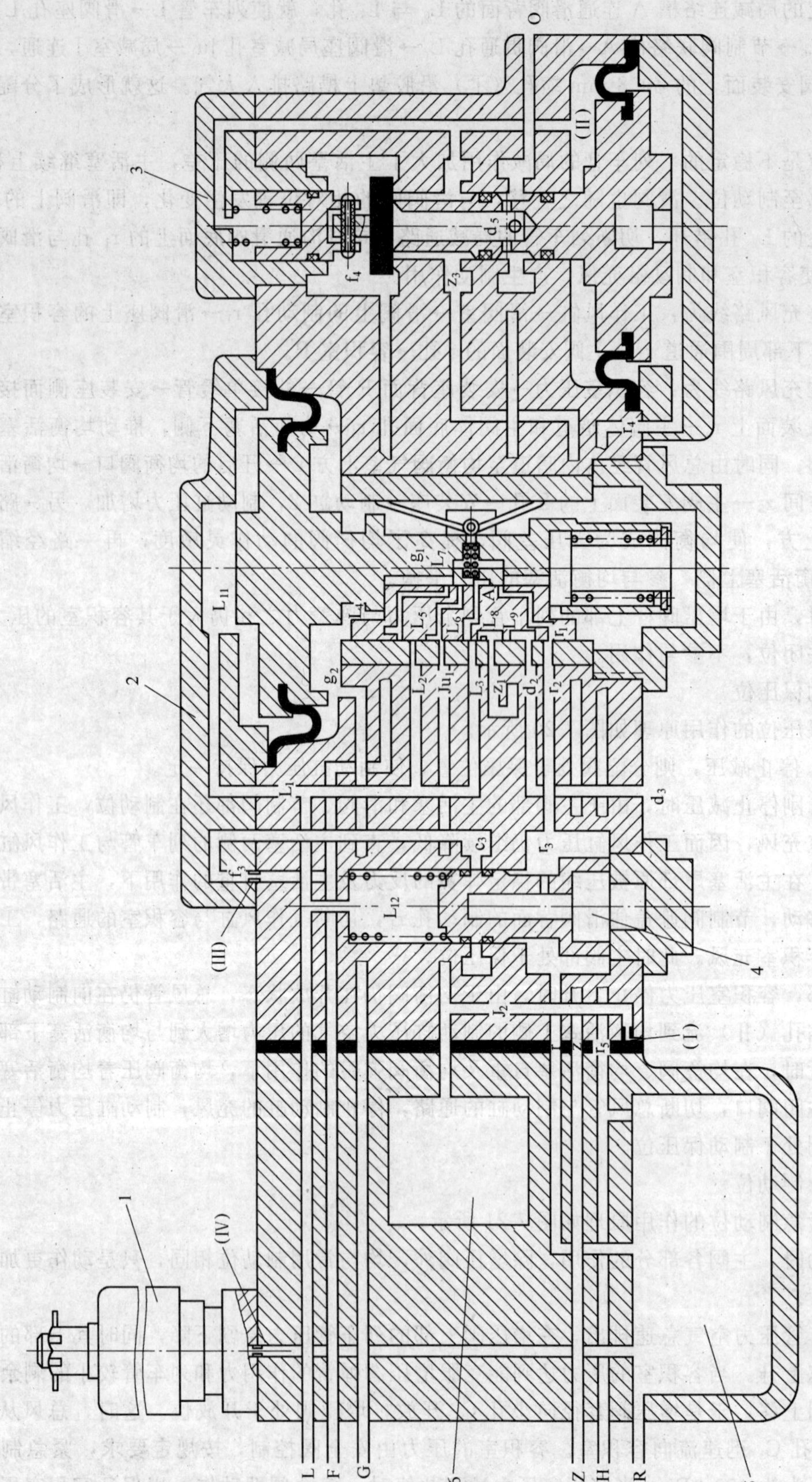

图 7-20 分配阀作用原理——制动保压位

1—安全阀；2—主阀部；3—均衡部；4—紧急增压阀；5—容积室 R；6—局减室 J；L—列车管；F—总风管；G—工作风缸；Z—制动缸；H—单缓管；R—作用管

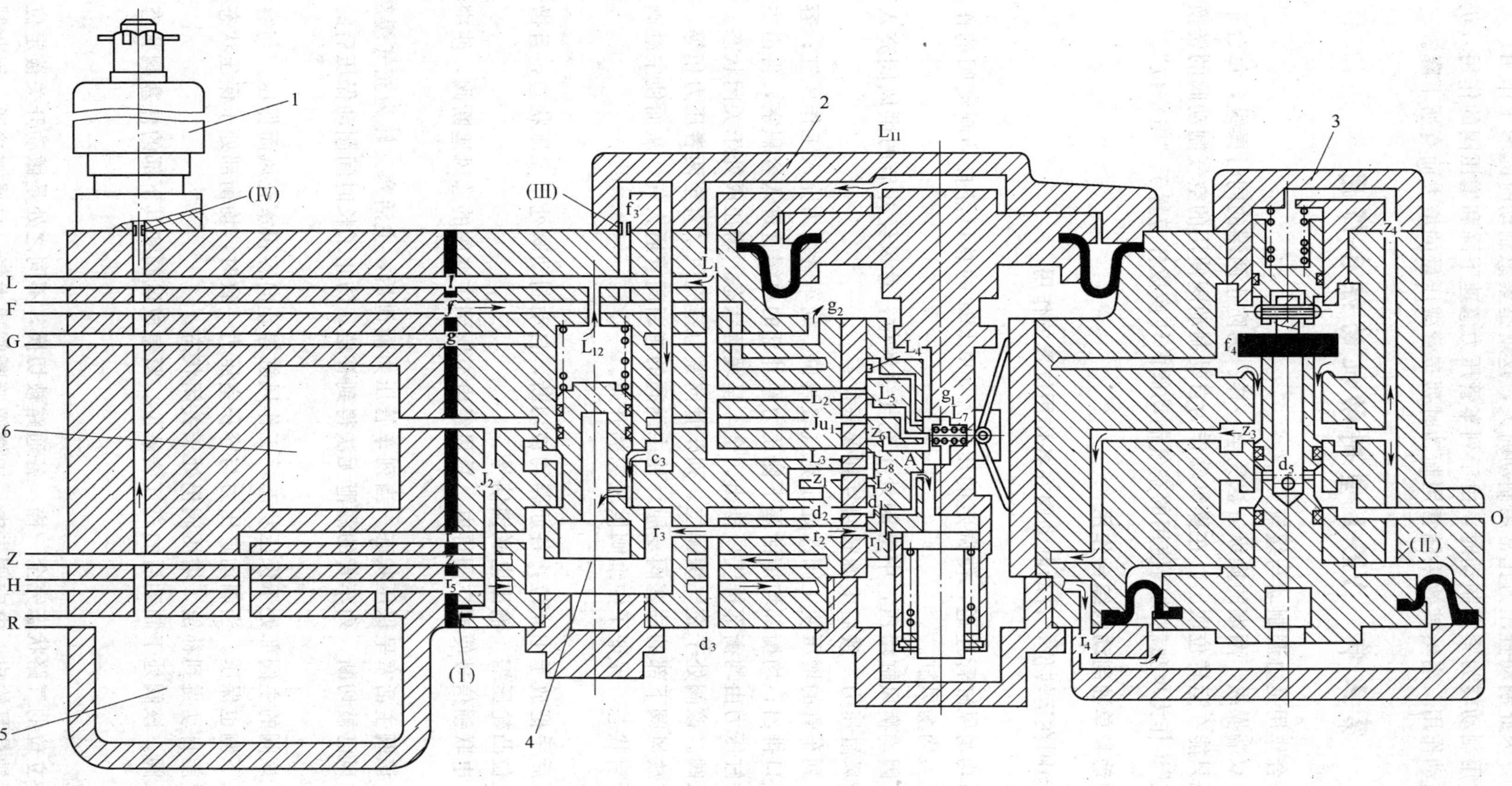

图 7-21 分配阀作用原理——紧急制动位

1—安全阀；2—主阀部；3—均衡部；4—紧急增压阀；5—容积室 R；6—局减室 J；L—列车管；F—总风管；G—工作风缸；Z—制动缸；H—单缓管；R—作用管

不超过此规定值。因此制动缸压力比常用制动时大，这就是紧急制动时的增压作用。

分配阀由常用制动转为紧急制动时，由于列车管压力急速下降和增压阀的作用，仍能有效地发挥紧急制动作用。当然其效果随常用制动时列车管减压量的增大而有所下降。

第三节　YZ-1型制动机的综合作用

制动机的综合作用是协调制动与缓解。

本制动机为双端操纵，两端的操纵方法完全一样。为防止两端的同时操纵，每台车仅备一组手把，手把只能在运转位取出。在操纵端作为自动制动阀使用的空气制动阀的转换拨杆应置于“空气位”；作为单独制动阀使用的空气制动阀的转换拨杆应置于“电空位”。

一、自动制动和单独制动的综合作用

1. 单独制动阀在运转位，自动制动阀在各作用位置的作用

(1) 缓解位

调压阀管与均衡风缸管连通，使调定的压力为500 kPa的总风经自动制动阀的作用柱塞、转换柱塞充入均衡风缸。

①中继阀。因均衡风缸增压，中继阀处于充气缓解位，总风经开启的供风阀充入列车管，直至与均衡风缸压力一致后中继阀回复到保压位。

②分配阀。列车管的增压使主阀部处于充气缓解位。列车管压力充入工作风缸；容积室压力由主阀排气口排出；均衡部均衡活塞下侧压力经外部的单缓管进入容积室，再由主阀排气口排出；制动缸压力由均衡部排气口排出。全车呈缓解状态，增压阀处于关闭状态。

③紧急放风阀。该阀处于充气缓解位。列车管向紧急室充风，直至两者压力相等，放风阀关闭；同时，放风阀下部的柱塞阀复原，使中继阀的遮断阀管通大气，从而使中继阀的总风遮断阀处于开启状态，保证了中继阀供风源的开通。

(2) 中立位

列车管减压后手把放于中立位，各通路均被切断，自动制动阀处于保压状态，且微动开关被制动阀的定位凸轮压缩，输出电联锁信号。

①电空阀。电联锁信号使电空阀得电，总风经电空阀到中继阀的总风遮断阀，使中继阀的总风被切断。

②中继阀。该阀主活塞呈保压状态。当列车管压力漏泄后，主活塞又转为充气缓解位，但因中继阀的总风已被切断，列车管的漏泄无法得到补偿，防止了长时间制动保压后的自然缓解。

③分配阀。该阀的主阀部处于保压状态，工作风缸停止向容积室充风而保压。与容积室连通的均衡活塞下侧也保压。当制动缸压力与容积室压力一致时，均衡部处于保压状态，制动缸压力漏泄时能自动得到补偿，增压阀仍处于关闭状态。

④紧急放风阀。该阀处于制动后的充气缓解位。紧急放风阀和其下部的柱塞阀状态同上述的缓解位。

(3) 运转位

运转位与中立位的气路状态完全一样，各通路被切换，不同之处是微动开关被定位凸轮压缩，故无电联锁信号输出，电空阀失电，中继阀遮断阀通大气，总风被接通，因此制动保

压后的列车管漏泄能自动补偿。中继阀、分配阀、紧急阀的状态位置与中立位完全一样。

由此可见，制动保压操纵时，当需要有列车管漏泄的自动补风功能时，自动制动阀手柄置“运转位”；反之，当不需要列车管漏泄的自动补风功能时，自动制动阀手柄须置“中立位”。

(4) 制动位

均衡风缸经作用柱塞、转换柱塞和排气缩堵以常用制动排风速率排至大气，微动开关仍被定位凸轮压缩，输出电联锁信号。

①电空阀。电空阀与中立位状态相同。

②中继阀。因均衡风缸的减压，中继阀的排风阀开启，列车管压力经排风阀排至大气，直至与均衡风缸压力一致，中继阀呈制动中立位。

③分配阀。分配阀的主阀部处于制动位，使容积室压力增高，均衡部处于制动位，开放总风与制动缸通路，制动缸增压，直至手柄转为中立位后，列车管压力与工作风缸压力平衡时，主阀部转为制动保压位；容积室压力与制动缸压力平衡时，均衡部转为制动保压位。增压阀仍处于关闭位。

④紧急放风阀。紧急放风阀处于制动位。紧急室压力以接近列车管的减压速率排至列车管。当手柄转至中立位后，列车管压力与紧急室压力平衡时，转为制动后充风状态。紧急放风阀仍关闭，其下部的柱塞阀处于复原状态。

2. 自动制动阀在缓解位，单独制动阀在各作用位置的作用

自动制动阀在缓解位时，分配阀处于充气缓解状态，容积室压力经主阀排气口排大气，但容积室与均衡活塞下侧的连通被梭阀所切断，而单独制动阀的作用管通过梭阀与均衡活塞下侧连通，达到单独制动和缓解的目的。

(1) 缓解位

作用管经单独制动阀的作用柱塞、转换柱塞排大气，而均衡活塞下侧的压力空气又经外接的单缓管和梭阀与作用管连通，于是均衡活塞下移。制动缸压力经活塞杆中心孔排入大气，达到单独缓解的目的。

(2) 中立位

各通路均被切断，作用管保压达到单独制动保压的目的。

(3) 制动位

经调压阀调整后的 360 kPa 总风压力，由调压阀管经单独制动阀的作用柱塞、转换柱塞通作用管，并再经梭阀和单缓管通均衡活塞的下侧，使均衡活塞上移，顶开均衡阀，总风经均衡阀口向制动缸充风，达到单独制动的目的。

3. 自动制动后的单独缓解

自动制动后，容积室压力空气经梭阀和单独缓解管至分配阀的均衡活塞下侧，由于梭阀的作用切断了单独制动阀作用管与分配阀均衡部的连通，因此无法达到用单独制动阀缓解的目的。此时可以下压自动制动阀手柄，顶开放风阀，使其与均衡活塞下侧连通的单独缓解管压力空气排大气，从而达到单独缓解的目的。

4. 紧急制动

YZ-1 型制动系统的紧急制动不是由自动制动阀直接控制的，而是由紧急制动阀直接排列车管的风实现的。

①自动制动阀。手把在缓解位，总风以 500 kPa 的调整压力向均衡风缸管充风。

②单独制动阀。手柄在运转位，各气路的联络被切断。

③紧急放风阀。因列车管急剧排风，紧急活塞下移，顶开紧急放风阀，列车管压力空气经放风阀排入大气，放风阀下端的柱塞阀下移，使总风通中继阀的遮断阀管，直至紧急室压力空气排空后，紧急活塞回复至缓解充风位，柱塞阀才复位。

④中继阀。因列车管减压，中继阀处于充气缓解位，供风阀开启。但是因柱塞阀下移，总风经梭阀充入中继阀的遮断阀管而使总风源被切断。因此，中继阀虽处于充气缓解位，但是列车管还是得不到充风，保证了紧急制动作用的产生。

⑤分配阀。分配阀的主阀部和均衡部的位置同常用制动时的位置一样。增压阀产生动作，总风经增压阀充气孔充入容积室，并受安全阀的限制，使容积室的最高压力达450 kPa。

5. 紧急制动后的单独缓解

紧急制动后的单独缓解与自动制动后的单独缓解类似，只需下压自动制动阀手把就能实现单独缓解。所不同的是紧急制动后的单缓时间比常用制动后的单缓时间长，且制动缸压力不能完全缓尽。这是因为紧急制动后，增压阀发生作用，总风将通过增压阀向容积室补风，以提高容积室的压力，当下压手把单缓时，因增压阀没有复位，出现了一面单缓排气，一面总风补充的现象，故单缓的时间将要延长、制动缸压力不能缓尽。

二、附挂回送时制动系统的转换手续

附挂回送时，一般挂在列车的尾部，整车处于无动力状态。要求制动系统起到车辆制动机的作用。为此，在挂车前须对制动系统办理一定的转换手续。

(1) 两端的自动制动阀和单独制动阀手把均从运转位取出，以切除各制动阀的作用功能和可能发生的误操作。

(2) 关闭中继阀的列车管截断塞门，使中继阀不再能控制列车管的压力变化。否则，中继阀的不正常的充、排风将影响全列车的正常操纵。

(3) 开放无动力回送塞门。由于该车处于无动力状态，空气压缩机停止运转，中止了向总风缸的供风。为此，必须开放无动力回送塞门，使总风缸从列车管那里得到充风，以作增压阀和制动缸的供风源。

(4) 新造的轨道动力稳定车采用无动力回送主、辅车转换阀来代替 (2)、(3) 两项中塞门的转换。连挂车时，只需将主、辅车转换阀置于被动位就完成了转换操作。

(5) 调整安全阀的最高压力为 180～220 kPa，以减轻特种车在列车制动中所承担的制动负荷。

如果分配阀出现故障，而又无法及时修理时，则可以关闭列车管支管塞门，使分配阀作关闭处理。

三、多机连挂时非操纵端制动系统的转换手续

大型养路机械作业时，经常采用各型机械联合作业的方式，编组时，在非操纵端机械的制动系统原则上也需办理上述附挂转换的全部手续，但是如果空气压缩机正常运转，就不必执行其中第 (3) 项，即不需开放无动力塞门，而且第 (5) 项关于调低安全阀工作压力为180～220 kPa，也可不作硬性规定。

第四节　手制动机

手制动机是靠人力操纵并产生制动原力的机械制动机。其目的是当空气制动失灵时能使车辆停下，或车辆在无动力状态下能安全停放，特别是在斜坡道上停车时防止溜车。

QS-650 全断面道砟清筛机的前、后司机室内均安装有手制动机，采用的是链条螺旋组合式手制动机，其结构示意可参见图 7-22。它由制动手轮、手轮轴、支承立柱、传动链条、链轮、螺纹丝杠、螺母、手制动杠杆、连接链条等零件组成。

手制动机的作用是由手转动手轮来实现的。当顺时针方向转动手轮时，通过链轮传动机构使螺纹丝杠旋转，则丝杠螺母发生位移，带动手制动杠杆右移，连接链条拉动制动缸杠杆活塞端右移，制动缸活塞也被拉出（相当于空气制动机推制动缸活塞作用）对制动杠杆产生拉力，并传递到轮对的制动梁上，最终将闸瓦压紧在车轮踏面上，实现清筛机的制动。当逆时针旋转手轮时，则丝杠螺母左移，手制动杠杆也左移，此时，连接链条因不受力而松弛，基础制动装置在制动梁弹簧及制动缸内复位弹簧作用下缓解，制动缸活塞缩回，所有的杠杆都返回到原来位置。

手制动机常见的故障是手制动机失灵，转动手轮后无制动作用或手轮转不动，影响车辆的使用安全。造成手制动机失灵的主要原因是：

（1）手制动机内零件损坏，如链轮轮齿折断、丝杠螺母副裂损等。

（2）各转轴、传动杠杆严重变形。

（3）传动链条松脱或连接链条裂损。

（4）各销轴的开口销折断，致使销轴脱出。

第五节　基础制动装置

QS-650 清筛机设有空气制动和手制动两套制动系统，均通过基础制动装置进行制动。基础制动装置是利用杠杆原理，将制动缸产生的推力或手制动时拉链的拉力，经杠杆和拉杆的作用扩大适当倍数后，传给各块闸瓦，使闸瓦抱紧车轮，产生制动作用，达到制动、停车的目的。

一、基础制动装置的组成特点

QS-650 清筛机基础制动装置为独立单闸瓦式，前、后转向架各有一套独立且结构形式相同的制动装置。每套装置设有 4 块闸瓦，装设在转向架的 4 个轮子内侧。基础制动装置由传动杠杆、上拉杆、下拉杆、移动杠杆、固定杠杆、制动梁及闸瓦等零件组成，如图 7-22 所示。

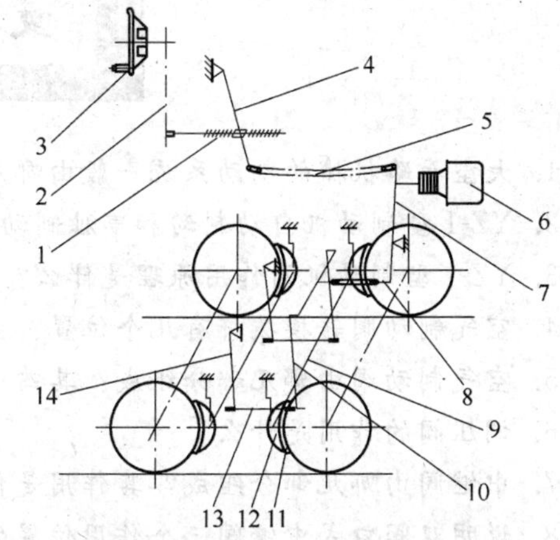

图 7-22　基础制动装置的组成及操纵示意图

1—丝杠螺母传动；2—链传动；3—制动手轮；4—传动杆；5—拉链（连接链条）；6—制动缸；7—传动杠杆；8—上拉杆；9—制动梁；10—移动杠杆；11—闸瓦；12—闸瓦托；13—下拉杆；14—固定杠杆

移动杠杆和固定杠杆分别有两根，它们

各自铰接一根与车轴平行的制动梁。每根制动梁两端装有闸瓦托，闸瓦托用插销装有闸瓦。在移动杠杆与固定杠杆之间连接两根拉杆，以传递运动和动力。

该制动装置的特点是结构简单，检查和维修方便。但由于每个车轮仅一侧有闸瓦，故制动时作用在车轮上的压力和摩擦力不像双侧制动时能相互抵制，因而对同一转向架而言，前轴车轮所受垂直负荷有所增加，后轴车轮所受垂直负荷则有所减少。

二、基础制动装置的工作原理

如图 7-23 所示，当进行空气制动时，制动缸推出活塞推杆，活塞推杆带动传动杠杆摆动使移动杠杆向右移动，并带动与其相连的制动梁右移，因而使制动梁两端的闸瓦首先压住车轮。然后移动杠杆以其与制动梁铰接的铰点为中心摆动，推动下拉杆带动固定杠杆下端左移，使固定杠杆相连的制动梁左移，因而使制动梁两端的闸瓦压住车轮，最后四个闸瓦紧压车轮，产生制动作用。

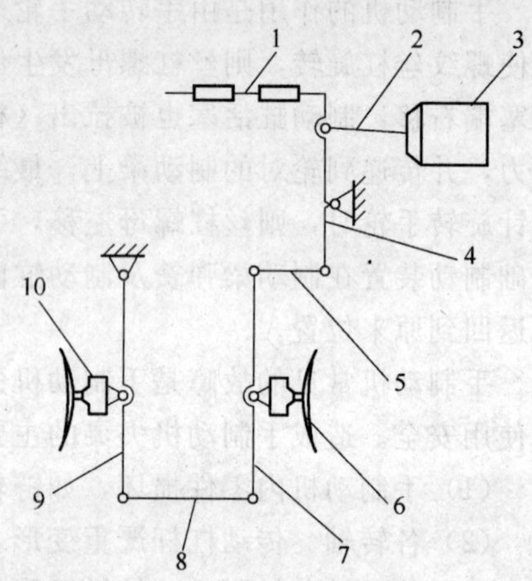

图 7-23　基础制动装置制动原理图
1—手制动拉链；2—活塞推杆；3—制动缸；4—传动杠杆；5—上拉杆；6—制动闸瓦；7—移动杠杆；8—下拉杆；9—固定杠杆；10—制动梁

当制动缓解时，制动缸在其缓解弹簧的作用下复位，排出缸内的压缩空气，因而制动装置失去了外力，与此同时，闸瓦在移动杠杆、固定杠杆、下拉杆及本身的重力和复位弹簧作用下，自动离开车轮，呈缓解状态。

当进行手制动时，参见图 7-22，转动制动手轮，通过链传动引起螺纹丝杆转动，丝杆转动引起螺母移动并带动传动杆摆动，传动杆通过拉链拉动传动杠杆，此时与空气制动一样，同样使转向架产生制动作用。反转制动手轮时可使制动装置呈缓解状态。

1. 大型养路机械的制动系统一般由哪几部分组成？
2. YZ-1 型制动机自动制动和单独制动各有哪些性能参数指标？
3. YZ-1 型制动机的作用原理是什么？
4. 空气制动阀转换拨杆有几个位置？分别起到什么作用？
5. 空气制动阀由哪几部分组成？其四个工作位置各是什么？
6. 调压阀的作用是什么？
7. 中继阀由哪几部分组成？其作用是什么？
8. 说明双阀口式中继阀三个作用位置的工作原理。
9. 紧急放风阀的作用是什么？
10. 紧急放风阀有几个缩孔？每个缩孔各起到什么作用？
11. 109 型分配阀主要由几部分组成？其作用是什么？
12. 试说明 109 型分配阀在充气缓解位、常用制动位、保压位和紧急制动位的作用原理。

13. 如何实现自动制动后的单独缓解?

14. QS-650 清筛机在附挂回送时，制动系统应办理的转换手续是什么?

15. 手制动机的主要用途有哪些?

16. 链条螺旋组合式手制动机的工作原理是什么?

17. 说明 QS-650 清筛机基础制动装置的结构及结构特点。

18. 说明 QS-650 清筛机基础制动装置的工作原理。

第八章

操作与运用

全断面道砟清筛机的操作人员、技术人员都应该懂得机械设备的操作知识、运用方法。本章将较为详细地介绍 QS-650 全断面道砟清筛机的操作与使用。

第一节　使用机器前的准备工作

新到的 QS-650 清筛机或停放较长时间的清筛机，在使用前都应做好以下准备工作：

(1) 除去机械的包装和防锈涂层。

(2) 观察整机是否正常。检查各部件、元件应无损坏或不到位现象。

(3) 检查、确认各液面应符合要求：柴油机柴油、机油充足；分动齿轮箱、车轴齿轮箱液压油足量；液压油箱液压油满刻度线；挖掘齿轮减速箱、主输送带驱动装置减速箱、张紧油缸油腔液压油充足；振动筛驱动齿轮箱齿轮油充足；主离合器操作用补偿油杯中蓝色刹车液在规定液面。

(4) 蓄电池电量充足。

(5) 按照润滑保养要求对机器各部位加足润滑油脂，特别是角滚轮、转向架心盘、旁承等。

(6) 施加安装在前司机室的手制动。

(7) 在前司机室套装上空气制动阀（大、小闸）操纵手把，并放在运转位。

(8) 关闭前后部各风缸、集尘器下部的排水阀。

(9) 熟悉前后司机室主操作台面板上的仪表、开关、按钮、指示灯；熟悉各操纵手柄的位置：柴油机调速手柄、调速换向手柄等。

(10) 熟悉前驾驶室作业操作台面板上的各作业操纵手柄及开关、按钮。

(11) 将控制道砟清扫器和后拨道装置的四通阀均置于打开位置。

(12) 检查并将所有控制振动筛调平装置、道砟流动、道砟分配、道砟挡板、盖板、污土抛送以及输送带调整的开关置于“0”位。

(13) 在后司机室：

① 将启动钥匙从启动开关上拿开。

② 从驱动控制阀中取出调速换向手柄并锁定控制阀，拿开驱动控制阀锁定钥匙。

③ 松开手制动。

④ 连接好所有的自动保险，关掉全部耗电装置。

(14) 在车体外部将用于后部拨道装置、水平导槽举升器、水平导槽提升机、夹钳提升装置、拢砟板的控制阀置于中位。

（15）在前司机室操作位：

① 将作业操纵台面上的所有控制阀置于中位，挖掘链控制阀由锁片牢固定位。

② 将所有控制输送带及振动筛驱动的三通阀置于“OUT”位。

③ 三通阀换挡手柄不装。

④ 调速换向手柄拿开，驱动控制阀置于中位并锁住，拿开驱动控制阀锁定钥匙。

⑤ 液压夹钳提升控制开关、起道及回转装置的控制开关均置于“0”位。

⑥ 装入全部自动保险。

⑦ 所有作业地点照明设备尽可能关闭。

（16）在前司机室运行位：

① 打开燃油箱的直通阀将油路接通。

② 接通前蓄电池组的主开关。

③ 用钥匙将驱动控制阀解锁，将调速换向手柄放在驱动控制阀上。

④ 接上所有自动保险。

⑤ 所有耗电装置尽可能关闭。

至此，准备工作完成。

第二节　整 备 作 业

所谓整备作业就是出车前的准备工作，由机组人员在规定的时间内完成。整备作业的范围包括：燃油、机油、液压油等的补充，随车备品的准备，以及制动机等系统的性能试验。

一、柴油发动机燃油的整备

柴油发动机是在气缸内将燃油的化学能转变为机械能的一种动力机械，因此，燃油是柴油发动机的“粮食”和动力，具有特别重要的作用。

1. 燃油的规格与选用

QS-650 清筛机柴油发动机燃油系应采用 GB 252—1994 规定的优质轻柴油，共有 10 号、5 号、0 号、－10 号、－20 号、－35 号、－50 号 7 种标号。标号中的数字代表轻柴油的凝固点——即在低温下失去流动性时的摄氏温度值，各标号轻柴油的凝固点依次不高于 10℃、5℃、0℃、－10℃、－20℃、－35℃、－50℃。

柴油在接近凝固点之前，局部油液内就有石蜡状结晶析出，柴油的流动阻力增大，结晶物易使通路阻塞，供油不足，雾化不良，甚至供油中断，所以在柴油发动机使用时要正确选用燃油标号。

选用燃油标号的原则是：在 QS-650 清筛机运用的最低环境温度下，燃油不会析出石蜡；凝点必须低于清筛机运用的最低环境温度；燃油品质必须符合要求；在保证清筛机正常运用的前提下，尽可能使用低标号燃油，以降低运营成本。

因此，在不同地域、不同季节，选用的柴油标号也不同。通常选用凝固点低于清筛机运用最低环境温度之下 3℃～5℃的轻柴油为宜。0 号轻柴油适于在全国各地区 4～9 月间使用；－10 号轻柴油适于长城以南地区冬季使用；－20 号轻柴油适于长城以北地区冬季使用；－35 号、－50 号轻柴油适于东北、西北等高寒地区冬季使用。使用单位在具体选用时应根据不同地区、季节和气温做出相应的规定。

2. 燃油整备注意事项

(1) 确认所用燃油的标号及质量状况。

(2) 用专用设备加油，禁止与其他任何油种及其加油设备混用。

(3) 加油口应设滤清装置，防止异物混入。加油时必须经过燃油箱加油口滤网，滤网应完好。

(4) 燃油添加前需在容器内经过一昼夜以上时间的沉淀；加油时，加油设备的吸油管在盛油容器内不要插到底，以免吸入沉淀的杂物。

(5) 添加燃油时，清筛机应停在平直线路上；若遇线路造成整车的倾斜，应注视油量显示，防止燃油外溢。

(6) 燃油加注容量为 2 200 L。清筛机在加注燃油时应加到燃油箱上油标（油位计）的上位；在运用中，应保持油位不低于燃油箱下油标的下位。

(7) 加油完毕，拧紧注油口盖。

二、柴油发动机润滑机油的整备

运动零件的摩擦副必须润滑，润滑对于柴油发动机的正常、持久和经济地工作有特殊意义，润滑剂——高品质的机油被视为柴油发动机的生存血液。机油在柴油发动机中起着减少机件间摩擦和磨损、冷却散热、清洗、密封等作用。

1. 机油的规格与选用

因为机油黏度随温度而变化，所以对黏度等级（SAE 标准）的选择是以柴油发动机工作处的环境温度为依据的。特别在冬季，外界温度较低，为了保证柴油发动机具有较好的冷启动性能，更应选用合适黏度的机油。QS-650 清筛机用 BF12L513C 型发动机可选用的机油品种较多，推荐使用的牌号见表 8-1。

随季节的变化需要更换不同牌号、黏度的机油，但若使用多品位机油就可以避免由于环境温度的变化所引起的换油事项。目前，推荐使用质量符合 API SG/CD 级、牌号为 15W/40 的复式黏度机油，国产柴油发动机用 MD15W/40 CD 柴机油，进口柴油发动机用 SHELL RIMULA X OIL SAE15W/40 柴机油，或性能指标符合要求的其他柴机油。

表 8-1 推荐用国产机油

季节	环境温度（℃）	机 油 牌 号
夏季	>25	14 号中增压机油 40CD
	<25	11 号中增压机油
冬季	>0	11 号中增压机油 30CD
	−30～30	寒区中增压机油
	<−30	严寒区中增压机油

2. 机油整备注意事项

(1) 确认所用机油的标号及质量状况。

(2) 用专用设备加油，禁止与其他任何油种及其加油设备混用。

(3) 机油储备量为 29×2 L，即每台柴油机为 29 L。柴油发动机机油油标尺有点刻度和线刻度之分，点刻度用于检查冷机状态下的机油油位；线刻度用于检查热机状态下的机油油位。

(4) 在柴油发动机启动前，从加油口加注机油油面达到油尺上部的点刻度为止。

(5) 启动柴油发动机怠速运转片刻，停机 1～2 min 后马上按照线刻度检查机油油面。具体操作过程为先抽出机油标尺，用无纤维的擦布将其擦净，再重新插入油底壳，插到限制位置后抽出，检查并加注机油，油面应尽可能达到最上面的线刻度。

（6）停车后的柴油发动机在测定机油油面时应水平放置。

（7）加油完毕，拧紧注油口盖。

三、齿轮箱润滑油的整备

清筛机的传动系统中，有分动箱、车轴齿轮箱、挖掘齿轮箱等，为了减少各齿轮箱运动部件间的摩擦和磨损，减轻齿轮副冲击，在齿轮箱内应加注适量的润滑油。

1. 齿轮箱润滑油的规格与选用

根据清筛机的各齿轮箱的设计结构和功用，选择不同的润滑油。可选用标号为 85W90GL-15、85W140GL-15 的国产重负荷车辆齿轮油。目前，振动筛驱动齿轮箱随车配的是标号为 SHELL OMALA OIL 100 的进口齿轮油，而其他各齿轮箱（包括前后主齿轮箱、车轴齿轮箱、挖掘齿轮减速箱、主输送带驱动装置减速箱、张紧油缸油腔等）配的是标号为 SHELL TELLUS OIL T46 的进口液压油。

2. 齿轮润滑油整备注意事项

（1）确认所用齿轮油的标号及质量状况。

（2）应用加滤网的专用加油漏斗加油，禁止与其他任何油种及其加油设备混用。

（3）加注齿轮油时应加到齿轮箱油标的上位；在运用中，应保持油位不低于齿轮箱油标的下位。

（4）加油时应注意其他零件表面的清洁，以免油垢污染。

（5）加油完毕，拧紧注油口盖。

四、液压油的整备

QS-650 清筛机采用全液压传动，其走行和工作装置皆采用液压驱动。液压油是液压传动系统中传递动力的工作介质，它的性能将影响到整车的运行品质、作业性能，以及液压部件的使用寿命。

1. 液压油的规格与选用

液压油为矿物油，其种类很多，常见的有机械油、汽轮机油、普通液压油、抗磨液压油、低温液压油、航空液压油等，每一种类的液压油又包含有许多规格、牌号的液压油。根据工作状况，QS-650 清筛机推荐使用标号为 SHELL TELLUS OIL T46 的进口抗磨液压油，具有良好的抗磨、抗氧化和防锈性能，也可使用国产牌号为 YB-N46 或 YB-N48 的抗磨液压油。

2. 液压油整备注意事项

（1）确认所用液压油的标号及质量状况。

（2）用专用设备加油，禁止与其他任何油种及其加油设备混用。

（3）液压油必须经过精滤油车精滤后（过滤精度 20 μm）才能进入油箱。

（4）加油口应设滤清装置，防止异物混入。

（5）添加液压油时，清筛机应停在平直线路上；若遇线路造成整车的倾斜，应注视油量显示，防止液压油外溢。

（6）加注液压油时应加到液压油箱、相应齿轮箱油标的上位；在运用中，应保持油位不低于液压油箱、齿轮箱油标的下位。

（7）加油完毕，拧紧注油口盖。

五、QS-650 清筛机加油部位及加油容量

QS-650 清筛机加油部位及加油容量见表 8-2。

表 8-2　QS-650 清筛机加油部位及加油容量

<table>
<tr><th colspan="2">部　　位</th><th>油　料</th><th>容量（L）</th></tr>
<tr><td rowspan="2">BF12L513C
柴油机</td><td>燃油箱</td><td>柴　油</td><td>2 200</td></tr>
<tr><td>油底壳</td><td>柴机油</td><td>2×29</td></tr>
<tr><td colspan="2">液压系统</td><td rowspan="7">液压油</td><td>1 800</td></tr>
<tr><td colspan="2">分动齿轮箱</td><td>2×28</td></tr>
<tr><td colspan="2">车轴齿轮箱</td><td>4×25</td></tr>
<tr><td colspan="2">挖掘齿轮减速箱</td><td>25</td></tr>
<tr><td colspan="2">主输送带驱动装置减速箱</td><td>15</td></tr>
<tr><td colspan="2">张紧油缸油箱</td><td>2.5</td></tr>
<tr><td colspan="2">振动驱动齿轮箱</td><td>90</td></tr>
<tr><td colspan="2">转向架心盘</td><td rowspan="2">齿轮油</td><td>0.2</td></tr>
<tr><td rowspan="2">备用油箱</td><td>机油箱</td><td>2×20</td></tr>
<tr><td>液压油箱</td><td>液压油</td><td>230</td></tr>
</table>

第三节　柴油发动机的启动

QS-650 清筛机按规定进行检查和准备工作后，在各部状态良好下应启动柴油发动机进行清筛机的动态试验和检查。试验和检查正常后，清筛机才能处于进入运用状态。

一、启动总则

QS-650 清筛机只有在柴油发动机、液压部件和齿轮箱均注满油，温度适当的情况下才能启动。

如果主风缸内没有风压，发动机主离合器只能在相应的司机室中被操作，所以前、后柴油发动机仅能分别在前、后司机室中启动。一旦主风缸内风压达到 500 kPa 后，才可随意在某个司机室内启动任意一台柴油发动机。

二、在前司机室中启动前柴油机

清筛机初始启动，此时主风缸内没有建立起风压，前司机室只能启动前柴油机，启动操作过程如下：

（1）确认在柴油机周围无妨碍启动的人和物品后，按下电喇叭鸣笛一长声，发出启动发动机的信号。

（2）用力踩下主离合器踏板，因为此时主风缸内无风压，助力缸不能工作，只能靠司机脚踏力使主离合器脱开，黄色指示灯亮。

（3）将启动钥匙（E30）插入前柴油机的启动开关，并将它由“0”位顺时针转动至第一限位。

观察：前柴油机的红色指示灯发亮，柴油机油压指示灯亮；蓄电池充电控制指示灯也会发亮。

声响：指示补油压力和主齿轮分动箱油压的脉冲蜂鸣器发声。

(4) 将启动钥匙从第一限位继续顺时针转动拧转至最右端（第二限位），这样，柴油机即可开始启动。一旦柴油机启动，就松开启动钥匙。

如果柴油机在 10 s 内还未启动，在重新启动前至少需间隔 30 s。

(5) 在寒冷季节，应按下预热开关进行预热，预热指示灯亮，并保持 15～20 s，在最低温冬季连续预热最长不超过 3 min。

(6) 柴油机启动后，缓慢松开离合器踏板，主离合器接合，离合器黄色指示灯熄灭。

(7) 将前柴油机调速手柄压下约 2 s，以获得发动机正常的怠速空转速度。观察柴油机油压指示，机油压力应高于 200 kPa，符合这一要求，则柴油机油压和蓄电池充电指示灯熄灭。

(8) 当前柴油机启动成功且主离合器合上后，应观察：

① 补油压力红色指示灯和主齿轮分动箱指示灯会熄灭，脉冲蜂鸣器会停止发声。

② 补油指示压力表，在任何时候都应指示在 2 500 kPa 以上。

在后司机室中启动后柴油机的过程与在前司机室中启动前柴油机的过程相同。

三、在前司机室中启动后柴油机

当前柴油机启动后，主风缸风压达到 500 kPa 时，就可以在前司机室中启动后柴油机（在后司机室中启动前柴油机的方法与此相同）。

在前司机室中启动后柴油机的操作程序基本与在前司机室中启动前柴油机相同，区别仅在操作手柄、指示灯、蜂鸣器等标志均应是后柴油机的相应机构或仪表。当后柴油机离合器接合后，在后司机座上应观察：后柴油机油压表在柴油机空转时，油压至少达到 200 kPa；后补油压力的压力表，在任何时候都应指示在 2 500 kPa 以上。

四、自动监测控制

对于柴油机、主离合器、空气制动和液压回路，为保证安全，设有自动监测装置。自动监测装置的功能为：

(1) 柴油机启动：

① 启动开关只有当主离合器彻底脱开时才能使用。

② 柴油机只有在操作燃油喷油泵的电磁阀得电时，即电路有 24 V 电压时才能被启动。

③ 柴油机只有当液压油箱及回路中有足够液压油时才能正常启动及运转。

(2) 柴油机启动后自动停机：

① 柴油机启动后，如果机油压力太低，在 15 s 内会自动停机。

② 如果主风缸风压小于 500 kPa，在启动 4 min 后会自动停机。

(3) 工作中柴油机自动停机：

① 如果工作中机油压力变得太低。

② 电流被切断。

③ 液压油箱和液压部件中油面太低。

④ 主风缸中风压太低（低于 500 kPa）。

⑤ 停机按钮突然被压下，即使是很短时间。

(4) 如果柴油机在 15 s 内重新启动，在启动前先将点火钥匙向左拧至“0”位。

（5）当风压足够，柴油机停机时，主离合器会自动松开。

（6）空气制动起作用时，液压驱动会自动转到卸荷状态；制动缸中压力降至低于60 kPa时，液压驱动会重新自动回到工作状态。

（7）一旦液压多片式换挡离合器的油压降至低于1 200 kPa时，液压驱动会自动转到卸荷状态。

五、柴油机运转监控

在QS-650清筛机的主操纵台上，分布着许多仪表和报警指示灯，用以测量和监视关键部件的工作过程和工作状态。对危及行车安全或设备使用安全的情况提出警示，以引起操作者的注意，并及时加以处理。所以，仪表监视与报警系统是QS-650清筛机的核心控制部分。

仪表监视是由各类传感元件将温度、压力、转速、方向的信号传送到各个仪表中，供操作者观察。

柴油机运转时应连续观察的仪表及指示灯见表8-3，可在前司机室或后司机室中观察。

表8-3 柴油机运转监控

<table>
<tr><th rowspan="2">部　件</th><th colspan="3">仪表或指示灯</th><th rowspan="2" colspan="2">表 示 内 容</th></tr>
<tr><th>名　称</th><th colspan="2">显示标志</th></tr>
<tr><td rowspan="8">柴
油
机</td><td>机油压力表</td><td colspan="2">指针范围</td><td colspan="2">任何时候大于200 kPa</td></tr>
<tr><td>机油压力指示灯</td><td colspan="2">亮红色</td><td colspan="2">柴油机自动停机</td></tr>
<tr><td>温度表</td><td colspan="2">指针范围</td><td colspan="2">绿色正常，进入红色区域应立即停机</td></tr>
<tr><td>① 温度指示灯
② 温度脉冲蜂鸣器</td><td colspan="2">亮红灯（同时）
发出蜂鸣声</td><td colspan="2">柴油机温度太高，应立即停机</td></tr>
<tr><td>空气滤清器指示灯</td><td colspan="2">亮 红 灯</td><td colspan="2">干式纸质空气滤清器滤芯应更换</td></tr>
<tr><td rowspan="3">转速表（r/min）</td><td rowspan="3" colspan="2">指针范围</td><td>空转（怠速）</td><td>1 250</td></tr>
<tr><td>满　　载</td><td>2 300</td></tr>
<tr><td>最大允许（坡道）</td><td>2 500</td></tr>
<tr><td rowspan="2">发电机
蓄电池</td><td>充电指示灯</td><td colspan="2">红　　色</td><td colspan="2">亮红色表示发电机不良，灯熄灭表示正在充电</td></tr>
<tr><td>电 流 计</td><td colspan="2">指针偏向</td><td colspan="2">“+”蓄电池充电，“−”蓄电池放电</td></tr>
<tr><td>空气压缩机</td><td>主风缸压力表</td><td colspan="2">指针范围</td><td colspan="2">空压机调节器（切断压力720 kPa；开机压力660 kPa）</td></tr>
<tr><td>主离合器</td><td>指 示 灯</td><td colspan="2">黄　　色</td><td colspan="2">启动时短暂发亮，停机时常亮</td></tr>
<tr><td>主齿轮分动箱</td><td>油指示灯</td><td colspan="2">亮 红 色</td><td colspan="2">油压过低，应立即停止发动机</td></tr>
<tr><td rowspan="7">液压系统</td><td>补油压力表</td><td colspan="2">指针范围</td><td colspan="2">容许压力2 500 kPa（热油）</td></tr>
<tr><td>① 补油指示灯
② 补油蜂鸣器</td><td colspan="2">亮红色（同时）
发出蜂鸣声</td><td colspan="2">补油压力过低，应立即停机</td></tr>
<tr><td>液压滤清器指示灯</td><td colspan="2">亮红灯（当液压油温大于40℃）</td><td colspan="2">必须更换：补油压力滤清器、控制压力滤清器、回油滤清器的滤芯</td></tr>
<tr><td>“控制压力”压力表</td><td colspan="2">指针范围</td><td colspan="2">正常值约为6 000 kPa</td></tr>
<tr><td>卸荷指示灯</td><td colspan="2">绿　　色</td><td colspan="2">表示机器准备运行，如空气制动被缓解</td></tr>
<tr><td rowspan="2">液压油箱</td><td>油量</td><td rowspan="2">观 察 窗</td><td colspan="2">应高于油面刻度指示</td></tr>
<tr><td>油温</td><td colspan="2">液压油的工作温度正常为60℃，容许短时达82℃</td></tr>
<tr><td rowspan="2">空气制动</td><td rowspan="2">双针压力表</td><td colspan="2">白色指针</td><td colspan="2">列车管压力正常值为500 kPa</td></tr>
<tr><td colspan="2">红色指针</td><td colspan="2">制动缸压力</td></tr>
</table>

六、操作注意事项

1. 避免误操作的防范措施

气动控制、空气制动、液压驱动均采取了一些预防措施以避免误操作，如取走除操作用的钥匙和手柄：在机器上锁定驱动控制阀钥匙；大闸手柄、小闸手柄、作业及运行驱动的换挡手柄和调速换向手柄，只能留存一个。

2. 柴油机操作规范

(1) 清筛机上只有两把启动钥匙。

(2) 点火开关上的启动钥匙只能在“0”位时插入或转动。

(3) 蓄电池主开关只有在清筛机停止后才能操纵。

(4) 在柴油机运转时，主离合器只有当机器不动时才能脱开，而且只能在短时间内完成，时间约为 30 s；也只有当液压驱动断开时（即空载）主离合器才能接合。

(5) 柴油机调速换向手柄一次操作时间最多只能 3 s。速度换向手柄偏离中间位时，不允许改变柴油发动机的转速。

(6) 在作业离合器或运行离合器开关打开时，不允许启动或停止发动机，即发动机启动和停止都要在关闭车轴齿轮箱离合器开关的情况下进行。

(7) 柴油发动机在任何状态下工作时，机油压力必须保证在 200 kPa 以上。

(8) 发动机温度表指针一旦进入红色区域内，必须立即停机检查。

3. 走行装置制动系统操作要求

(1) 空气制动阀

空气制动机配备一套操纵手柄（大、小闸），在相应的司机台上操作时套装到相应的空气制动阀上。

(2) 驱动控制阀

驱动控制阀锁定钥匙只有在驱动控制阀锁定和调速换向手柄在中位时才能插入或取出；只有当锁定装置解锁后，驱动控制阀方能被操纵。调速换向手柄可通过一个横向导板在任何位置上固定。

(3) 换挡手柄

只有在止挡位时，换挡手柄才能在三通阀“慢速—快速”上装入或取出。只有在空挡位时，换挡手柄才能在三通阀“区间运行”或“作业”上装入或取出。

(4) 空气制动

包括直接制动、间接制动和紧急制动。当制动缸中压力超过 160 kPa 时，液压驱动自动断开，即卸荷，绿色指示灯熄灭。当空气制动缓解时，液压驱动重新自动接通，清筛机会加速或减速至调速手柄调定的速度。

第四节　制动机的性能试验

对 QS-650 清筛机所用 YZ-1 型空气制动机进行性能试验，检查制动机的制动、保压和缓解作用是否良好。

制动机试验程序如下。

1. 风缸压力的检查与调整

(1) 检查总风缸压力达到 (700±20) kPa。

(2) 调整列车管压力为 500 kPa。

2. 大闸制动性能试验

(1) 小闸置运转位。

(2) 大闸从制动位转至缓解位:

① 均衡风缸压力自零充至 480 kPa 的时间为 5~7 s。

② 制动缸压力从最高值缓解至 35 kPa 的时间为 5~8 s。

(3) 大闸从缓解位转至制动位:

① 均衡风缸压力自 500 kPa 减至 360 kPa 的时间为 5~8 s。

② 制动缸最高压力为 (360±20) kPa。

③ 制动缸压力从零升至最高值的时间为 6~9 s。

(4) 大闸置于保压位

① 制动缸压力 3 min 泄漏不得超过 10 kPa。

② 列车管压力 1 min 泄漏不得超过 10 kPa。

3. 小闸制动性能试验

(1) 大闸置缓解位。

(2) 小闸从运转位转至制动位:

① 调整制动缸最高压力为 360 kPa。

② 制动缸压力从零升至 340 kPa 的时间不大于 4 s。

(3) 小闸从制动位转至缓解位:

制动缸压力自 360 kPa 降至 35 kPa 的时间不大于 5 s。

(4) 小闸置于保压位:

制动缸压力 3 min 泄漏不得超过 10 kPa。

4. 紧急制动性能试验

(1) 大闸置缓解后的运转位,小闸置运转位。

(2) 下压紧急制动阀:

① 列车管压力由 500 kPa 排至零的时间小于 3 s。

② 制动缸的最高压力为 (450±10) kPa。

③ 制动缸压力从零升至最高压力的时间为 6~9 s。

④ 在下压紧急制动阀的同时,将大闸手把转至制动位。

(3) 下压旁路制动按钮:

① 制动缸最高压力为 360 kPa。

② 制动缸压力从零升至最高压力的时间不大于 4 s。

第五节 区间运行操作

一、运行条件

1. 装载标准

清筛机运行时所有不与机器呈一体的部件必须固定在吊钩或挂钩上,只要各部件遵守下列几点要求,QS-650 清筛机就能符合我国铁路机车车辆装载限界:

(1) 回转污土输送带用插销固定在中间位置。

(2) 回转污土输送带的上部由插销固定在平台的尾部。

(3) 提升、下降挖掘链导槽应完全提起并收回，用随带的安全链和拉杆固定。

(4) 链条张紧油缸伸出不能超过 250 mm。

(5) 挖掘链必须固定在链槽下的滑板上，挖掘链的末端必须由随机的安全扣带固定。

(6) 水平导槽和吊钩的提升臂必须固定在各自的上位。

(7) 水平导槽和吊钩的提升机构也必须固定在各自的上位。

(8) 起吊机具应收回并固定。

(9) 道砟回填输送带应收回并由安全链和连杆固定。

(10) 后拨道装置应在中位收回并固定。

(11) 轨枕清扫装置必须提起固定在提升位置。

(12) 振动筛必须调平（与机架平行）。

2. 制动系统检查

制动系统必须确保安全和动作准确。在每次线路运行前和超过 2 h 长距离运行停机后都必须进行全面检查。运行前必须试验制动和缓解是否正确，俗称试风试闸，同时观察制动缸的密封性能和制动传动装置的可靠程度。

制动系统检查时手制动必须松开。当机器有溜车危险时，要用止轮器将车轮止住（试验后去掉）。

制动系统检查试验时，主风缸的风压不得低于 600 kPa，列车管压力应有 500 kPa。

制动试验项目如下：

(1) 间接制动检查试验（大闸）

① 制动动作在所有相关联的车轮上起作用。

② 列车管中（通过减压阀）应有最大为 500 kPa 的压力。

③ 制动后车轮闸瓦必须能可靠缓解。所有闸瓦除了有损伤的以外都可使用。使用中的闸瓦如果在其最薄的地方小于 12 mm 厚时，必须更换。

④ 检查泄漏。将间接制动阀（大闸）置于保压位，观察列车管的压力降，要求在 1 min 内压力下降小于 20 kPa。检查完毕，将大闸手柄置于运转位后，列车管内压力应升至 500 kPa。

⑤ 检查制动缸行程。大闸制动后，用锤子敲击每个转向架上的闸瓦来检验制动的情况，不能出现闸瓦松开现象。正常情况下制动缸的行程应为 90～180 mm；当活塞行程达到 180 mm时，就应调整闸瓦，使活塞行程调回为 90 mm。

⑥ 灵敏度检验。将大闸手柄从制动位快速移到缓解位，缓解制动，观察是否所有制动闸瓦都离开车轮。

试验中各动作、给定压力，检测项目应相互匹配，不匹配时应参照有关资料进行调整。

(2) 直接制动检查试验（小闸）

该项制动仅用在机器单机上。将直接制动阀（小闸）手柄放在缓解位直到制动缸压力降至 0。将小闸手柄置于制动位，制动缸中的压力必须升至 360 kPa。

用锤子敲击检验每个转向架上的闸瓦，观察是否所有闸瓦都抱死；然后将小闸手柄放在缓解位直到制动缸压力降到 0，并观察所有闸瓦是否脱离车轮。

(3) 手制动（停机制动）

检查手制动动作（制动闸瓦必须抱死），手轮转动必须灵活。

二、运行操纵

(1) 将大闸、小闸手柄分别置于运转位和缓解位。

(2) 按要求将前驾驶室中换挡手柄置于“低速走行”或“高速走行”位置。选择条件是：重载、坡道上运行并联挂拖车，用低速走行，最大速度为 45 km/h；在没有坡道的线路上用高速走行，最大速度为 80 km/h。

(3) 将换挡手柄插入“区间运行”三通阀并转到终止位。

(4) 操作司机就位。启动柴油发动机，并将柴油机转速升到最大（约 2 300 r/min）。主风缸充风至 720 kPa。

(5) 松开手制动，并将小闸手柄置于制动位。

(6) 将柴油机转速升到最大（2 300 r/min），缓解空气制动，一旦制动缸压力降至小于 60 kPa，旁通绿色指示灯亮时，清筛机便可开始运行。此时，松开调速换向手柄并将其从中位慢慢调到所需运行方向，则清筛机开始运行并增速至驱动控制所要求的速度。

(7) 运行：

① 运行方向和速度由调速换向手柄控制。调速换向手柄可以调节走行变量泵，当手柄处于中位时，清筛机便停下来；手柄偏转得越大，清筛机的行驶速度就越高。

② 在运行过程中，如果调速换向手柄朝运行反方向位置移动，则速度会降低，这表明液压制动起作用。但不管怎样，在运行过程中，调速换向手柄只能逐渐地重新回到中间位置。

③ 反方向运行只能等清筛机停稳后再进行。

④ 走行变量泵会按调速换向手柄的调节自动调整，以使液压系统不会超出允许的压力，而卸荷阀不工作。

⑤ 走行马达的自动控制。当前进阻力增加时，四个走行马达中液压系统压力会升高，走行速度自动降低；相反，当油压降低时，速度会自动增加。但是走行最高速度受换挡手柄置于位置（即“低速走行”或“高速走行”）的限制，即使在下坡时也不能超过。

(8) 制动：

① 一般情况下制动。在运行中，一般情况下通过缓慢地操作调速换向手柄，降低柴油机转速，实现液压制动马达制动。

② 长大线路上制动。通过空气制动阀进行直接制动（或间接制动）来实现。

③ 下坡运行时制动。柴油机转速必须保证不能超过最大转速 2 500 r/min，制动时用空气制动即可。

在运行过程中制动应尽可能地平稳。需要注意的是，当空气制动作用停机时，调速换向手柄应立即置于中位，以防止制动缓解后溜车。

④ 在运行中出现紧急状态，可使用紧急制动阀。使用后，应合上紧急制动阀。

(9) 停车。将柴油机转速下降至怠速空转，通过操纵大闸或小闸使清筛机停车，然后将调速换向手柄拉回中位。也可以直接将调速换向手柄拉回中位，让清筛机滑行一段后停车，然后用空气制动阀制动。

(10) 换向运行。当清筛机停车后，缓慢地将调速换向手柄从中位推到需换向运行的方向。

(11) 操作司机室转换：

① 操作司机室转换时，应先停车、停机，待司机转换司机室后，再重新启动柴油机进行操作。

② 先操纵小闸（或大闸）施行空气制动，让清筛机停车。

③ 将两柴油机置于 1 300 r/min 怠速下空转一会，使之冷却。

④ 停机步骤：踩压踏板使前（或后）主离合器分离，黄色指示灯亮，将前（或后）柴油机启动开关钥匙转到“0”位并取走，待柴油机停机后松开踏板。

⑤ 锁住驱动控制阀并取走驱动控制阀锁定钥匙。

⑥ 将调速换向手柄置于中位并取走手柄。

进行上述一系列操作后，才能实现操作司机室的转换。这样，司机在另一个司机室内按前述过程重新启动柴油机。

(12) 停机：

① 停机与操作司机室转换时的①～⑥步骤相同。

② 施加手制动，较长时间停放时还应加止轮器（铁鞋）防止溜车。

③ 取走换挡手柄。

④ 关掉前、后电源主开关，并取走钥匙。

⑤ 关闭窗户，锁固车门。

(13) 在某些情况下使用一台柴油机是允许的，但在这种情况下，清筛机的速度和牵引力都将相对降低。

第六节　长途挂运

各种大型养路机械在出厂及远距离的工地转移时，都要进行长途挂运。长途挂运时由机车牵引，大型养路机械仅作无动力回送。所以，QS-650 清筛机的使用人员必须了解长途挂运的操作方法和注意事项。

一、长途挂运的整备

(1) 联挂前应检查：

① 清筛机符合装载标准（同本章第五节）。

② 4 个车轴齿轮箱油位必须达到标准的上限。

③ 走行液压回路必须充满液压油。

④ 基础制动装置的悬挂应正常，制动拉杆锁紧螺母紧固。

⑤ 检查闸瓦有无裂纹，闸瓦插销是否到位。

⑥ 检查车钩状态良好。

⑦ 检查门锁能否锁上。

(2) 启动发动机，将制动安全阀压力调整至 180～220 kPa。

(3) 打开无动力回送装置塞门、关闭中继阀前列车管塞门，或将无动力回送主、辅车转换阀置于被动位。

(4) 用换挡手柄将各三通阀转换到空挡位，脱离车轴齿轮箱内的 AG、FG 离合器。

(5) 关闭发动机。

(6) 缓解空气制动，大闸、小闸操作手把分别于运转位和缓解位取出。

(7) 取走启动开关钥匙2把；驱动控制阀锁定钥匙2把；调速换向手柄1个和换挡手柄1个。

(8) 取出机内电源主开关钥匙（2把），关闭总电源，拆卸所有蓄电池。

(9) 缓解手制动，所有闸瓦必须缓解。

(10) 进行机械联挂。

二、长途挂运时注意事项

(1) 大型养路机械与其他车列长途挂运时，其编挂位置应在守车前位，无守车时应为列车尾部。

(2) 在编组站内调车时禁止通过驼峰，不允许溜放。

(3) 大型养路机械自行编组并由机车牵引时，应将重车、轴距大的车编在前面，然后逐一连接风管，试风试闸良好。

(4) 运行前，各车司机长或负责人员检查本车的装载及与相邻车的联挂、各作业装置的锁定等情况。

(5) 清筛机联挂运行时的最大允许速度为100 km/h。

(6) 每车设两名押车人员。押车人员应携带必需的维修工具及物件，如活动扳手、螺丝刀、钢丝钳、铁丝等，以备急需。携带一套制动系统转换手柄，分别置于大、小闸的运转位和缓解位。

(7) 运输途中，押车人员应严密监视本车的运行状态。

① 在站内停车、会车时，押车人员应下车检查车轴齿轮箱温度、轴箱温度及制动闸瓦的情况，并巡查全车。一旦发现走行系统温度过高、有异响或制动缓解不良时，应及时通知押车指派负责人，以便采取应急措施，但不准随意动用停车设备。

② 制动缓解不彻底，可用大闸单缓功能予以处理；闸瓦间隙过大时，调整闸瓦间隙或更换闸瓦。

③ 如发现危及行车安全的不正常现象，应及时做摘车处理。

④ 每天应向心盘和旁承加注润滑油。

(8) 押车人员要注意安全。列车运行中，押车人员一律在驾驶室内，身体不得探出车外，关好车门。下车时，随时注意邻线来车，并随时做好上车准备，严禁钻车检查，避免与电气化接触网支柱及其附近的金属接触，严禁在列车停留间隙离开机械，防止漏乘。

(9) 押运人员要做好安全保卫工作，以防机械被人为破坏及丢失零配件。

(10) 押运途中，列车在车站等避、等发或停留时，禁止设防溜措施。

第七节　施工作业

一、联挂运行

在一般情况下，大型养路机械都是按机组多机联合流水作业。线路大修时，由两台清筛机、三台捣固车、一台动力稳定车、一台配砟整形车组成一个大修机组，此时，清筛机通常配置在最前面。机组作业，按规定必须联挂在一起进入、撤出工地，大型清筛机有时当本务机承担牵引动力，有时作为无动力车附挂在其他机械的后面，所以，联挂、摘挂作业是每次施工都必须进行的环节。

1. 联挂作业准备（被挂车）

(1) 停稳清筛机，将挂挡开关转换到空挡位，并确认本车在空挡位。

(2) 开放无动力回送装置塞门。

(3) 关闭中继阀前列车管塞门。

(4) 新改装后的清筛机只需拉出无动力回送主、辅车转换阀即可。

(5) 拧紧手制动。

(6) 大闸手把置于运转位，小闸手把置于缓解位。

(7) 关闭发动机。

(8) 检查车钩状态良好。

2. 联挂作业

(1) 联挂的动车（一般为牵引车，也叫本务机）试风试闸，以不超过 30 km/h 的速度运行至被挂车前 50 m 一度停车，并调整运行速度。

(2) 联挂动车以不超过 3 km/h 的速度运行至距被挂车前 2 m 二度停车。

(3) 检查动车与被挂车的车钩、风管，做好联挂准备。

(4) 提启动车及被挂车车钩装置的钩提杆，使车钩处于全开状态。

(5) 动车以不超过 3 km/h 速度平稳联挂，然后换向试拉，确保连接可靠。

(6) 接好制动软管，打开列车管折角塞门，检查确认无泄漏。

(7) 松开被挂车的手制动。

(8) 给联挂车列充风，按规定进行制动机试验，确认制动、缓解良好后方可动车。

3. 联挂运行

联挂牵引进入施工地点，机组人员在运行途中应注意以下几点：

(1) 牵引动车严格按“十六字令”行车，随时检查列车管压力、制动缸压力，以及操作台上各种仪表的显示状况，发现异常，及时停车，确保行车安全。

(2) 被挂车加强瞭望，若发现紧急情况而又无法及时通知牵引车司机时，可拉紧急制动阀，使车列施行紧急制动。随时检查列车管压力、制动缸压力，以及操作台上各种仪表的显示状况，发现异常，立即发出停车信号，确保行车安全。

(3) 非驾驶位严禁触碰大、小闸操作手把，以防造成误操作。

4. 摘挂作业

机组到达施工工地，需对各机械车进行摘挂作业。摘钩时，应严格执行“一关前、二关后、三摘风管、四提钩”的作业方法，注意安全。具体操作过程如下：

(1) 联挂车列施行空气制动停车。

(2) 先关闭牵引车后被挂车的列车管折角塞门。

(3) 摘开制动软管。

(4) 提起前面机械车与联挂端车钩装置的钩提杆，使车钩处于全开状态。

(5) 根据摘钩人员的信号，鸣笛移动动车。

(6) 关闭无动力回送装置塞门，打开中继阀前列车管塞门。

(7) 新改装清筛车只需合上无动力回送主、辅车转换阀，即处于辅助位。

(8) 启动柴油发动机，用换挡手柄打开区间运行离合器三通控制阀，待空气制动系统充满风后，以不超过 30 km/h 速度运行至指定地点停车。

二、QS-650 清筛机的作业条件

(1) 道床清筛施工时，应封锁线路。封锁前后的部分辅助作业需在列车慢行条件下进行。

(2) 道床清筛施工时，清筛机后至少应配备一台捣固车，有条件时配备配砟整形车、捣固车和轨道动力稳定车。

(3) 线路两侧建筑物（包括埋设在道床中的固定物体）至线路中线的距离必须大于等于 2 100 mm。

(4) 作业地段线路的曲线半径应大于等于 250 m。

(5) 在无缝线路地段施工，长轨锁定轨温按 TB/T 2658.2 执行。

(6) 道床翻浆冒泥严重地段不适合机械清筛。

(7) 清筛机不能在桥梁及两端桥台范围内、道岔、两侧铺有硬质路面的道口和人行过道及宽轨枕线路上作业。

(8) 施工领导人组织有关技术人员按线路大、中修设计文件进行调查和放样，并根据调查结果，开展施工组织设计，提报运输封锁计划和电务、供电等配合计划。

(9) 按需预卸石砟，石砟不足时，禁止施工。

三、封锁前慢行准备作业

(1) 清除影响机械作业的各种障碍。

(2) 在慢行期间，开挖好连接清筛机水平导槽和挖掘链所需的导槽坑。导槽坑的要求为：

长度：沿轨道方向 1 000 mm，在导槽下方的道砟堆积角小于 30°。

宽度：挖掘宽度加 300 mm。

深度：轨枕下 350 mm。

导槽坑严禁挖在钢轨接头或焊接接头处。

(3) 大型机械车列必须提前到达施工区间的一端站，机组人员必须在封锁前对设备进行全面检查。

(4) 根据《铁路工务安全规则》规定办理封锁。

四、施工作业

1. 清筛前准备作业

(1) 作业转换准备

① 操作司机如果是在前司机室座椅上就位，这时应准备向作业座椅转换；如果原在后司机座椅上操纵运行，则应先完成操作司机室的转换。

② 将作业座椅附近的小闸置于制动位，大闸置于运转位，检查手制动应缓解。

③ 缓慢地将柴油机的转速提高到 2 300 r/min。

④ 前司机室的驱动控制阀锁定于中位并取下钥匙，移开调速换向手柄。

⑤ 在作业座椅上按以下步骤进行操纵：

a. 将调速换向手柄插入驱动控制阀并解锁。

b. 空挡时，将换挡手柄从三通阀“运行”位上取下。

c. 将“慢速—快速—驱动”三通阀置于慢速驱动挡。

d. 将三通阀转换到“作业操纵”挡，并到止挡位。

⑥ 严格按操作规程转换工作状态，遵守“一套钥匙一套手柄”制度。

(2) 运行至导槽坑处并制动

在完成上述准备工作后，可运行清筛机挖好的导槽坑处。

① 缓解小闸制动。

② 恰当地操纵调速换向手柄，将机器开至导槽坑处，直至链节能降至导槽坑内为止。

③ 将小闸置于制动位。

(3) 作业准备工作

① 准备提升绳索、提升臂以及提升装置，以便水平导槽和挖掘链投入使用。

② 从导向链的两端拉开链节。

③ 从挖掘链上取下保险带和销（在下降导槽上）。

④ 把安全链从回填道砟输送带的两侧取下。

⑤ 放下起、拨道装置。

⑥ 放下后拨道装置。

2. 安装挖掘链和调整工作装置

(1) 安装挖掘链

① 借助于起升装置将水平导槽和部分链节放入钢轨下的导槽坑内。

② 两侧提升、下降导槽均先水平伸展，然后同时下降与水平导槽相连接。

③ 用快速连接销和螺栓将水平导槽与两侧提升、下降导槽连接起来。

④ 应确认邻线无列车通过后，才能下放两侧导槽进行连接。两侧导槽下放时高差不得超过 900 mm。

⑤ 张紧油缸收缩。

⑥ 连接挖掘链，使挖掘链呈封闭环状。

⑦ 张紧挖掘链。

⑧ 将红色紧急停挖弦线系在机器两侧的紧急停挖开关上。

(2) 调整工作装置

① 将振动筛置于水平位置。在曲线超高地段施工时，应调整振动筛至横向水平。

② 调整道砟流向。将振动筛上的道砟导向板置于中位。

③ 两侧道砟回填输送带外摆，调整道砟的分布。

a. 在作业时，全部清洁道砟应落在道床外侧，避免输送带范围内道砟堆积。

b. 道砟分配板应位于使全部道砟落入回填输送带上的位置。

c. 道砟回填输送带向外摆动时，必须观察障碍物及接近邻线可允许的限度。

d. 过剩的道砟可部分打开道砟导流闸板疏送掉。

④ 将回转污土输送带置于作业位置。

a. 从回转污土输送带上移开安全链。

b. 从平台上取下安全销。

c. 展开回转污土输送带的上部，按上部控制开关以调整垂直方向，在展开的过程中，要观察输送带的正确位置。

d. 解开水平调整装置（固定销），将回转污土输送带转到污土排放位置上。

⑤ 调整前拨道装置和后拨道装置。

⑥ 闭合前后起道夹钳并夹紧钢轨。在作业期间四个控制起道夹钳的开关必须起作用。

⑦ 下放平砟犁板和清扫装置。

⑧ 按序启动道砟回填输送带、回转污土输送带、主污土输送带和振动筛。

3. 清筛作业

(1) 作业程序

① 缓解空气制动。

② 发出鸣笛警报。确保主挖掘链的危险区内无人时，方可开始作业。

③ 向上推起主挖掘链控制阀的锁定挡片以及挖掘用的滑阀，启动挖掘链。

④ 调节挖掘链的张紧力。挖掘链的张紧度应以在水平导槽的中央处产生近 125 mm 的下垂量为宜。

⑤ 挖掘链运转后，适当起道（起道量为30～50 mm），操纵作业走行速度控制手柄，进行正常的清筛作业。

⑥ 按需调整挖掘深度。应注意挖掘深度的调整只能在作业过程中，不能在机器静止时。

⑦ 主操作手在作业中应根据振动筛的振动马达驱动压力、各输送带的马达驱动压力以及挖掘系统中马达驱动压力来调整清筛走行速度。

⑧ 弃土中可用道砟含量过高时，应降低清筛走行速度。

⑨ 回填道砟的不洁率升高时，应降低清筛走行速度。

⑩ 按要求调整道砟分配闸板。

⑪调整回填道砟输送带。若有必要，打开摆动自动装置。

⑫按要求控制筛网上的导向板。

⑬按要求控制道砟分配板。

⑭振动筛应始终保持水平（目测）。

⑮调整前起、拨道装置。

⑯调整后拨道装置。

⑰清筛机作业一段距离后，应组织配砟整形车进行上砟、捣固车进行捣固、动力稳定车进行稳定作业。

(2) 作业速度的选择

为使清筛机充分发挥其工作效率，在作业时应选择一个适当的作业速度。

在作业过程中，挖掘链有 4 种可供选择的作业速度。

① 最低速度，链速约为 2.0 m/s（慢速挡，辅助泵最小排量）。

② 低速Ⅰ，链速约为 2.6 m/s（慢速挡，辅助泵最大排量）。

③ 低速Ⅱ，链速约为 2.8 m/s（快速挡，辅助泵最小排量）。

④ 高速，链速约为 3.6 m/s（快速挡，辅助泵最大排量）。

经验表明：在挖掘链驱动液压系统中压力保持为 20 MPa 时，能获得最佳的作业效率。

司机在作业操作室中，应当始终对挖掘链驱动系统压力表进行观察。该压力值应保持小于 35 MPa。当挖掘道床遇到的阻力发生变化时，该压力也会发生变化。如果油压达到 35 MPa时，液压系统中的溢流阀动作，挖掘链将停止工作，在这种情况下，控制阀应立即置回中位。

(3) 特殊地段作业

① 平交道口的校整。铁路平交道口的校整可用装在后轴上的一台气泡水平仪来检查。通过道砟分配槽的调节可以影响到平交道口。应当注意的是：通过在某点进行道砟补偿量的调节只能对该点及该点前 14 m 长度范围内的轨道起作用。

② 全抛作业。遇到道砟污染非常严重的地段，需将污砟全部抛弃时，将道砟分配阀置于最低位置，即液压缸全部缩回，导流板全部开启。由挖掘链带上的污砟将全部被送至主输送带，再由回转污土输送带抛出。

在作业中，可以不影响挖掘链的工作而关闭道砟导向阀。另外也可置其于中位而仅仅清理部分污砟。

③ 紧急停挖。若是紧急停挖按钮被按下，挖掘链则会自动停止，液压驱动会断开，空气制动动作，同时响起警鸣声。

注意，在按下紧急停挖按钮后，应立即将小闸置于制动位，只有在这种情况下，才能将紧急停挖开关置于断开位。

（4）暂停作业

① 将作业速度降至零。

② 将挖掘控制阀置于中位并用折板将其锁定。

③ 将小闸置于制动位。

④ 由于作业条件所致，停机后可能造成道砟堆积，在最糟糕的情况下，例如，最大的挖掘量，且道砟回填输送带处于非摆动状态或者钢轨处于降低状态，这些道砟和污土堆积在道砟回填输送带和主输送带上，不能为道砟回填输送带前端的刮砟板所处理，因此在下一次启动之前必须进行人工清理。

⑤ 原则上应尽量避免在作业过程中的暂时停机，因为这样会破坏线路的几何形状。

（5）重新作业

① 缓解空气制动。

② 鸣笛并确认危险区内无人。

③ 打开挖掘链驱动控制阀侧的锁定折板，将控制阀置于挖掘位。

④ 选定作业速度。

（6）作业要求

① 作业开始时，起道量不宜过大，应逐渐顺坡过渡，以免形成轨面局部凸起。

② 随时注意挖掘链张紧度，张紧油缸伸缩量过大时，要减少挖掘链节数。

③ 只有挖掘链运转，作业走行时，才可以改变挖掘深度。

④ 清筛走行速度：

a. 振动筛马达驱动压力应控制在 22 MPa 以下，各输送带马达驱动压力应在调定压力以下 2 MPa 以内，挖掘系统马达驱动压力应在 28 MPa 以下。如果以上指标有一个超值，就要降低清筛走行速度。

b. 接近过轨电缆或水管等地下设施时，需降低清筛走行速度和挖掘链运转速度。在地面人员的指挥下提升钢轨，减少挖掘深度，使挖掘链和水平导槽安全越过，然后恢复正常作业。

c. 需将翻浆冒泥道床全部抛掉时，应降低清筛走行速度和挖掘链的运转速度，并密切注意主污土输送带和旋转污土输送带的马达驱动压力。

⑤ 作业时振动筛应始终处于横向水平状态。振动筛上的道砟分布可通过提升导槽道砟

导流闸板和振动筛上的道砟导流装置进行调整。

⑥ 配砟：

a. 道心处道砟需要量，可通过振动筛后的配砟活门进行调整。

b. 钢轨两侧的道砟需要量，可通过振动筛上配砟导向板进行调整。

c. 个别地段道床翻浆冒泥严重时，可以缩回提升导槽道砟导流闸板，直接把泥砟抛出。

d. 应保持清筛作业的连续性。当清筛走行速度稳定后，尽可能不要改变道砟回填输送带的角度。道砟回填需有地面人员配合指挥。

⑦ 作业时，一旦发生挖掘装置液压系统过载卸荷，应立即进行空气制动，关闭挖掘系统，并把作业走行速度控制手柄置于中间位。在确认清筛机完全停稳后，改变速度控制手柄位置，使机器后退一定的距离后制动，再次使速度控制手柄回到中间位，这样才可以启动挖掘系统重新进行清筛作业。

⑧ 筛后线路的水平要求在±10 mm以内，道砟不洁率应符合《铁路线路设备大修规则》规定。

⑨ 各机组联合作业时，应注意联系，相互间的作业间隔大于10 m。

(7) 作业监测

QS-650清筛机作业时应观察的仪表和指示灯见表8-4。

表8-4　QS-650清筛机作业监测

部　件	仪表或指示灯		表示内容
	名　称	显示标志	
马达油压	指示灯	发光、亮	发光时柴油机自动停机，停机时发亮
油　温	指示灯	红色（闪烁）	灯闪烁时表示柴机油、液压油油温过高，应立即停机
电池充电控制	指示灯	红　色	熄灭，电池正在充电
补油压力	指示灯	红　色	灯闪烁及蜂鸣声，表示补油压力过低，应立即停机
	蜂鸣器	蜂鸣声	
主齿轮分动箱	指示灯	红　色	发光时箱内润滑油油压过低，应立即停机
控制压力	压力表	指针范围	标准值为6 MPa
输送带驱动	压力表	指针范围	压力值读数比泵内压力约低3 MPa
振动筛驱动	压力表	指针范围	注意：开始作业时，压力可能超过限压阀值
压力表选择开关	压力表	指针范围	发生故障时，检查各油缸末端处压力
前、后液压油缸	油量指示器	刻　度	应高于油面刻度
	油温表	指　针	标准温度50℃
主齿轮分动箱通风装置	液压油散热器		标准温度为80℃，油温上升时，检查其功能
	润滑油散热器		

4. 作业结束

(1) 作业程序

① 清筛机应在封锁结束之前提前停止清筛作业，以便预留一段时间给配砟车、捣固车和动力稳定车等进行恢复线路作业。

② 将作业速度降至零。

③ 将挖掘链控制阀置于中位并锁定，停止挖掘链转动。

④ 将小闸置于制动位。

⑤ 按序关闭振动筛、主污土输送带、回转污土输送带和道砟回填输送带。

⑥ 关闭道砟输送带的摆动装置。

⑦ 将道砟回填输送带旋转到位并锁定。

⑧ 折叠回转污土输送带并锁定，降低其伸出部分。

⑨ 降下起道装置。将起道夹钳的所有控制开关置于中位。

⑩ 松开轨枕扣件。

⑪先拆挖掘链，后拆枕下导槽。

⑫所有作业装置恢复到区间运行位置并锁定。

⑬缓解制动，清筛机驶离作业地点停车。

⑭地面配合人员立即对清筛终止点进行补砟回填。

⑮配砟车、捣固车和动力稳定车，对作业地段进行全面的配砟整形、起道、拨道、捣固和动力稳定作业。

⑯按《铁路工务安全规则》要求开通线路。

(2) 实现机器由作业走行到区间运行的转换

大修机组中，清筛机往往用作动力车对机组进行牵引。在清筛作业结束后返回宿营地时，需进行由作业走行到区间运行的转换。

① 检查全部作业装置复位及锁定情况并均应符合装载标准。

② 锁定驱动控制阀并拔出钥匙。

③ 将调速换向手柄置于中位并拔出。

④ 将换挡手柄置于空挡位，将其取下并置于“快—慢—驱动”的三通阀上，推至上挡位，清筛机恢复运行状态。

⑤ 按运行方向选择适当的司机室，在司机室内按运行规则进行操纵。

第八节　工作装置的操作与调整

QS-650清筛机作业时，作业操纵司机要与地面作业人员相互配合。工作装置的操纵控制装置，即操纵控制阀、手柄、按钮等，不仅安装在前司机室操纵作业位，也配置在各工作装置的有关部位上，所以掌握现场操纵程序，首先要了解各工作装置操纵控制装置的功能和操作要点。本节重点介绍挖掘、筛分、各输送带、起拨道装置和自动控制机构的操作与调整。

一、前司机室操纵作业位上控制阀的操纵

1. 提升、下降导槽

(1) 提升、下降导槽的垂直方向调整

只要提升、下降导槽的安全链及销确保安全，用于调整提升、下降导槽的水平及垂直方向的控制阀便可操纵，直至提升、下降导槽放至合适的位置上。

在操纵提升、下降导槽垂直方向时，应控制两导槽弯角处水平差不得超过900 mm。

提升、下降导槽调整伸展或收回时，必须确认不会碰到障碍物。一般方法是：在伸展时，先短时间水平伸展，然后收回时降低；收回时，先提升，然后收回。当提升、下降导槽

被完全提起并收回时，振动筛的支撑臂必须与机架平行。

(2) 提升、下降导槽横向调整

当提升、下降导槽与水平导槽联起来时，横向调整应由面向控制柜右面的控制阀来实现，另一面的控制阀可用来辅助横向调节。

2. 挖掘链的张紧

挖掘链张紧控制阀：向下按动控制阀手柄，使挖掘链张紧；向上推动手柄则挖掘链松弛。

如果挖掘链太紧，将导致连接销、中间链节、转角滚轮加速磨损。由于挖掘链重量，要求在水平导槽的中部，非作业时其下垂度约为 125 mm。在挖掘过程中，挖掘链被拉紧压向水平导槽，因而被挖掘的道床底面平坦。

3. 挖掘链的驱动

为确保安全，当挖掘链不作业时，挖掘链控制阀必须用锁片锁住。只有当链导槽连接及挖掘链连接均可靠时，才可以驱动挖掘链。在驱动挖掘链前，必须发出警告信号（鸣喇叭）并确保无人在危险的地方。

4. 挖掘链和振动筛的驱动次序

为避免道砟堆积，推荐按下列次序操纵：

(1) 启动。左、右道砟回填分配输送带——回转污土输送带——主污土输送带——振动筛——挖掘链。

此时，应当注意：

① 只有当振动筛可以自由地振动并处于水平状态时，才能开始驱动振动筛。

② 当柴油机转速没有达到 2 300 r/min 时，才可调节液压马达转速，使振动筛平稳地运行（避免临界转速，产生共振）。

③ 在开动回转污土输送带时，必须确认没有人站在污土将要抛弃到的地方。

(2) 停止。挖掘链—振动筛—左、右道砟回填分配输送带—主污土输送带—回转污土输送带。

注意，只有在振动筛停止振动时才能停止输送带装置。

5. 起、拨道装置

(1) 起道油缸在起道装置下降时，必须确认拨道轮的滚动表面接触到钢轨上，起道夹钳必须打开，避免较大的力压在轨道上。在启动起道装置时，必须避免与链导槽碰撞。

(2) 前拨道装置在作业过程中，逐渐调整拨道装置。当起道装置完全收回时，拨道装置应处于中位。

(3) 起道夹钳滚轮在应用起道滚轮时，必须留心滚轮的轮缘应位于轨颚下。

6. 空气制动

机器作业期间停车时采用单独制动阀（小闸）制动。制动的同时，调速换向手柄必须置于中位，保证清筛机绝对停稳。

注意：空气制动缓解与液压驱动自动联锁，便于清筛机能以所需速度启动运行。

二、回转输送带控制开关的操作

(1) 回转输送带垂直调整控制开关。当回转输送带上部处于垂直位置时，将两安全销取下后，便可操作。

(2) 回转输送带水平调整开关。只有在回转输送带的上部升起及固定销被取下时，才可操作。注意，应避免与行星齿轮的锁销相碰撞。

三、远离作业司机位的控制阀和截止阀的操作

(1) 水平导槽的起升绳索、起升装置以及起升臂的控制阀可单独操作。

(2) 当后拨道装置由气动下降时，必须非常小心地使拨道滚轮的滚动表面落到钢轨面上。

在作业期间，仅允许逐渐调整拨道装置。当拨道装置被提升时，拨道滚轮必须处于中位。在上位时，拨道滚轮不可以从中位移开。为了运输安全，用于拨道装置作业时的锁销，在下降前要拉出（两端），提升后，要装好。

(3) 当道砟清扫装置的安全带从两端移开后，气动三通阀才可以置于“下降”位。

在运输过程中，三通阀应置于“提升”位。

四、后液压油箱左右侧及下部开关的操纵

1. 振动筛上道砟导向板、道砟导向阀和振动筛调整

(1) 这些控制开关都应独立操纵。

(2) 道砟导向和调整筛的控制开关仅在链导槽处于作业位置时，才能操作。

(3) 振动筛不能碰到链导槽和道砟分配板。

2. 道砟分配板

道砟分配板控制开关操作时间很短，操作时，其他辅助控制阀不要工作。

3. 回填道砟输送带自动摆动机构

(1) 将自动摆动开关从“0”位（手动）转向“1”位（自动），然后按下按钮选择启动方向（向内—向外）。

(2) 当用手动控制时，自动摆动失效。

(3) 开关作用时间可调，摆动范围用“POXIMITY”感应开关，从外部调整。

(4) 当道砟分配输送带处于运输状态时，不可操作控制开关。

(5) 在操作该开关时，必须观察分配输送带实际的摆动范围。

五、道砟导流闸板的调整

位于提升导槽上端的道砟导流闸板，是用来调节振动筛进料量和进料位置。

道砟导流控制阀通过液压油缸控制道砟导流闸板，即：

(1) 道砟导流控制阀在上位，油缸活塞杆全部伸出，道砟导流闸板关闭，闸板使道砟送入振动筛上的右侧。

(2) 道砟导流控制阀在中位，油缸活塞杆部分缩回，道砟导流闸板虽关闭，但闸板位置可使道砟被送入振动筛上的前端左侧。

(3) 道砟导流控制阀在下位，油缸活塞杆全部缩回，道砟导流闸板打开，全部道砟将落入主污土输送带上弃掉。

(4) 道砟导流控制阀也可以部分地打开道砟导流闸板，在作业开始时可将多余的道砟输到道床之外。

六、道砟回填输送带摆动自动装置的调整

(1) 将控制开关置于“1”位。

(2) 通过连接杆上的叉形螺丝调整内部指针。调整完后，应重新拧紧沉头螺母。

(3) 摆动范围的调整。通过调整控制杆的扇形角来调整摆动范围，调整后，需拧紧蝶形螺母。

(4) 摆动延时的调整。通过设置的延时继电器可实现由内摆向外摆的延时时间，最长为6 s。

七、起、拨道装置的调整

1. 起道装置的调整

当清筛挖掘深度 $h<280$ mm 或在前方的轨道位置较高时，则需要用起道装置。在道床较硬或发生板结时，推荐使用起道装置。

(1) 调整要求

一般来说，起道装置主要按长期使用状态来调整。

清筛机作业运行时，在前起道夹钳到达轨道接头的时候，后起道夹钳必须仍然夹住轨头，以保证前起道夹钳的高度位置，使得前起道夹钳在通过接头以后仍能夹住轨头。

前侧的两个夹钳位置应当调整一致，在通过轨接头以后，前起道夹钳又将起到控制后起道夹钳高度位置的作用，使后起道夹钳在通过接头以后仍然夹住轨头。

起道装置上的拨道轮不应对轨道施加纵向力。

每只起道油缸上方的调节限位螺钉用于限制起道量，最好处于前后夹轨轮之间的连接处。

(2) 调节限位螺钉

降低起道装置直至拨道轮作用于钢轨的踏面上。

(3) 调整起道夹轮

① 开关：起道夹钳置于“1”位，夹钳提升油缸置于“0”位。

② 合上一对夹轨钳检查：在合拢过程中，夹钳合拢油缸的连接部分必须推动（压力）缓冲控制阀。首先调节起道轮的高度（螺纹）使轨道和拨道轮之间约有 10 mm 宽的空隙。

③ 按前顺序关闭所有夹轨钳。

④ 将夹轨提升油缸置于“1”位。

⑤ 按要求升起起道装置。

⑥ 打开前夹轨钳检查：在打开过程中，夹轨钳合拢油缸的控制头应释放（顶出），而且夹钳上升油缸应上升。

调整后的夹轨钳的限位螺钉使拨道轮和钢轨之间总保持一个小的间隙。

⑦ 检查关闭前夹轨钳，前夹轨钳这时应再次夹紧钢轨的轨头，后夹轨钳也应再次降下。若前夹轨钳未能夹紧轨头，那么应增大轨道与拨道轮之间 10 mm 宽的空隙。整个调整过程要重复进行。

⑧ 按照调整前夹轨钳的过程调整后夹轨钳。

(4) 特例

每侧钢轨仅有一套夹轨钳起作用的时候，起道装置应能使轨道保持抬起。

前后夹轨钳的距离为 1.25 m，若需其他数值时则需要特别设计。鱼尾板通常不长于 0.9 m，因而起道装置总能处于正常作业状态。在错接式钢轨接头处，错接部件加上鱼尾板的总长不应超过 0.9 m，起码得保证两对夹钳中的一对能夹紧两接头中间钢轨。

2. 前拨道装置的调整

在曲线地段或者要对轨道进行扭转的时候，起道装置需按一给定的正矢力由中心位置向侧面偏移。

当后拨道装置也需加入拨道作业时，前拨道装置的调整正矢只能是一近似值。该近似值由一理论值和一最大至 50 mm 的增量构成。曲线半径越小，超高量就越大，该增量值越大(轨道和机器的弹性变形量)。

3. 后拨道装置的调整

当条件仅允许前拨道装置做一粗略的拨道时，则精确的拨道由后拨道装置进行，在这种情况下，参照系统即变得非常重要。若能从邻近的轨道上进行测量，往往能获得好的效果。因此，可以使用一把轨道尺测量两条钢轨的距离，然后修正后夹轨钳的位置至目标值。若找不到参考系，后拨道装置的正矢值则按线路设计图给定或使用测量磁带。

后拨道装置可通过液压调整，在车前、后两侧的驾驶室内均能完成这种调整。拨道间隔越小，拨道值越精确，那么曲线就越圆顺，线路质量也越好。

复习思考题

1. 新机器使用前需要做哪些准备？
2. QS-650 清筛机燃油整备应注意哪些事项？如何选用柴机油？
3. QS-650 清筛机液压油整备应注意哪些事项？
4. 简述 QS-650 清筛机加油的部位、种类、数量。
5. QS-650 清筛机启动发动机时应注意哪些事项？
6. QS-650 清筛机制动性能试验标准是什么？
7. QS-650 清筛机装载标准是什么？
8. 车辆联挂作业有哪些步骤？
9. QS-650 清筛机作业条件是什么？
10. QS-650 清筛机长途挂运应注意哪些事项？
11. QS-650 清筛机运行后如何进行作业转换？
12. QS-650 清筛机作业过程中应对哪些仪器仪表加强监控？
13. QS-650 清筛机作业结束后需要完成哪些事项？
14. QS-650 清筛机各工作装置如何操作和调整？

第九章

检查保养与故障排除

QS-650全断面道砟清筛机的检查保养与使用是不可分割的统一体，保养是为了更好地使用，使用也必须注重保养。只有对机械进行良好的保养，才能保证机械正常运转，减少机械磨耗，防止机械破损，延长机械使用寿命，甚至有时可延长3～5倍。同时清筛机保养的好坏，关系着整车功率的发挥和运用的可靠性，亦直接影响到施工质量及燃料的消耗。所以，机组人员决不能忽视机械平时的维修保养工作。

清筛机的检查保养，一般可分为日常检查保养、定期检查保养和针对性检查保养三大类。

所谓日常检查保养指的是在机械运转之前、运转中和停机后对机械进行的例行保养，主要进行机械的润滑、检查及调整等工作。日常保养必须做到四勤（勤清洗、勤检查、勤紧固、勤调整）、二净（油净、空气净）。日常检查保养的目的是检查和调整机械各部间隙，改善各部润滑条件，以减少零件的磨损。

定期检查保养是根据机械运转的情况，定期对机械进行强制性的检查、调整、维修。定期保养可以及时发现和排除机械中已出现的或即将出现的某些故障，防患于未然。因此，定期保养对保证机械安全、正常的运转起着十分重要的作用。

针对性检查保养是根据机械的技术状况和使用情况而采取的针对性较强的特殊保养措施。

第一节　日常检查保养

QS-650全断面道砟清筛机的日常检查保养一般分部件进行。

一、发动机

1. 工作前的检查保养

（1）检查发动机机油油位

柴油发动机在使用期间，每天至少检查一次机油油位。新发动机或经大修后的发动机在磨合期（大约200 h内）机油消耗量较大，故每天应检查两次油位。机油标尺刻有点刻度和线刻度两种，对长期停放的发动机在启动前应按点刻度检查机油油面；一般情况，发动机在怠速运转1～2 min后停机，待1～2 min马上按线刻度检查机油油面。假如油面仅达到下线刻度，就必须添加机油，以免对发动机造成严重损伤。

（2）检查和清洗空气滤清器

燃烧空气中的灰尘，会引起发动机的早期磨损。经常检查和保养空气滤清器，对延长发动机的寿命具有十分重要的作用。

① 集尘器的清理。干式空气滤清器中纸滤筒的使用寿命与是否及时排出集尘器中的灰尘有关，如果不能及时排出尘土，滤筒将很快堵塞。使用中，决不允许集尘器集满一半以上的灰尘。在空气中含尘量很大的工作环境下，应每天清理集尘器。

清理集尘器时，先松开卡箍，将集尘器连同顶盖一同取下。然后从集尘器拆下顶盖，倒出尘土，最后按顺序重新装配好集尘器，装配时应注意使顶盖上的凹槽和集尘器上的凸榫相互对准。当空气滤清器水平安装时，应注意"上"字的标记向上。

对带有排尘阀的滤清器可不进行这一保养，但排尘器阀的排泄口必须经常清理，保持干净。

② 滤筒的保养。滤筒的保养，只能根据保养指示器或指示灯的显示进行。对滤筒进行频繁的拆卸和安装会损坏壳体与滤筒间的密封圈，所以只有在必要时才清洗或更换滤筒。但滤筒使用一年（12 个月）或由于黑烟弄脏时则必须予以更换。

发动机停机后，在所装的保养指示器上清楚地看到红色"保养区 1"，或在发动机运作时，空气滤清器黄色指示灯亮，就应更换或清洗滤筒。

发动机排气冒黑烟或功率下降，表明空气滤清器堵塞，这时也应清洗滤筒。

保养滤筒时拧下六角螺母，取出脏污的滤筒，换上新滤筒或者清洗滤筒。换新滤筒时，必须安装原厂提供的滤筒，其他型号的滤筒会对发动机造成危害。

清洗滤筒有干燥清洗和湿法清洗两种方法。干燥清洗又分拍打清洗和空气清洗。拍打清洗是一种临时性的方法。操作时用手掌轻轻多次垂直敲打滤筒端面和平软表面，使灰尘震落而达到清洗的目的。敲打时注意不得损伤滤筒。空气清洗是用压力不超过 0.5 MPa 的干燥压缩空气对滤筒外部和内部进行吹洗，直到看不到灰尘飞出来为止。湿法清洗则将滤筒放到加入纯洗涤剂的温水中来回摇动、冲洗，然后在清水中再次进行清洗，甩去水并使其干燥。操作时不得使用汽油或热水。

清洗后的滤筒，应用手电照亮检查是否有损伤，若有损伤必须更换，同时检查粘贴的密封垫应无裂缝和损坏。

滤筒每保养一遍，应在安全筒的规定区域做上记号。滤筒保养五遍后，六角螺母和安全筒也必须更换。

在保养过程中发现安全筒有缺陷和损伤时必须更换；安全筒在使用满二年后也必须更换。换下来的安全筒不得清洗后再用。

滤筒保养后，保养指示器还出现指示保养信号时，可按回位按钮，这时红色保养标记应消失，否则，就需要立即更换安全筒。

2. 其他保养

（1）检查发电机的三角皮带张紧状况，皮带中间用手指能压下 10～15 mm 为正常。

（2）每周清洗一次柴油粗滤器滤芯。

（3）按要求检查蓄电池电解液液面高度。当液面高度小于 10～15 mm 时，一般加蒸馏水保持高度，如液面降低是由于电解液溢出原因，可加入电解液。每周检查一次蓄电池电解液密度，其在全充电状态下应为 1.28～1.30；在半放电状态下应为 1.25；在全放电状态下应为 1.10～1.15。冬季当发动机长期停止运转后，应将蓄电池拆下，放在温室内保存。

二、动力传动系统

（1）万向传动轴有裂纹时拆下更换，转动有异常时查明原因排除或更换，连接螺栓松动时重新紧固并锁定。

(2) 分动齿轮箱、车轴齿轮箱的各部螺栓松动时重新紧固。

(3) 每周检查一次分动齿轮箱、车轴齿轮箱的油位，不足时补油。

(4) 车轴齿轮箱每运转 50 h，应往端盖上的油嘴加注规定的润滑油脂。

(5) 检查车轴齿轮箱悬挂装置无异状，悬挂杆头螺母松动时重新紧固，减振胶垫老化时更换，拉臂裂纹时更换。

(6) 轴箱端盖螺栓松动时应重新紧固。

(7) 轮对必须符合《铁路技术管理规程》的技术要求。

(8) 运行途中停车时，应手触检查轴箱外表温度，最高不应超过 70℃。如温度太高或局部温度过高，应打开轴箱端盖，检查润滑油质、油量、滚动轴承、轴承支架的状态，根据不同情况判明原因及时处理。要避免水、砂及其他脏物混入轴箱，保证其寿命。

(9) 液压减振器螺栓松动时重新紧固。

(10) 螺旋弹簧内外圈卡死时应更换。

三、液压系统

(1) 检查液压油箱的液压油处于正常油面，如需补油时，用过滤精度为 20 μm 的滤油机过滤后注入。由于静液压系统管路平时并不互相沟通，因此向油箱注油时，不可能一次注满，应实行几次甩车，分几次注油的方式，直至油位达到规定值时止。所以，油位的检查应分刚启动时的检查和正常运转后的每天检查。

(2) 检查各油路的压力，不正确时，查明原因，予以调整。

(3) 检查各橡胶软管、钢管、管接头和各种液压阀等有无泄漏。

(4) 检查各液压泵和液压马达的安装与连接有无松动，运转时有无异响。

(5) 察看吸油滤清器及回油滤清器的指示表工作是否正常。滤清器的指示表针处于红区时，应及时清洗滤芯；滤清器的报警指示灯亮及报警蜂鸣器响时，应更换滤芯。

(6) 系统在工作中，要经常检查油量、油温、压力、噪声等，若有异常现象应立即停机处理。

四、制动系统

(1) 检查空压机的工作是否正常，总风显示是否正确（双针压力表的白针在 0.65～0.7 MPa的范围内）。

(2) 排放各储风缸内积水。每天工作结束后，总风缸、工作风缸、双室风缸、油水分离器等件的排水塞门，应经常开通排放，排出积水。

(3) 检查制动闸瓦的磨损情况，闸瓦间隙应在 3～10 mm。

(4) 制动系统各阀操纵要灵活，不许有泄漏现象。

(5) 试验空气制动，检查空气制动、缓解工作正常。

(6) 检查手制动是否有效。

(7) 检查旁路制动的性能良好。

五、电气系统和操作装置

(1) 检查各照明开关的作用及状态，作业灯、前后车灯、司机室内照明灯损坏时更换。

(2) 检查各仪表显示应正常，清除仪表盘面上的灰尘。

(3) 检查指示灯工作状态，尤其要注意检查制动信号灯和走行离合器指示灯的显示是否正确。

(4) 检查故障报警显示系统是否正常。

(5) 操纵台上的各操纵手柄、旋钮、按钮、开关应工作正常。

(6) 蓄电池连接线应无松动。

(7) 柴油机启动前，蓄电池电压应不低于 20 V；启动后，蓄电池电压应在 24～28 V 之间。

(8) 检查无线列调、运行监控装置和机车信号的性能是否良好。

六、工作装置

(1) 向导槽中部和底部的导向滚轮加注润滑油脂。

(2) 检查挖掘链扒齿、紧固螺栓和安全销的状态是否良好。

(3) 检查导槽的连接是否可靠。

(4) 检查导槽中耐磨板固定螺栓有无松动。

(5) 检查振动筛筒式激振器油位，不足时按规定补油。

(6) 检查振动筛筒式激振器两端连接螺栓的紧固状态，将丢失的螺栓补齐。

(7) 检查输送带的滚轮和托架。

七、气动系统

(1) 检查气动回路油雾器的油位。

(2) 检查气动系统压力是否正常，各管路、气缸等元件有无泄漏。

(3) 检查工作装置的气锁工作正常。

(4) 检查雨刮器、气喇叭等工作正常。

八、车架结构

(1) 擦洗车体及机外部件。

(2) 按有关规定和要求向各润滑部位加注润滑油。

(3) 检查车钩三态作用良好，折角塞门工作正常。

(4) 检查连接部件与紧固螺栓无松动。

第二节 定期检查保养

定期检查保养按照检查时间周期的不同，又分为一级检查保养、二级检查保养和三级检查保养，分别按规定的时间间隔对清筛机进行规定项目的检查保养。在二级、三级保养间隔期间，应安排相应的低一级保养工作。一、二级检查保养由操作人员配合检修专业人员实施，三级检查保养由检修专业人员实施，并可结合年修进行。

一、一级检查保养

发动机每工作 100 h 和 200 h 进行一次，其他工作装置每工作 50 h 进行一次。一级检查保养时需先完成日常检查保养工作。

1. 发动机

(1) 发动机每工作 100 h 的检查保养

① 取样化验发动机机油。若需更换机油，必须在热机状态下进行。放油时，待全部机油流出后再把放油塞拧紧。加注新油时必须保证加油口及新机油的清洁，必要时可采取有效的过滤清洗措施。当机油油面至油尺上部刻度时停止加油，经发动机短时间运转后再次检查油面。

② 清洗燃油滤清器的粗滤器。松开压紧螺母将卡环推到一边，取出滤芯，在柴油中清洗滤芯和滤清器体。装配时应将滤清器体正确地同密封圈装在一起。

③ 清洗发动机外表面和中冷器。在恶劣的工作条件下，对散热片的清洗尤为重要。因为积附在气缸体、气缸盖和机油散热器上的灰尘及含有柴油和机油的油泥黏附在散热片上，会降低散热效率。特别是气缸盖的垂直散热片通道始终要畅通，应仔细地清洗。

对散热片清洗推荐采用干式清洗法，例如用金属丝刷和压缩空气吹洗，而且应从排风侧开始吹。如用洗涤剂进行清洗，应浸润足够的时间，之后用高压水进行冲洗。最后运转发动机，使残留水分得以蒸发，避免零部件表面生锈。

用洗涤剂蒸汽喷嘴进行清洗是最好的方法。清洗时应对喷油泵、发电机、启动马达等电器进行遮盖保护，防止与水接触。

发动机的排气总管大部分包有绝热材料，如果用易燃剂对发动机进行清洗时，无论如何不得使其与绝热材料接触，否则在发动机运转后，温度升高有产生燃烧事故的危险。

④ 在清洗发动机的同时，应检查进气管上的橡胶管和气缸盖上的排气管的密封情况。

⑤ 检查发动机紧急停机装置的作用是否灵活可靠。

(2) 发动机每工作 200 h 的保养

① 完成发动机每工作 100 h 的保养项目。

② 更换机油滤清器的滤筒或滤芯。

拆卸机油滤筒时，先用起子将两个卡箍螺丝松开，并向下取出卡箍，用起子将滤筒松开后再用手将其旋出。滤清器托架的密封面脏污时应进行清洗。

安装滤筒时，在橡胶密封圈上涂少量机油，用手转动滤筒，直到靠上密封圈，再用双手将滤筒拧紧，严禁用工具拧紧滤筒。紧固卡箍，防止滤筒自动松动。

装好机油滤清器后进行试运转，应观察机油压力是否正常和滤筒的密封是否良好。

如果发动机安装的是可更换滤芯的机油滤清器时，按下述时间和要求更换和清洗滤芯。发动机工作 20～30 h 后，卸下机油滤清器总成，用扳手松开螺栓，取出纸质滤芯，换上金属网滤芯或纸质滤芯，拧紧螺栓后，再将机油滤清器总成装到机体上。换上金属网滤芯后，要定期清洗金属网滤芯，一般运转 200 h 清洗一次。根据使用机油的质量，污物对金属网滤芯的堵塞有所不同，故对滤芯的清洗周期，要根据实际而定。

清洗金属网滤芯，先卸下机油滤清器总成，然后用扳手松开螺栓，取出金属网滤芯在柴油中刷洗干净，组装好机油滤清器总成。在清洗中发现金属网损坏，应更换新的滤芯。

③ 清洗冷却风扇液力耦合器上的滤清器罩。松开锁紧卡簧后取下风扇护罩，卸下滤清器罩并清洗内部。安装时注意 O 形密封圈的正确位置，若有损伤应立即更换。

④ 检查并拧紧发动机上的各紧固螺栓。

2. 动力传动系统

(1) 按操作要求检查各齿轮箱的油位，润滑油不足时，按规定补油。

(2) 向传动轴的万向接头加注润滑油脂。

(3) 检查车轴齿轮箱的轴端盖的密封状态是否良好。

(4) 检查车轴齿轮箱的油位，不足时按要求补油。

(5) 检查传动皮带的张紧度是否合适。

3. 液压系统

(1) 按要求检查液压油箱的油位，补油时必须使用精密滤油机。

(2) 检查各种软管、接头有无泄漏现象。

(3) 检查吸油滤清器及回油滤清器的指示表针是否在正确的位置。

(4) 检查各压力阀、方向阀和流量阀的安装及连接是否牢固，清除阀体表面油污。

(5) 检查各液压泵、液压马达的工作状态良好，运转时无异常响声。

(6) 按规定取样化验液压油的污染程度及进行铁谱分析。

4. 电气控制系统

(1) 清除电气箱内的灰尘。

(2) 检查各电路板的插装是否可靠，各接线端子板上线头连接无松动。

(3) 检查各继电器、接触器的安装是否牢固，各触脚应保持接触良好，必要时用酒精洗涤各继电器的触脚。

(4) 检查各行程开关、限位开关应动作准确、灵敏，安装位置正确，变位、松动时应重新调整并紧固。

(5) 检查蓄电池电解液的比重，保养蓄电池各接线端子。

(6) 检查各种指示灯的显示是否正确。

(7) 检查各照明灯、信号灯。

5. 制动系统和气动系统

(1) 向基础制动装置各种连接杆件的铰接处加注润滑油。

(2) 向气缸的安装和连接铰接处加注润滑油。

(3) 各部管路及阀类的漏泄必须在规定范围内，相应的工作压力符合规定要求。

(4) 检查雨刮器工作状态正常。检查风喇叭的工作状态良好。

6. 工作装置

(1) 检查挖掘链驱动液压马达的紧固螺钉有无松动。

(2) 检查振动筛的道砟导流闸板工作是否良好。

(3) 检查导槽上的导向滚轮，并加注润滑油脂。

(4) 检查输送带的张紧状态是否符合要求。

(5) 检查挖掘链轮的磨损情况。

(6) 检查挖掘链轮减速箱的油位，不足时补油。

(7) 检查导槽耐磨板的磨损情况和螺钉的紧固状态。

(8) 检查、调整枕下的石砟刮板工作状态。

7. 车体结构

(1) 彻底清洁车体及司机室内外。

(2) 检查清洁空调装置及暖风设备。

(3) 检查各焊接部位、连接部位状态是否良好。

二、二级检查保养

发动机每工作 300 h 和 600 h 进行一次，其他工作装置每工作 200 h 进行一次。二级检查保养需先完成一级检查保养工作。

1. 发动机

(1) 发动机每工作 300 h 后的检查保养

在冷机状态下，用厚度为 0.2～0.3 mm 的塞尺检查气门间隙，不符合要求的气门间隙应加以调整。若外界工作环境灰尘较大时，其检查周期应缩短为 200 h。

(2) 发动机每工作 600 h 后的保养

① 完成发动机每工作 300 h 的保养项目。

② 检查气缸盖温报警器的外观状态，从气缸盖上拆下温度传感器（用于温度表）或温度报警开关（用于温度报警灯），将它们浸入 170～175℃的热油中，这时温度表的指针应指到红色区域或报警灯应该发亮。

③ 检查直流发电机的状态，按要求清洁整流子并更换到限碳刷。

④ 检查进、排气总管与气缸盖的连接密封状态，必要时应进一步紧固连接螺栓。

2. 动力传动系统

(1) 化验或更换分动齿轮箱的润滑油。

(2) 化验或更换车轴齿轮箱的润滑油。

(3) 润滑各传动轴的十字轴。

(4) 对齿轮箱悬挂销轴处进行润滑。

3. 液压系统

(1) 检查液压蓄能器的氮气压力，不足时补充氮气。

(2) 检查调整各液压回路的压力。

(3) 检查各电磁换向阀、电液换向阀的动作状况，必要时按要求进行部分解体清洗。

(4) 检查各液压油缸的密封状况。

(5) 向液压油缸的安装和连接铰接处加注润滑油。

4. 制动系统和气动系统

(1) 空气制动阀、分配阀、调压阀、中继阀、安全阀、电空阀等作用不良时应更换。

(2) 气动换向阀作用不良时，修理或更换。

(3) 向手制动齿轮箱加注润滑油。

(4) 调整闸瓦间隙：

① 将制动缸活塞行程调整至 80～90 mm。

② 缓解时，制动缸活塞应能恢复到零位，闸瓦与踏面的间隙为 3～10 mm。

③ 转动调整螺母，调整闸瓦托的仰角，使闸瓦上下间隙均匀，防止闸瓦上下产生偏磨。

(5) 闸瓦厚度小于 15 mm 或有裂纹时，应更换。

5. 电气控制系统

(1) 清除各限位开关上的油污，检查各限位开关的动作值是否正确，必要时按操作要求进行调整。

(2) 清扫电气控制箱内的尘土，用酒精清洗各继电器的触脚。

6. 工作装置

(1) 向所有可以加注润滑油脂的铰接处加注润滑油脂。

(2) 清洗振动筛筒式激振器上的空气过滤器。

(3) 按要求给离合器轴承加注润滑油脂，并调整离合器间隙。

7. 车体结构

(1) 检查车钩、缓冲器和风管。

(2) 紧固车体各部螺栓。

(3) 检查随车工具及应急救援器材。

三、三级检查保养

发动机每工作 1 200 h 和 2 400 h 进行一次，其他工作装置每工作 400 h 进行一次。三级检查保养时需先完成二级检查保养工作。

1. 发动机

(1) 发动机每工作 1 200 h 后的保养

① 完成发动机每工作 600 h 的保养项目。

② 更换柴油滤清器的滤筒。发动机每工作 1 200 h 后或平时发现发动机功率下降，必须更换柴油滤清器滤筒。更换的同时将滤清器支架的密封面清洗干净。新滤清器安装好后，应将滤清器内空气排净。具体做法是：将放气螺栓松开 2～3 圈，把手油泵的手柄向左旋转使其松开，压动手油泵，直到从放气螺塞处外溢柴油无泡沫时，重新拧紧放气螺塞。

③ 检查增压空气管道、排气管道和废气涡轮增压器的进出机油管道的紧固、密封情况。尤其要注意增压空气管道与废气涡轮增压器之间连接管的密封和紧固情况。

④ 在进入寒冷季节之前要检查加热塞的功能。检查火焰加热塞电器功能时，将发动机启动开关放在预热位置，预热 1 min 后加热指示灯必须发亮。检查火焰加热塞的柴油供应情况时，将火焰加热塞的连接螺栓松几圈，把发动机启动开关放在启动位置上，启动马达使发动机空转，这时柴油必须从连接螺纹处流出。如果没有柴油流出，其故障在修理车间排除。进行上述检查时，应注意发动机油门必须置于停机位置。

堵塞的火焰加热塞应更换。当火焰加热塞的功能完好时，在启动过程中，火焰加热塞附近的进气管用手接触感到是温热的。

⑤ 发电机保养。在保养发电机时，应注意以下几点：

a. 发动机运转时，蓄电池、发动机之间的连接线不许断开。当没有蓄电池而发动机又确实必须启动和运转时，需按要求外接直流电源启动。启动前，必须将发电机与调节器开关之间的导线断开。

b. 蓄电池的连接线不得接错。

c. 充电指示灯损坏或发生故障时，应立即更换或处理好。

d. 清洗发动机时应将发电机和调节器加以遮盖，避免进入水和污物。

e. 不能用触地的方法来检查发电机导线有无电压。

f. 电焊时，焊机的接地夹子应直接接到要焊接的零件上。

⑥ 检查启动电机。

⑦ 清洗废气涡轮增压器。清洗时，废气涡轮增压器应仍与排气管紧固在一起。

(2) 发动机每工作 2 400 h 后的保养

① 完成发动机每工作 1 200 h 的保养项目。

② 按操作要求更换曲轴箱通气阀的阀芯，把四个六角螺栓拆下，取下呼吸器盖，更换阀芯。

③ 拆下喷油泵，在喷油泵检测仪上进行检查，按发动机的要求调整到正确的工作压力，必要时进行更换。

除了定期对喷油泵进行保养外，在发动机出现异常现象时才有必要进行喷油泵压力的检查。

④ 拆下废气涡轮增压器，在柴油或无腐蚀性的洗涤液中清洗增压器外壳和叶轮。重新安装后，应仔细检查各相关部分的紧固情况。

2. 动力传动系统

(1) 化验各齿轮箱的润滑油，润滑油质量指标不符合要求的要进行更换，必要时清洗齿轮箱内部。

(2) 对传动轴进行探伤检查。

(3) 更换车轴轴承箱的润滑油脂，检查轴承有无损伤，必要时进行探伤。

(4) 对车轴进行超声波探伤检查。

(5) 对液压减振器和螺旋弹簧进行性能试验。

(6) 检查车轮踏面有无超限擦伤和磨损，同轴的两轮踏面直径差不得超过 1 mm，必要时须旋修车轮。

3. 液压系统

(1) 放出液压油箱内的油，取样化验液压油的污染程度和理化性能指标，更换不符合要求的液压油。

(2) 彻底清洗液压油箱。

(3) 清洗回油滤清器。

(4) 清洗或更换吸油滤清器。

(5) 用专用的油路清洗设备清洗闭式回路。

(6) 更换动作不良的压力阀和方向阀。

(7) 对液压油缸进行耐压密封试验，更换失效的密封件。

(8) 更换磨损严重和有泄漏现象的液压软管、钢管及管接头。

(9) 按操作要求对液压泵和液压马达进行流量、压力的测量。

(10) 更换性能不良的液压元件。

4. 制动系统和气动系统

(1) 对空气制动系统按检修规范进行检修。

(2) 检测气动换向阀。

5. 电气控制系统

(1) 更换绝缘不良的导线。

(2) 更换或修理性能不良的电路板。

(3) 更换损坏的照明及指示灯。

(4) 全面检查和调整电气控制系统的主要参数。

(5) 对蓄电池进行修整和充电。

6. 工作装置

(1) 向所有的轴承加注润滑油脂。

(2) 向各销轴加注润滑油脂。

(3) 更换挖掘链轮减速箱内的润滑油。

(4) 更换振动筛筒式激振器内的润滑油。

(5) 给清砟输送带的转动盘加注润滑油脂。

(6) 检修输送带的托架滚轮。

(7) 检修振动筛网。

(8) 按要求保养主齿轮箱、挖掘链轮减速箱和筒式激振器上的通气器。

(9) 向输送带驱动液压马达轴承加注润滑油脂。

(10) 更换污土回转输送带减速箱的润滑油。

7. 车体结构

(1) 整修外观、焊修开焊处所。

(2) 根据情况对车体、司机室等进行油漆处理。

第三节　针对性检查保养

QS-650 全断面道砟清筛机的针对性保养包括临时停放、工地转移、长期封存、磨合期保养等。

一、临时停放

(1) 每周进行一次全面的日常检查保养工作。

(2) 启动发动机并运转 15～20 min。检查发动机、液压系统、电气系统工作性能。

(3) 在作业工况状态下，使各工作装置在空载状态下运转，直至各摩擦零件表面保持有一定的油膜为止。

二、工地转移

1. 工地转移前的检查保养

为了保证行车安全，在工地转移前对机械进行全面的检查保养。

(1) 对动力传动系统、空气制动系统按一级检查保养所规定的项目进行一次检查保养。

(2) 检查制动闸瓦，调整闸瓦间隙。

(3) 进行单车制动和连挂车制动试风。

(4) 对工作装置、机械动力间侧门的锁定机构进行加固。

(5) 检查车轴齿轮箱内润滑油的加注量。

2. 工地转移后的检查保养

到达新工地后，在机器开始工作前，必须再次进行检查保养。

(1) 解除各工作装置和机械动力间侧门上的加固绳索。

(2) 按临时停放要求进行一次检查保养。

三、长期封存

对长期封存的机械，需由机组留守人员每月进行一次检查保养，其工作内容同于机械临时停放时的检查保养。

四、磨合期

新机械和大修后的机械，其使用寿命和工作性能在很大程度上取决于初期磨合的质量。因此必须注意机械在磨合期的保养。

机械磨合期一般定为 50 h，发动机的磨合期为 200 h。磨合期保养的内容如下：

(1) 启动发动机，怠速运转不少于 10 min，待机体温度上升后，再带负荷运转。

(2) 磨合期内所带负荷不得超过额定负荷的 75%～80%，最高自行速度不得超过 60 km/h。

(3) 应经常检查各连接部分的松紧程度是否符合要求，传动部件的润滑状态及运转是否正常。

(4) 新发动机或大修后的发动机，初次运用 50 h 后必须更换机油，在更换机油的同时应进行下列检查保养工作：

① 更换机油滤筒。

② 检查缸盖上进、排气管的紧固状态。

③ 检查空气滤清器的橡胶管、卡箍等处应紧固无泄漏。

④ 再次拧紧机油的放油螺塞和发动机支架的固定螺栓。

⑤ 需要时再次调整气门间隙。

(5) 机油更换应在发动机热态下进行。旧油放完后，拧紧放油螺塞，加入新机油，直至机油油面达到油尺上部刻度为止。通过短时间的运转后，应再次检查油位。

第四节　常见故障与排除

对于大型养路机械在运行和作业过程中可能出现的一些故障，若不及时排除，将会影响到运行和作业的安全、机械的完整和燃料的消耗等。因此，作为清筛机的机组人员应该具有常见故障的分析排除能力。

一、柴油发动机常见故障与排除

1. 柴油发动机启动困难

(1) 环境温度低，预热装置故障：

① 预热塞油路不通或电磁阀上无电压。

② 火焰预热塞损坏或不得电。

(2) 机油黏度过大，用错牌号的机油，造成启动困难。

(3) 燃油系统故障：

① 油箱无油，或吸油管堵塞。

② 燃油系统中有空气，此时需要松开燃油精滤器的放气螺塞，利用手油泵打油，放出燃油系统的全部空气后再拧紧放气螺塞。

③ 燃油操纵系统锈死、发卡等。

④ 增压压力烟度限制器上的启动加浓电磁阀损坏，使调节齿杆锁死，不能进入启动加浓位置。

⑤ 柴油发动机内部供油系统故障。

2. 启动电动机故障

(1) 启动电动机不能运转。检查蓄电池的蓄电情况，若蓄电充足再检查蓄电池接线柱及导线线头，消除接触不良。

(2) 启动电动机功率不足，空载可以运转，但无力启动柴油发动机。其原因可能是蓄电池蓄电不足或在冷天时发动机机油过黏，或预热装置失灵及发动机忘了减压启动等。应根据具体情况进行排除。

(3) 启动电动机在柴油发动机启动后，不能停止转动。这种故障是非常危险的。发生这种故障时，应立即拆开蓄电池搭铁线，否则启动电动机在短时内就会烧坏。产生故障的原因是：电磁继电器的三对触点因烧损而焊接在一起，使电路不能切断。铁芯表面或铁芯配合的孔太脏，铁芯回位弹簧太软或折断，使铁芯不能自由退回。拆开启动电动机进行清理、检查。

(4) 启动开关拉到启动位时，只听到启动电动机发出“咔哒”一下响声，启动电动机却不转。发生这种故障的原因是：虽然吸引电磁铁的线圈能吸引衔铁，但不能使控制继电器的触头闭合，因此，听到的只是吸引衔铁的“咔哒”声，而启动电动机主电路却没有接通。这是由于电磁线圈短路或接触不良，电磁力太小所引起的。铁芯表面太脏，修理后换用的弹簧太硬，也可能产生上述故障。

(5) 启动电动机功率足够的情况下空转，不能启动柴油发动机。启动机空转有下列情况：启动电动机小齿轮根本不和飞轮齿圈啮合而空转；吸引电磁铁吸力减小，不能使启动电动机小齿轮在轴上移动，当启动电动机小齿轮尚未与飞轮啮合时，启动电动机便旋转起来；或是安装时不注意，使启动电动机小齿轮与飞轮齿圈端面的距离过大，不能啮合。

3. 柴油发动机温度过高

(1) 冷却系统故障

① 散热片上的灰尘、油污过厚，需要定期除尘清洗。

② 冷却风扇传动轴弹性联轴器坏，或小齿轮箱的轴承坏，致使冷却风扇不工作。

③ 温度传感器或温度表发生故障，或者传感器的接线有接地现象。

(2) 供气系统故障

① 空气滤清器脏污或维护指示器损坏。

② 增压器压气机端脏污，可使柴油发动机过热，这时必须清洗增压器。

4. 柴油发动机机油压力低或机油油耗高

(1) 机油压力太低

① 机油黏度不当或质量太差。

② 机油液面太低。

③ 机油使用时间太长，机油太脏，污染了整个发动机的润滑系统。

④ 机油管路不通畅，如机油滤芯堵塞、型号不对、漏油等。

⑤ 机油压力传感器损坏或机油压力表工作不正常。

⑥ 机油泵工作不正常。如油泵磨损、吸油滤油器脏污、连接管或吸油管不密封、机油泵单向阀不密封等。

(2) 机油油耗太高

① 新发动机或新大修后的发动机磨合不良。

② 机油黏度不当或质量太差。

③ 柴油发动机密封不良而漏油。

④ 活塞与活塞环之间的间隙过大，或活塞环刮油效果不良，机油窜入燃烧室燃烧（此时发动机常冒蓝烟）。

⑤ 曲轴箱呼吸器损坏，机油油雾无控制地被吸走。

二、动力传动系统常见故障与排除

1. 主离合器

主离合器在使用中，常见的故障有打滑、分离不彻底、踏板沉重及有不正常响声等。

(1) 离合器打滑

离合器打滑现象表现在：机器起步困难；发动机转速增高时，车速不能随之提高；工作装置动力不足；严重打滑时，有烧焦的臭味产生。

造成离合器打滑的根本原因是：离合器压紧力下降；摩擦面状况发生变化，使摩擦系数降低。

影响主离合器压紧力降低的主要因素有：压紧弹簧弹性下降；摩擦片及压盘磨损严重，使压紧弹簧伸长过多。

影响摩擦系数降低的主要因素是：摩擦表面沾有油污；摩擦片硬化或严重烧蚀；摩擦片磨损严重时，铆钉外露。

摩擦片被油玷污，应查明油污来源。当摩擦片油污不严重时，可用汽油洗净，并用压缩空气吹干；若摩擦片表面硬化、严重烧蚀及铆钉外露时，应更换。若压紧弹簧弹性下降或折断，应及时更换。

(2) 主离合器分离不彻底

主离合器分离不彻底表现为半离半合状态，其原因是：分离杠杆高度不一致；从动盘翘曲不平；新铆的摩擦片过厚；中间压盘分离机构失调或分离弹簧折断。

排除主离合器分离不彻底的方法有：调整分离杠杆高度及中间压盘分离机构间隙。校正从动盘不平，摩擦片过厚时，应进行修磨，也可在离合器盖与飞轮之间加适当厚度的垫片调整。

(3) 主离合器踏板沉重

在这种气助液动的操纵机构中，踏板沉重表明助力系统工作不良。其原因可能是：气压不足或管路漏气；气压作用缸活塞密封圈磨损；排气阀密封不严；随动控制失调。这些故障应在维护中排除。

(4) 主离合器有不正常响声

此类故障一般多属于长期使用后，零件磨损或损坏所致。如分离杠杆销轴、滚针轴承及轴承座松旷；压盘或中间压盘凸耳与飞轮导向槽配合间隙过大；从动盘毂与从动轴花键磨损等。

发现主离合器有不正常的响声，一般均应拆卸，进行检查与修理。

2. 万向传动装置

万向传动装置在工作中承受着巨大的扭矩和动负荷，长期使用后，零件会发生磨损，配合间隙增大。此外，轴管弯曲、凹陷，会造成万向传动装置发响和抖震。

(1) 万向节的异响

万向节异响，在车速变化时尤为明显。造成这种故障的原因，主要是万向十字轴、滚针轴承严重磨损松旷或滚针断碎。排除故障的办法就是更换轴承。严格按照使用维护规程加注润滑油脂，可有效地防止此类故障的发生。

(2) 花键松旷的异响

传动轴花键松旷也会产生异响，特别在油门急剧变化的瞬间，响声尤为严重。因此，在维护保养时，应注重润滑以减轻键槽磨损，并保证传动轴的自由伸缩。

(3) 传动轴的抖震

① 传动轴不平衡，在旋转时由于离心力的作用会产生抖震，严重时会使传动轴零件迅速损坏，影响分动齿轮箱的正常工作。根据传动轴的构造特点，在使用与维修过程中，应注意保持轴的平衡条件，如消除轴的变形；拆装滑动叉时作记号；检查动平衡片防止脱落；修复十字轴轴承等。

② 弹性联轴器失效。

3. 齿轮传动箱

清筛机上的齿轮传动箱有：分动齿轮箱、车轴齿轮箱、挖掘齿轮减速箱和输送带齿轮减速箱等，它们在构造与工作原理方面基本相同，在使用维修中，产生的故障、原因和排除方法也相类似。

齿轮传动箱在使用过程中，由于零件磨损和变形，造成零件配合失常，从而引起一系列故障。常见的故障有：不正常声响及漏油。

(1) 不正常响声

齿轮传动箱的不正常响声，主要是轴承磨损松旷和齿轮间不正常啮合而引起的噪声。

① 轴承响声。轴承响声是一种杂乱的连续噪声。传动箱轴承经常在高速、重载条件下工作，并承受很大的交变负荷。因此，滚动体与滚道会发生磨损，疲劳剥落、烧蚀等现象，轴承的轴向与径向间隙增加，使滚动体与滚道之间发生撞击而发出噪声。轴承外座圈与轴承座孔磨损松旷也会产生不正常响声。为此，应检查轴承，若有损坏，应予以更换，并重新调整轴承紧度。

② 齿轮发响。齿轮正常的啮合间隙和啮合印痕被破坏，是引起齿轮不正常响声的主要原因。如果响声不严重，可继续使用；严重时，可拆开传动箱盖进行检查；若是啮合间隙超过极限、齿轮折断等，应予以更换。

(2) 润滑与漏泄

齿轮传动箱都设有润滑系统，其形式有飞溅式和强制式等。清筛机上齿轮传动箱一般都以强制式为主，飞溅式为辅。例如分动箱在外部带有润滑油泵，车轴齿轮箱在内部的第三根轴上安装有柱塞式凸轮油泵。

润滑系统的故障表现在系统的压力高低上，系统压力过高会发生窜油现象，其原因是输油管路堵塞、不畅，必须清洗。系统压力过低会引起齿轮、轴、轴承发热，其原因是多方面的。

车轴齿轮箱润滑系统压力过低的原因有：

① 凸轮柱塞泵的柱塞卡死，油泵不能工作。

② 系统中单向阀过度磨损泄漏严重。

③ 吸油滤网堵塞吸不上油。

④ 润滑油不足。

各种齿轮传动箱都设有明显的润滑油位标记，因此要经常检查油量，缺少时应及时补充。油面变高时，可能是由于固定在齿轮箱上的泵、马达、挂挡油缸泄漏造成的，这时应仔细排查。另外，对齿轮传动箱上的通气孔也应定期检查、清洗，否则通气孔滤网堵塞，会造成密封装置的漏油。

(3) 分动齿轮箱支座的松动

分动齿轮箱靠支座用螺栓和减振装置固定在机架上。长期工作后，螺栓会松动；橡胶减振装置会老化。因此，需要定期地检查与更换。

(4) 车轴齿轮箱液压自动换挡离合器故障

车轴齿轮箱内“AG”、“FG”型自动换挡离合器是靠液压操纵控制的，配油环装在车轴齿轮箱的第二根轴上。配油环磨损可造成高、低挡控制油路相互连通，从而使换挡离合器失灵。排除方法是更换磨损的配油环，密封高、低挡的控制油路。

“AG”、“FG”换挡离合器是液压多片式离合器。当离合器主、被动摩擦片磨损后，会自动压紧补偿，不需要调整。但是，在每年的检修中，应检查摩擦片的磨耗情况，根据要求更换磨损过度的摩擦片。

三、工作装置常见故障与排除

1. 挖掘装置

挖掘装置的主要故障是磨损和异常响声。

(1) 挖掘链的故障与处理

挖掘链由扒板、中间链节、链销轴、扒指及紧固连接件组成。由于挖掘链直接与道砟作用，因此挖掘链各零件磨损十分严重，特别是扒指、扒板、链销轴等。另外，由于长期磨耗也会出现卡链、断链等故障。

① 扒指磨损。扒指是挖掘、输送道砟的主要零件之一，磨损磨耗最快。在正常作业情况下，只要扒指磨掉全长的2/3就应更换新扒指。另外，安装在扒板上的扒指不应丢失、折断，一经发现必须及时补充、更换，特别是扒板下部的扒指，工作中不能缺少。扒指安装后应能在扒板轴孔中自由转动，这样既可减少挖掘阻力，又可使扒指表面磨耗均匀。

② 卡链。卡链是挖掘装置工作中突然出现的故障，其原因可能是：下降导槽伸缩段上的螺栓松动；链节固定销脱落卡住；紧固螺栓松动上窜将链卡住。卡链后应立即停止挖掘，找出卡链的原因，进行紧固或更换失效零件。

③ 断链。挖掘链长期工作后，链销轴在扒板和中间链节的销孔中被磨细，整条挖掘链也会松弛。挖掘链的松紧程度在链正常情况下除靠张紧油缸调整外，过度松弛必须摘掉链节来调整。一套新的挖掘链一般允许采用3次摘掉链节的方法来调整松弛程度。换句话说，就是一套新的挖掘链，通过使用，在摘掉3个链节后，再松弛就应更换全套新挖掘链。

断链就是链销轴磨细后，承载能力降低，突然承受尖锋载荷时被拉断的现象。出现这种情况，要及时查明原因，进行处理。

④ 扒板或链节出现裂纹。扒板和链节受力复杂，在工作中会出现裂纹，经检查发现后应及时采取修复补焊的措施，否则会造成事故。扒板修复后，应防止变形，保证五个扒指间的正确位置与间距。

(2) 角滚轮的故障与处理

五个角滚轮支承着挖掘链的运动。由于它们工作载荷大，特别是两个下角滚轮工作条件恶劣，所以磨损极为严重。应经常检查滚轮体、轴承、轴及密封件的磨损情况，如有损伤必须立即停车给予修复或更换。

角滚轮的安装应正确，否则会产生断轴事故。

（3）导槽的故障与处理

提升导槽、下降导槽与水平导槽内设有磨耗板，一般通过每年一次的检修进行检查与更换。但在作业中，对磨损严重的部位，如水平导槽上的拱形耐磨板、左右弯角导槽等，应注重检查，磨损或变形后要及时更换或修复。对导槽的其他部分，在平时的检查中一旦发现问题就要及时处理。

（4）挖掘链轮的故障与处理

链轮在与挖掘链啮合的过程中传递动力，驱动挖掘链工作，链齿逐渐被磨薄、磨尖。挖掘装置长时间作业后，链齿的强度、刚度下降，当挖掘链遇到尖锋载荷时，有可能将链齿打断。为避免这种故障，一般在每年一次的检修中，根据链轮磨损的情况，进行修复或更换。

（5）异常响声的故障与处理

为减少噪声和污染，挖掘装置的提升与下降导槽在设计时，采用底板与磨耗板间加橡胶垫板的结构。因此，挖掘装置在一般情况下，作业时产生的噪声符合有关规定。异常响声是指非正常的响声，其产生的原因如下：

① 挖掘链与导槽间有脱落的零件或物品。例如：导槽上紧固件松动、脱落；挖掘链的固定销、螺栓松动、窜动等。因此，日常检查保养时，应注意连接零件的紧固情况，发现松动应采取措施拧紧防松。

② 润滑不良。挖掘装置工作条件较差，需要按规定进行润滑。

③ 角滚轮的破损。角滚轮受力情况复杂，表面容易产生缺陷甚至破损、断轴。因此，在角滚轮处发生不正常响声时要及时处理。

④ 挖掘链与链轮啮合不正确。挖掘链被拉长后如调整不当，在与链轮啮合的过程中会发出周期性的不正常响声。

（6）其他部件的故障与处理

张紧油缸导柱、支承套、拢砟板、伸缩导槽、道砟导流闸板及导槽支承座等部件，在每年一次的检修中，都应检查、修复。尽量避免在工地上出现故障。

挖掘装置与道砟直接接触，零部件在工作中的磨损、磨损是正常的。控制磨损速度、减少磨耗可以采用以下措施：

（1）经常检查各零、部件间的正常间隙，保障挖掘装置的挖掘链在导槽中平稳、均衡、低噪声地运转。

（2）正确调整挖掘链的松紧度，即下降导槽上张紧油缸调整要适当。

（3）定期保养及时检修。挖掘链在作业时，运动部件必须得到充分的润滑，防止干摩擦或半干摩擦的出现。例如：角滚轮在作业前和作业半小时后，必须及时加注润滑脂，由前司机室作业司机位旁的集中润滑装置来完成。

在定期保养和每年一次的检修中，如发现挖掘装置中，某些零部件磨损、磨耗严重时，必须查明原因，认真分析，提出修复办法，否则将加剧其他零部件的磨损，甚至造成重大事故。

2. 振动筛

（1）筛分质量不佳的原因与排除

筛分质量不佳表现在回填的道砟中不清洁，其原因有：

① 筛孔堵塞。如果筛机投料过多，特别是筛面上料层过厚，则筛机负荷过重，污砟通过筛网时，不能充分被抛起落入筛孔中，甚至将筛孔堵塞。因此要减轻筛机负荷，减小筛机的投料量，并及时清理筛面。

② 筛机给料不均匀。筛机工作必须保持水平位置，特别在曲线上应随时调节筛机的调平装置，检查导板的磨损情况。另外调节挖掘装置的道砟导流闸板投料的位置。

③ 筛网拉得不紧。筛网拉得不紧或松动时，振动效果差、筛分效率低。排除方法是张紧筛网紧固固定装置。

④ 筛网严重磨损出现孔洞。此时，要及时更换筛网。

(2) 正常作业时筛机振动频率减慢、轴承发热的原因与排除

造成正常作业时筛机振动频率减慢，轴承发热原因有：

① 轴承缺少润滑油。应检查润滑油位及润滑液压系统工作状况。

② 轴承阻涩。应清洗轴承、检查注油系统或更换密封元件。

③ 加入的润滑油牌号不对。此时，应清洗再加入适当的润滑油。

④ 轴承损坏或安装不良、密封圈被卡住。在这种情况下，应更换轴承，调整密封套达到正常的间隙。

(3) 筛机在工作时发出敲击声的原因与排除

筛机在工作时发出敲击声的原因是：

① 轴承损坏。

② 筛网拉得不紧或筛面固定得不牢。

③ 轴承固定螺栓松动。

④ 减振弹簧断裂或损坏。

检查出敲击声的原因后，对于损坏零部件给予更换，对于松动件要紧固，并检查防松措施，消除故障。

3. 带式输送机

(1) 胶带跑偏的调整

胶带跑偏是带式输送机经常遇到的问题，对于托辊槽角为 30°的输送带跑偏的原因及处理方法如下：

① 整条输送带安装中心线不直。

② 胶带本身弯曲不直或接头不直。排除方法是将胶带修直或在接头处切正、切齐重新胶合。

③ 滚筒中心线同胶带机架中心线不垂直。这种情况主要是机架安装不正引起的，必须重新组装机架。装配时，应保证驱动滚筒与改向滚筒轴线间的平行度。

调整胶带在滚筒上的跑偏也可以改变滚筒轴承座的位置，调整方法是：哪边跑偏就收紧那边的轴承座，这样使胶带跑偏的那边拉力加大，向拉力小的一边移动。

④ 托辊组轴线同输送带中心线不垂直。调整方法是输送带往哪边跑偏，就把那边托辊向输送带前进方向移动，一般移动几个托辊组就能能纠正过来。

⑤ 滚筒不水平。如果滚筒安装超差，应停机调平；如果滚筒制造外径不一致，则需重新加工滚筒外圆。

⑥ 滚筒表面黏结物料。滚筒表面黏附物料，可使滚筒变成圆锥体，则胶带就会跑偏。

特别是输送湿度大的污砟时，如果输送带尾部密封不良时，污土容易落入空载的胶带而黏结于滚筒上。因此，必须经常检查清扫器工作情况，必要时人工清扫。

⑦ 输送带一加负载就跑偏。这种情况一般由于投料点不在输送带中间，应改动投料处挡板的位置。

⑧ 机架两侧高低不平使输送带不水平，运行时输送带向负荷轻的一边移动，导致跑偏。此时，应校正机架或将托辊组加垫调平。

⑨ 输送带无载时发生空车跑偏，而加载后得到纠正。这种现象一般是初张力过大，应进行适当的调整。

(2) 带式输送机零部件故障与排除

① 胶带。胶带常见故障是撕裂。撕裂后应及时修复或更换。胶带接头采取硫化黏接，不允许打卡子。

② 对带有胶面驱动滚筒。当胶面脱落松动后会产生打滑现象，必须更换。

③ 对带橡胶圈式缓冲的托辊。当托辊橡胶圈脱落松动后会产生打滑现象，必须修复或更换。

④ 托辊。应保持各种托辊每个都转动灵活，托辊的轴承损坏、密封破坏时，都应及时更换或修复。

⑤ 拉紧装置。带式输送机采用螺旋式拉紧装置，应经常检查加注润滑脂，防止锈死起不到调整作用。

⑥ 清扫器。清扫器刮板调整应适度，过紧会造成胶带严重磨损；过松与胶带不能紧密接触，起不到清扫作用。刮板尖要平直并修成锐角，以防止对胶带表面的刮伤。

(3) 回转污土输送带前支架液压支撑系统故障与排除

回转污土输送带前支架靠液压系统的油缸支撑到工作状态，伸向机器前方。此时，油缸管路在液压锁的控制下闭锁。如果液压锁失控，即磨损后漏泄，则回转污土输送带在工作中会产生前支架的低头现象，这是不允许的。处理方法是维修或更换液压锁，保证回转污土输送带可靠地工作。

4. 起、拨道装置

起、拨道装置要承受巨大的起道力与拨道力。因此，它的主要故障是由机架变形引起的卡滞、焊缝开裂及夹持滚轮、拨道滚轮的磨损与破坏。

(1) 机架的故障与排除

起、拨道装置在作业前和维护中应检查各个动作的运动情况，其中有：

① 起道油缸上下动作时，机架与支架间运动情况及结构件的焊接情况。

② 拨道油缸左右运动时，中心架与导梁之间运动情况及结构件的连接情况。

③ 夹钳装置的上下调整、夹持动作及滚轮自由转动的情况。

④ 后拨道装置气缸升降时，机构运动情况和保险机构的运动情况。

检查时，要求各部分动作灵活、平顺；机架、支架的结构件无明显变形，相互运动时无卡滞现象；机架等构件无裂纹；滚轮转动自由，滚轮表面无裂纹、无损伤剥落；整个起、拨道装置无漏泄。检查中发现问题应及时处理，消除其事故隐患后再行作业。

(2) 滚轮的故障与排除

起道夹持滚轮和拨道滚轮在作业时，直接与钢轨接触。它们在滚动中传递提升力或拨道力，滚轮表面受力复杂。滚轮除正常磨损外，还可能产生局部损伤，甚至崩裂剥落。

检查滚轮表面与轮缘不应有明显缺陷；滚轮转动自由；轴承密封处无漏泄现象。发现问题要及时处理，更换破损滚轮、轴承、油封等，维修后按规定加注润滑油。

(3) 限位、锁定及保险机构的故障与排除

限位、锁定及保险机构是保障机器作业和行车安全的重要机构。要防止和杜绝事故决不能忽视它们的作用。对限位、锁定及保险机构，在作业前后必须按操作规程严格执行。平时应检查其运动部分的灵活程度及机构的可靠程度，有故障时立即排除。

四、电气系统常见故障与排除

1. 蓄电池

蓄电池在使用中常见的故障有外部故障和内部故障。外部故障包括容器或盖子产生裂纹，封口胶破裂，接线松脱，接触不良和电桩腐蚀等，需要加强日常检查保养及时给予修复；内部故障包括极板硫化，极板活性物质脱落，自行放电和极板短路等，应对极板进行除硫处理，更换极板，或更换电解液。

装在车中的蓄电池，常有蓄电不足现象，该故障主要是由于蓄电池使用时间过长，蓄电池容量变小，需要更换。除蓄电池本身故障外，还常有发电机故障、充电线路接头松动、锈蚀或电池搭铁线接触不良、电桩接头松动、用电线路中有搭铁处过度漏电等原因，使蓄电池蓄电不足。应检查到故障所在，并进行修复。

2. 二极管

(1) 二极管击穿

并联在线圈上的二极管击穿后，会形成较大的短路电流。在每条分支电路上都有自动开关和熔断器，会引起自动开关跳闸和熔断器的熔丝烧断。这时除了检查有无电线与车架搭铁现象外，还需要用万用表电阻 R×100 挡检查一下二极管的正反向电阻（断开线圈的接点）。正常值为正向电阻在几百欧左右，越小越好；反向电阻在几十千欧以上，越大越好。如果测出的正反向电阻值都很小或都很大，说明二极管损坏，应更换。

(2) 二极管内部断路

并联在线圈上的二极管在内部断路后，故障现象不十分明显。如果某个继电器断电时，触点火花比较大，而且触点使用寿命明显缩短，除了检查线圈和线路短路故障外，也可对二极管进行检查。对于串联电路的二极管在内部断路后，故障十分明显，会使某一电路断电，这时除了检查电线断路故障外，可对二极管进行检查。

3. 继电器

(1) 继电器不动作

直流电磁继电器和直流电磁阀通电后不动作，有以下原因：线圈引出线接触不良；线圈断线和衔铁卡住。当开关闭合后，继电器或电磁阀不动作，这时可用万用表直流 50 V 电压挡测量线圈出线两端。如果有直流 24 V 电压，则可判断是线圈故障。这时，可停车或在确保其他设备安全的情况下不停车，将继电器或电磁阀线圈脱离电源，用万用表电阻 R×1 挡检查线圈是否断路。

(2) 继电器触点和线路故障

清筛机上所用的继电器数量比较多，这些继电器的触点在使用中会出现故障；同时，为了便于操作和监控，在每个司机室内都设立了各种开关和显示电路，敷设了大量的电线，这些电线在长期的使用中也会出现断线、断路等故障。对于这些问题，都可以通过电位法来排

除故障。电位法是在清筛机线路通电的情况下，对故障进行查找的一种方法。

五、液压系统常见故障与排除

1. 液压泵噪声大、温升过高

(1) 空气进入液压泵引起噪声，应检查系统密封情况，排除空气。

(2) 液压泵零件磨损和松动引起噪声，此时需对液压泵检修修理。

(3) 油液质量差，污染严重，黏度过高或过低，都会使油温升高。应经常检查油液的质量，选用合乎要求的液压油。

(4) 泄油管压扁或堵塞，引起液压泵温升过高。应更换泄油管。

(5) 外界环境温度高，液压泵的温升也高。

2. 液压马达回转无力或速度低

(1) 液压泵出口压力过低，造成液压马达回转无力。应检查溢流阀或液压泵本身是否出现故障，并有针对性地加以排除。

(2) 液压泵供油量不足，会引起液压马达输入功率不足，因而输出转矩较小。这时，应检查液压泵和供油情况，找出原因加以排除。

3. 油缸动作过快或过慢

(1) 液压系统中有空气。

(2) 控制油缸动作的节流阀失效，需更换或维修。

4. 溢流阀故障

(1) 压力不稳定，压力过高或过低等

① 调压手轮的锁紧螺母松动，使得压力出现变化，调完压力后需锁紧螺母。

② 锥阀与阀座接触不良。

③ 油液不清洁，阻尼孔堵塞，这时需要拆开清洗，并检查油质，必要时更换油液。

(2) 溢流阀振动或噪声过大

在高压大流量时，溢流阀振动和噪声更大，有时会发出刺耳的叫声。引起该故障的原因和排除方法有：

① 阀芯、阀体与孔配合间隙过大或几何形状误差太大，引起泄漏。

② 压力弹簧变形，刚度变小，这时应更换弹簧。

③ 锁紧螺母松动。压力调节后，要拧紧螺栓。

④ 回油回路有空气或回油管路不通畅。

5. 换向阀阀芯不动作或动作不到位

(1) 滑阀卡住，由于滑阀与阀体配合间隙过小，阀芯在孔中容易卡住不能动作或动作不灵。这时应检查间隙情况，研修更换阀芯。

(2) 阀芯（或阀体）碰伤，油液被污染。

(3) 电磁铁故障：

① 直流电磁铁，因滑阀卡住，铁芯吸不到底而烧毁。这时要清除卡住故障，更换电磁铁。

② 漏磁、吸力不足。查出漏磁原因，更换电磁铁。

(4) 弹簧折断、漏装、太软，都不能使滑阀恢复中位，而引起不换向故障。

(5) 电磁换向阀的推杆磨损后长度不够或行程不对，使换向不灵或不到位。解决办法是加以修复或更换推杆。

6. 液压系统油温过高

(1) 油箱中液面太低，油液循环太快。

(2) 冷却器表面脏污，造成散热不良，冷却能力下降。

六、制动系统常见故障与排除

1. 减压后不起制动作用

(1) 列车管减压后，制动缸达不到规定压力，甚至不出闸

其主要原因是制动机系统未充满风。因为初充风或紧急制动后的缓解再充风约需1 min；而常用全制动后的缓解再充风约需 20 s。在检查制动系统是否充满风时，可将自动制动阀手柄置于运转位，如果列车管压力立即下降，则表明制动系统未充满风。

(2) 自动制动阀操纵时，制动缸压力难以控制

制动缸的升压滞后于列车管的减压。当制动缸压力达到要求值时，再用自动制动阀保压是一种错误的操纵。因为列车管已经过量减压，制动缸的最终压力将超过要求值。正确的操纵方法是，当列车管减压量达到要求值时，自动制动阀就予以保压，制动缸滞后一段时间后，就会达到规定的压力。

(3) 紧急制动后，列车管充不上风

① 紧急放风阀中的放风阀没有复位。因为列车管压力空气排尽后，放风阀要滞后 30～40 s才能复位，应待放风阀关闭后再充风。

② 紧急放风阀中放风阀下方的柱塞阀传递杆发卡，致使柱塞阀不能复位，中继阀遮断阀管的总风不能排入大气，使中继阀的总风源仍被切断，无法向列车管充风。发生此故障时，应修理传递杆。

2. 制动后不缓解或缓解不良

(1) 列车管减压后，用自动制动阀充风缓解，制动缸不缓解或缓解不到零

产生这一现象的主要原因是，作用管有压力空气。因为梭阀的切换作用，使分配阀均衡活塞下侧的压力空气无法排出或排不尽。处理方法如下：

① 下压自动制动阀手柄，实施单独缓解，排出均衡活塞下侧的压力空气。

② 将单独制动阀手柄置缓解位，随时排出不管任何原因积存在作用管内的压力空气。

③ 清洗梭阀阀体，清除锈蚀。

(2) 附挂回送时，制动后缓解不良

产生这一现象的原因是长时间的制动保压或梭阀阀体锈蚀，使容积室的一部分压力空气经梭阀泄漏到作用管，致使缓解不良。处理方法如下：

① 装上单独制动阀手柄并置缓解位，使作用管不能积存压力空气。

② 清洗梭阀阀体并清除锈蚀。

3. 自动制动阀控制失灵

(1) 在多机重联作业编组换向操纵时，自动制动阀有时产生控制失灵的现象。其原因是被牵引作业车中继阀的列车管截断塞门没有关闭，由于中继阀的非正常动作影响了操纵端自动制动阀的正常操纵，致使全列车列车管的压力控制失灵。在操纵前，务必关闭被牵引作业车中继阀的列车管截断塞门。

(2) 自动制动阀操纵时，均衡风缸不保压。这是因为空气制动阀作用柱塞泄漏，致使均

衡风缸不保压。应更换作用柱塞的O形橡胶密封圈。

4. 调压阀排风不止

调压阀排风口排风不止，是因为溢流阀泄漏或进风阀口被脏物所垫，造成调压阀膜板室过压而顶开溢流阀。发生此故障时，应研磨溢流阀的金属阀口和清洗进风阀口。

5. 中继阀排风不止

中继阀排风口排风不止，是因为中继阀阀口被脏物所垫、阀口缺损或阀的挡圈折断。应清洗排风阀或更换排风阀的相应部件。

6. 分配阀故障

(1) 分配阀不保压，制动缸的压力上升。这是因为节制阀或滑阀漏泄，均衡阀口的缺损或被脏物所垫，导致此故障。应拆检上述各阀。

(2) 分配阀不保压，制动缸的压力下降。这是因为安全阀阀口或自动制动阀用于单缓的排风阀口被脏物所垫。应研磨安全阀的阀口或清洗排风阀。

(3) 分配阀紧急制动后，制动缸的压力过高。造成的原因是，安全阀的调定压力不稳定。应合理选配增压阀的总风供风和安全阀进风口缩堵的孔径，使之匹配。

(4) 分配阀保压时，排风口排风不止。其主要原因是：

① 均衡阀口被脏物所垫或均衡阀的橡胶阀面不平整，致使总风向制动缸漏泄，过量的制动缸压力空气由制动缸排气口排出。

② 作用管管系漏泄，使制动缸压力随之下降。

发生上述故障时，根据故障处所不同，应清洗均衡阀口，用细砂纸磨平均衡阀的橡胶阀面或处理作用管的漏泄处。

1. QS-650清筛机传动系统日常检查保养有哪些？
2. QS-650清筛机工作装置日常检查保养有哪些？
3. QS-650清筛机传动系统定期检查保养有哪些？
4. QS-650清筛机工作装置定期检查保养有哪些？
5. 简述QS-650清筛机针对性检查保养。
6. 万向传动装置有哪些故障？应如何排除？
7. 主离合器磨损的原因是什么？应如何检查和调整？
8. 日常中应如何检查和防止齿轮箱故障？
9. 输送带跑偏应如何调整？
10. 振动筛有哪些常见故障？应如何排除？
11. 起、拨道装置有哪些常见故障？应如何排除？
12. 柴油发电机常见故障有哪些？应如何排除？
13. QS-650清筛机上使用的二极管有哪些常见故障？
14. QS-650清筛机液压系统有哪些常见故障？应如何排除？
15. QS-650清筛机制动系统有哪些常见故障？应如何排除？

参考文献

[1] 寇长青，宋慧京．全断面枕底清筛机．北京：中国铁道出版社，1998.

[2] 程连飞，毛必显．SRM80 型全断面道砟清筛机的运用与保养．成都：西南交通大学出版社，2004.

[3] 毛必显．大型养路机械 YZ-1 型空气制动机．北京：中国铁道出版社．2000.

[4] 中华人民共和国铁道部．大型养路机械使用管理规则．北京：中国铁道出版社．2007.

[5] 毛必显，程立．转向架的构造与检修．昆明：铁路大型养路机械培训中心．2002.

[6] 毛必显，张勇．车钩缓冲装置的构造与检修．成都：西南交通大学出版社．2003.